中国物理教育研究丛书

郭玉英　主编

姚建欣　著

中学物理课程中科学解释学习进阶及其教学应用

ZHONGXUE WULI KECHENG ZHONG
KEXUE JIESHI XUEXI JINJIE
JI QI JIAOXUE YINGYONG

◆ 中国科普研究所资助项目
“21 世纪中学物理教育进展研究”
（项目编号：190105ELR020）
的研究成果之一

广西教育出版社
南宁

序

20世纪90年代，广西教育出版社出版了《学科现代教育理论书系·物理》，由我的导师阎金铎教授担任主编，在物理教育领域产生了重要影响，已经成为本学科专业发展的里程碑。二十多年过去了，随着新世纪中国基础教育课程改革的全面推进，物理教育研究呈现出前所未有的繁荣景象，涌现出丰富的研究成果。当2014年该社提出要我组织编写一套《中国物理教育研究丛书》，汇集新时期的标志性成果时，我认为这是一个现实与历史意义兼具的重要选题，同时也感到是一个非常艰巨的任务，责任重大。

我国的物理教育有研究与教学紧密结合的优良传统，许多优秀的中学物理教师和教研员植根于教学实践开展研究，积累了大量本土化、原创性的研究成果，展示出物理教育的中国特色。近十几年来，随着研究生教育的发展，物理教育的国际交流不断拓展和深化，越来越多的年轻学者借鉴国际科学教育研究的经验和方法，针对我国物理教育实践中的问题，开展了多角度、多层次的具体深入的实证研究，如围绕新课程倡导的科学探究和探究教学的研究，针对物理学科核心概念和关键能力展开的学习进阶研究，促进学生发展的课堂教学模式的研究，关于物理课程和教材的深入研究和国际比较研究，关于物理教育测量和评价的研究，物理教育与信息技术整合的研究，针对物理教师观念的研究等。研究内容涵盖了课程与教学论的各个分支领域，研究对象从课程教材到课堂、学生、教师、试题，研究视角从哲学到物理、心理、技术，研究方法从思辨到定量、实证，呈现出多元化和多样化的研究取向，拓宽了物理教育研究的视野和范围，为我国物理教育理论和中学物理教学实践提供了研究基础和方法论指导。

本丛书的选题力图涵盖上述诸方面的主要研究成果，简要介绍如下。

在来自一线教师和教研员的研究成果中，包含了从哲学层面到物理课堂教学操作层面的四本著作。《中学物理教学中的哲学思考》呈现了中学物理教师的哲学思考。作者从物理与哲学的关系入手，结合中学物理教学的具体内容，论述了哲学的洞见与物理教学实践密不可分，将中学物理教学上升到哲学高度。在实验教学方面，毕生从事高中物理实验教学与研究的专家撰写了《高中物理实验教学研究》，从科学技术发展和教育理念进步的角度，突出了以学生为主体的教育理念和学科素养在实验中的表现及培养的途径，重点探讨了高中物理实验教学的目标、内容和方法策略方面的热点问题。在课堂教学实践层面，《中学物理习题教学研究》凝聚了中学物理特级教师的经验和智慧，从习题和试题的不同功能出发，以大量的题例阐述了习题和试题的编写要领，论述了优化习题教学的各种途径，提出了科学实施习题教学的策略，把习题教学的目标落实到提高学生解决问题的素养上来。《中学物理教学疑难问题研究》则来自基层教研工作者，从一线教学实际和物理教师的需求出发，对新课程实施过程中遇到的多方面的具体疑难问题进行了深入分析和探讨。

丛书围绕新课程实施以来物理教育研究领域关注的重点——科学探究和探究教学呈现了三个不同视角的研究成果。《科学探究能力模型与培养研究》系统介绍了国际科学教育领域对科学探究能力及其培养的研究和实践，构建了基于知识和技能的科学探究能力结构模型，结合案例论述了在中学物理教学中如何利用探究式教学法培养学生的科学探究能力。《促进认知发展的物理探究教学研究》聚焦目前中学物理探究教学中亟待解决的核心问题，从物理学科自身特点出发，构建了促进认知发展的探究教学模型，并对实施该探究教学模型的教学策略进行了探讨。《中学物理教师的探究教学观研究》则聚焦教师观念和行为，基于对探究教学的理论探讨，提出了教师探究教学观的分析框架与研究方法，从语言表达和教学行为两个层面研究了物理教师的探究教学观现状及其影响因素。

围绕学科核心概念展开的对学生认知和能力发展的研究是近几年的研究热点，学习进阶是将学生核心素养的发展与课程、教材和评价紧密联系在一起的桥梁，是具有发展潜力的新兴研究领域，丛书呈现了其中四方面的最新研究成果。《高中物理概念学习进阶及其教学应用研究》针对我国概念教学中存在的问题，构建了核心概念统领下的物理概念层次结构模型和概念学习进阶模型，以静电场核心概念为例进行了实证检验，并应用于教师培训。中学物理中的能量概念既是物理学科的核心概念，又是与社会发展和技术进步密切相关的共通概念，对于学生的发展至关重要。《中学物理能量学习进阶研究》构建了以学生为中心、具有实证有效性的“能量”进阶框架，并以此对学生“能量”概念的认知状态和发展情况进行了刻画和阐释，针对如何帮助学生提升“能量”概念的认知水平给出了相关建议。《中学物理课程中科学解释学习进阶及其教学应用》结合科学哲学的相关理论，提出了科学解释的“现象—理论—资料—推理”框架，确立了学习进阶的二维进阶模式及其进阶变量，通过跨年级测试建构了科学解释的学习进阶，并结合能量学习进阶进行了准教学实验研究。《基于学习进阶的中学物理教学设计研究》将物理概念和能力学习进阶的研究成果与现代教学设计理论相结合，建立了教学设计模型，结合大量中学物理教学案例，论述了如何基于学习进阶的研究成果开展以学生为中心的教学设计，从而促进学生物理核心素养的进阶发展。

关于课程和教材的研究呈现了两方面的研究成果，分别体现了不同的研究范围和方法。《高中物理量子理论课程研究》聚焦中学物理中的量子内容，从课程角度开展研究。采用理论和实证研究相结合的方法，对高中物理课程中量子理论的地位与教育价值、课程发展历程与现状进行了系统深入的探讨。《初中物理教材难度国际比较》选取中国、美国、俄罗斯、英国、法国、德国、日本、韩国、新加坡和澳大利亚十个国家的初中物理主流教材为比较对象，对教材的难度、广度、平均深度进行了比较研究，并分别比较了教材中的实验内容、例题和习题及拓展内容情况，分析了教材特点并提出了教材建设的启示与建议。

学生物理核心素养的测评一直是本领域关注的重要问题，特别是像高考、中考这样的高利害考试的有效性已经成为全社会关心的热点。《大学入学物理考试内容效度研究》对大学入学物理考试的内容效度进行了多方面的定量研究。一方面以高中物理课程标准为效标，研究比较和评估了我国（包括台湾和香港地区）大学入学考试物理试卷的内容效度；另一方面从比较我国的高考物理考试与美国 AP 物理考试、英国 A-Level 物理考试出发，研究评估了我国大学入学物理考试的内容效度，提出了对我国现行高考制度的改革建议。

《中学物理教学与信息技术整合研究》展示了跨领域的研究视角，凸显了现代技术特色。在“数据探究”理论指导下，探讨了信息技术与中学物理教学深度融合的基本概念、理论等问题。同时还根据物理学科教学的特点，选取了几何画板软件、物理虚拟仿真实验软件、Camtasia 视频制作软件、Front Page 网页制作软件等，用案例说明了信息技术在物理教学中的实际应用。

大学物理教学研究是我国物理教育研究领域中正在发展的研究方向，关于心智模型和建模教学的研究也是新的研究热点。《基于心智模型进阶的物理建模教学研究》介绍了国内外关于模型与学习进阶、建模与建模教学的相关研究。在此基础上整合心智模型、学习进阶和建模教学的研究，结合我国物理教学的实际，从教学要素和学生心智模型进阶两个维度建构了基于学生心智模型进阶的导引式建模教学模式，并以大学物理“静电学”为例展开实践研究。其研究内容和方法对中学物理教学与研究均有参考价值。

十几位学者参与了本套丛书的编著工作。他们有的是长期从事物理教育研究和中学物理教学的专家，凝聚毕生研究之学术精华；有的是具备海外学习经历的年轻学者，用现代科学教育研究方法研究我国的实际问题。其中多数作者为本领域的博士。作者们都为丛书的出版付出了艰辛的劳动。本丛书从策划、编辑到出版面世，离不开时任广西教育出版社副总编黄力平编审、编辑部主任黄敏娴副编审和各书责任编辑的积极参与和付出辛劳，也离不开不少同行的关心和帮助，其中参阅引用了大量相关的研究成果，均已在参考文献中列出，在此一并表示感谢！期望本丛书的出版有助于物理教育研究领域的繁荣与发展，也期望这些研究成果能够在物理教育实践中得到进一步的检验、修正和完善。

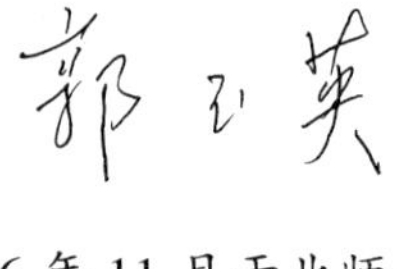

2016 年 11 月于北师大

前言

提出许许多多个“为什么……”问题，是儿童乃至人类的天性。人们可以很不经意地问“为什么”，但想要完美地回答却不那么容易，若要在自然科学或社会科学的范式内回答此类问题，则需要更深入的研究和探索。为自然现象建构解释不仅是科学事业的核心任务，也是在科学教育中最常见的对话活动之一。通俗地讲，科学解释是根据科学理论和证据厘清事物之间的联系、解构事件的发生机制的活动。在此活动中，教师能培养学生的沟通技能，帮助学生理解科学概念、规律和原理，学生则能提高交流能力，同时建构、展现和增进科学理解。

可见，教师如何建构有效的解释与如何培养学生的解释能力是教育研究的重要议题。而解释是一个涉及哲学、语言学和心理学等的跨学科议题，故对解释能力发展与培养的研究需要一个切入点。考虑到在当代“科技引领变革”的社会生活中理解、建构与评估科学解释的重要性，且建构科学解释一直是解释能力培养中的难点，故本书进一步聚焦于学生科学解释能力的发展，以科学教育的观察和科学哲学的研讨为根基，以教育测量和教学实验的实证为依据，改进科学解释的培养框架，建构科学解释的学习进阶，助力于学生科学解释能力的培养。

本书首先综述国内外学者对科学课堂中解释培养现状的教育观察，反思传统教学在此能力培养上的问题（第一章）。针对此问题，在介绍国外提出的培养框架的同时，基于科学哲学的理论和模型对其重新审视（第二章）。同时，本书梳理了学习进阶研究，介绍了学习进阶研究的发展历程和范式演变（第三章）。以上述理论研究为基础，针对实证测评发现的原有培养框架的问题（第四章），从科学哲学中的科学解释模型出发，提出了面向科学解释培养的“现象—理论—资料—推理”框架（PTDR框架）。以此框架为中心，延伸既有的科学解释能力发展理论，通过大量的实证测评建构科学解释的学习进阶（第五章）。

在关注科学解释能力发展的同时，本书还致力于“整合发展”这一科学教育理念的实现。“整合发展”理念强调，基础教育阶段的科学学习应通过大概念来统整学科知识，促进学生参与科学实践，实现对重要原理的深入探索，发展学生对科学的整合理解。具体来讲，整合发展分为纵向和横向两个维度：纵向的发展是指科学教育通过设计适合各阶段学生认知水平的表现期望和教学方案，促使学生的科学素养随着学习阶段的延伸实现连贯一致的发展。横向的整合的关键在于实现科学理解与科学实践的相互促进。在整合发展理念的指导下，将“能量理解的学习进阶”和“科学解释的学习进阶”两项研究成果进行整合，开展基于进阶的教学研究（第六章）。随后，整理了与张静、陈佩莹和高佳利三位老师共同完成的教学设计案例，以更具体地展示对促进整合发展，特别是科学解释能力发展的物理教学的初步认识（第七章）。最后，对全书的研究进行了总结，并提出了对课程教学的意见和建议（第八章）。

本书作者幸蒙北京师范大学郭玉英教授的悉心指导，文中若有闪光之处，必是老师的心血结晶。图书出版过程中还得到了广西教育出版社副总编辑黄力平编审的支持和本书责任编辑的帮助。在写作过程中，深感治学之路漫漫。书中纰漏之处，皆系自己才学尚浅，恳请读者批评指正。

2016年12月于北京

目 录

第一章　科学解释培养的现状

在科学教育实践中，解释是课堂中最常见的师生言语行为之一。传统课堂中，教师通过解释帮助学生理解概念、规律和原理；学生通过解释来建构、展现和增进理解。因此，想要更好地培养学生的科学解释能力，首先需要了解科学解释能力的培养现状，反思当前培养模式的潜在问题，才能有针对性地探索解决方案。本章梳理了中外学者对科学课堂中学生的解释表现和课堂培养形态的教育观察和教育反思，指出传统的解释能力培养模式存在的问题。

第一节 传统科学课堂中的解释活动

以教师为中心的讲授式教学，是科学课堂的传统模式。在此模式下，学生解释能力的培养效果如何？教师又有哪些解释表现？解释能力的培养实质上以怎样的形态存在？我们通过研究综述来一一洞悉。

一、学生的解释表现

科学教育领域对科学解释的研究始于对学生解释表现的观察分析。对学生解释表现的观察研究揭示了学生进行科学解释时存在的困难，并分析了产生这些困难的原因。研究表明，从小学到大学，都有相当比例的学生不能成功地建构科学解释[1-3]。分析发现，困难主要源于两个方面：内容的理解和解释的方法[2，4]。

首先讨论内容理解对解释建构的影响。实验研究发现，学生在使用言语和绘图来解释同一问题时的表现具有一致性，这意味着解释能力不仅仅是一种语言行为，更与头脑中深层次的理解息息相关[4]。一般认为，对内容的理解是合理地建构解释的基础。而且研究也发现，学生建构解释时在证据选择和推理建构的过程中的困难，也多源自对内容的不理解[2]。但是，若只关注到理解对解释的影响，对两者之间关系的认识其实是不全面的。例如，许良荣和罗佩娟以大气压力与表面张力为案例，通过综合分析对先备知识的测试和学生在序列性 POE 探究中表现出的科学解释能力，发现理工科背景的学生虽然有较多的科学知识储备，但是理工科背景学生和非理工科背景学生在科学解释能力的表现上无明显差

[1] MCCUBBIN W L. The role of logic in students' assessment of scientific explanations [J]. International journal of science education, 1984, 6 (1): 67–77.

[2] MCNEILL K L, LIZOTTE D J, KRAJCIK J, et al. Supporting students' construction of scientific explanations by fading scaffolds in instructional materials [J]. Journal of the learning sciences, 2006, 15 (2): 153–191.

[3] SONGER N B, GOTWALS A W. Guiding explanation construction by children at the entry points of learning progressions [J]. Journal of research in science teaching, 2012, 49 (2): 141–165.

[4] SOLOMON J. Children's explanations [J]. Oxford review of education, 1986, 12 (1): 41–51.

异[1]。

随着对理解和解释之间关系认识的加深，教育学界、心理学界和哲学界当前的主流观点认为解释和理解紧密关联、相互影响[2, 3]。因为教育实验发现，鼓励学生表达他们的科学观点并论述他们的认识，能增进学生对科学的认识[4]，并能促进学生更好地理解科学内容[5, 6]。研究还发现，当学生逐步掌握复杂的因果解释模型时，伴随着对现象及其内在机理理解的增强[7]。从其心理学本质来看，加拿大心理学家赛嘉德（P. Thagard）提出：解释的发展即是基模（schema）的更替，是概念革命（conceptual revolution）的一部分[8]。从哲学的视角来看，解释的目的是促进理解，所以，定义解释时也离不开对"什么是理解"的终极追问[3,9]。

可见，科学理解的发展与科学解释的发展是交互影响、相互促进的。对解释与理解双向关系的认识，启发后续研究超越知识本位，从认识论和方法论上对学生"困于解释"的原因进行探讨，推动了从"解释的方法"方面探讨学生建构解释时存在困难的原因。

在解释的方法方面，儿童开始他们的科学课程时，对"什么是解释"缺乏认识。皮亚杰（J. Piaget）从对儿童表现的分析中总结出了儿童"解释"的三大特点：实在论（realism）、决定论（finalism）、伪逻辑（pseudo-logical）。即由于处于较低的认知发展阶段，儿童逻辑

[1] 许良荣，罗佩娟. 以序列性 POE 探究学生的科学解释能力：以"大气压力与表面张力"为例［J］. 屏东教大科学教育，2009，30：42-55.

[2] SONGER N B，GOTWALS A W. Guiding explanation construction by children at the entry points of learning progressions［J］. Journal of research in science teaching，2012，49（2）：141-165.

[3] TROUT J D. Scientific explanation and the sense of understanding［J］. Philosophy of science，2002，69（2）：212-233.

[4] BELL P，LINN M C. Scientific arguments as learning artifacts：designing for learning from the web with KIE［J］. International journal of science education，2000，22（8）：797-817.

[5] COLEMAN，ELAINE B. Using explanatory knowledge during collaborative problem solving in science［J］. Journal of the learning sciences，1998，7（3-4）：387-427.

[6] ZOHAR A，NEMET F. Fostering students' knowledge and argumentation skills through dilemmas in human genetics［J］. Journal of research in science teaching，2002，39（1）：35-32.

[7] GROTZER T A，BASCA B B. How does grasping the underlying causal structures of ecosystems impact students' understanding?［J］. Journal of biological education，2003，38（1）：16-29.

[8] THAGARD P. Conceptual revolutions［M］. Princeton，NJ：Princeton University Press，1992.

[9] VON WRIGHT G H. Explanation and understanding［M］. London：Kegan Paul International，1971.

思维的局限使他们不能区分描述与解释等语言行为，故常采用再确认（reaffirmation）、同义重复（tautology）、目的论（teleology）、简单复述（simple juxtaposition）等前因果解释（precausal explanation）方法来解释问题[1, 2]。

> 儿童的推理基于一系列的“内部模型”（例如他们通过绘画表现出来）。这些模型与自然情境相似，但其实已被他们的智力所重构。因而，他们画中的任何事物都能得到心理上的解释，即其中所有事物都能被论证或归因（实在论）。因此，儿童为现象的原因所吸引，有时是动机或意图（决定论），有时是基于万物之必然（“它就该这样”）的伪逻辑的推理。
>
> ——皮亚杰

后来，研究者按要素分析了学生建构科学解释的困难：有的学生不理解什么是证据，不知道如何匹配恰当、充分的证据；学生建构的许多解释中没有推理，而是论断占主导，伴随着零星的理由；一些解释中出现了论断和证据，但并没能通过推理将两者相连等[3-5]。这些问题，实质上反映的是学生在认识论和方法论上对建构解释准备不足。进一步推断，是没有人很好地教给他们“什么是解释”“怎样建构解释”。那么我们不禁疑惑，成年人特别是教师们是否理解什么是解释？教师们在课堂中有怎样的解释表现？

二、教师的解释表现

通过对课堂中教师行为的观察发现，不能区分描述与解释其实并不

[1] PIAGET J. The language and thought of the child [M]. London: Routledge & Kegan Paul, 1926.

[2] PIAGET J. Judgment and reasoning in the child [M]. London: Routledge & Kegan Paul, 1928.

[3] GOTWALS A W, SONGER N B, BULLARD L. Assessing students' progressing abilities to construct scientific explanations [M] //ALONZO A C, GOTWALS A W. Learning progressions in science. Rotterdam: Sense Publishers, 2012: 183-210.

[4] MCNEILL K L, LIZOTTE D J, KRAJCIK J, et al. Supporting students' construction of scientific explanations by fading scaffolds in instructional materials [J]. Journal of the learning sciences, 2006, 15 (2): 153-191.

[5] SANDOVAL W A. Conceptual and epistemic aspects of students' scientific explanations [J]. Journal of the learning sciences, 2003, 12 (1): 5-51.

是儿童的“专利”，教师也常常混淆描述与解释，甚至教材中对描述与解释的使用也不是泾渭分明。此外，安慰性解释[1]（dormitive explanation）在一些教材和课堂讲解中时有出现[2, 3]。国外的一项视频分析研究发现，教师在课堂上所使用的解释可归为类比的（analogical）、拟人的（anthropomorphic）、功能的（functional）、起源的（genetic）、机制的（mechanical）、形而上的（metaphysical）、实用的（practical）、理性的（rational）、同义反复的（tautological）和目的论的（teleological）等10种解释类型[4]。

根据举例和其他学者的论述，我们对这些解释类型进行简要说明。类比解释基于类比推理，借助学生较熟悉的情境来说明新的现象，如类比太阳系说明原子的内部结构。狭义的拟人解释将人类的特性赋予非人类的实体上，广义的拟人解释则将人类或某些生物的特性赋予非生命体上，用以解释其行为或运动。功能性解释以事物得到的好处作为原因，例如大象的耳朵表面积大是为了散热。起源解释用历史发展过程作为当前特征发生的原因。机制解释阐明现象的发生机制，以此作为现象的发生原因。形而上的解释把超自然作用体作为自然现象的终极解释，例如亚里士多德的“第一推动者”。实用解释是对具体的物质或心智操作的说明，如解说实验的步骤、仪器的使用等。理性解释通过证据和逻辑演绎来支持某种论断。同义反复解释把问题重新组织后加以叙述，实质上是一种虚无解释。目的论解释则用某一目标作为事态变化的原因。

通过上述对各解释类型的简要介绍，不难看出在这些课堂教学所采用的解释方式中，有相当比例不符合一般意义上对科学解释的认识。换句话说，科学课堂中，教师的“解释”是混杂着“科学解释”和“非科学解释”的。

---

[1] 安慰性解释指本身没有提供有意义的信息，但能给提问者带来一定程度的满足感的话语，例如，孩子问：“为什么天气越来越冷了？”家长回答：“因为一年最冷的时候到了。”

[2] 汤伟君，邱美虹. 省思科学教学：由解释、科学解释类型的观点［J］. 科学教育研究与发展季刊，2010（59）：1-22.

[3] HORWOOD R H. Explanation and description in science teaching［J］. Science education，1988，72（1）：41-49.

[4] DAGHER Z，COSSMAN G. Verbal explanations given by science teachers：their nature and implications［J］. Journal of research in science teaching，1992，29（4）：361-374.

三、反思传统的培养方式

楚格斯特（Treagust）和哈里森（Harrison）将科学课堂中的解释行为分为三类：科学解释（scientific explanation）、科学教学解释（science teaching explanation）和初浅解释（folk explanation）[1,2]。儿童刚进入科学课堂时，基于其生活经验尝试建构的解释称为"初浅解释"，教师在课堂中为说明现象、概念和规律等而建构的解释称为"科学教学解释"。对比本书前言中对科学解释的通俗定义和第二章中基于科学哲学定义的科学解释，可以看到，不仅儿童建构的初浅解释不属于科学解释；教师在科学课堂中建构的解释也并非科学解释，而是整合了科学内容知识（scientific content knowledge）和学科教学知识（pedagogical content knowledge）的特殊解释。

基于对初浅解释、科学教学解释和科学解释的分类，可以看到，在传统的科学课堂，通过教师的科学教学解释的范例作用，实现如图 1-1 所示的发展过程。即科学教学解释促进儿童在初浅解释的基础上有所发展，有助于儿童逐渐掌握建构科学解释的能力。

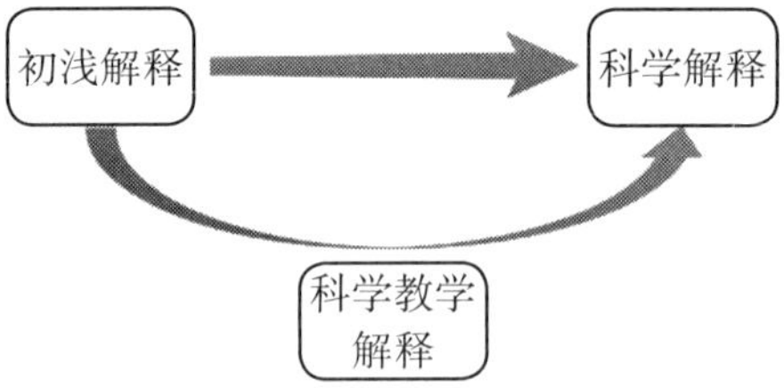

图 1-1　传统科学课堂中的三类解释

然而，教师的科学教学解释还承载着促进对知识内容理解的功能[3]。必须承认，仅靠建构有效的教学解释来促进科学理解就已绝非易事：在

[1] TREAGUST D F, HARRISON A G. The genesis of effective scientific explanations for the classroom [M] //LOUGHRAN J. Researching teaching: methodologies and practices for understanding pedagogy. London: Routledge Falmer Press, 1999: 28-43.

[2] TREAGUST D F, HARRISON A G. In search of explanatory frameworks: an analysis of Richard Feynman's lecture "Atoms in motion" [J]. International journal of science education, 2000, 22 (11): 1157-1170.

[3] WITTWER J, RENKL A. Why instructional explanations often do not work: a framework for understanding the effectiveness of instructional explanations [J]. Educational psychologist, 2008, 43 (1): 49-64.

建构解释帮助学生理解科学内容时，教师需要兼顾科学内容和被解释者的接受能力等多重因素（见表 1-1）来建构一个“解释框架”（explanatory framework）。建构良好的解释框架对教师已然是巨大的挑战，如果同时还需承载着范例教学的功能，让学生从教师的解释中来领会合适的解释方法，这无疑使教师在课堂上的言语行为承载了太多的教育功能。所以也就无怪乎出现“教师难教，学生难学”，最后大量的学生没掌握如何进行科学解释的现象了。

表1-1　建构“解释框架”需考量的因素[1，2]

内容因素	学生因素	环境因素	教师因素
概念在科学上的重要性	年龄	学校类型	科学观
概念在课程中的重要性	认知水平	课程类型	教学经验
宏观还是微观水平	学习动机和态度	课程和内容标准	学科专业知识水平
对象是过程还是实体	认知特征	课时	拟采用的解释类型
对象是定律、理论还是假说	语言能力等其他相关能力	教学资源	认知偏好
可能的相异概念	具有的潜在类比和比喻资源	家长和社会期望	审美偏好

对于现有教学干预下科学解释的培养状况，牛津大学的所罗门（J. Solomon）教授曾做出如下概括：

> 外显的教授解释可能并不容易。对行为过程的元认知在各年龄段都不易被理解。不知为何原因，或根本没有原因，针对性的教学没有开展，而是留待学生去从教师所展示的例子中挑出合适的解释方法。不可避免有相当比例的学生在此失败了。[3]

综上可知，传统的科学解释培养模式是让学生模仿老师在科学课堂

[1] WITTWER J，RENKL A. Why instructional explanations often do not work：a framework for understanding the effectiveness of instructional explanations [J]. Educational psychologist，2008，43（1）：49–64.

[2] TREAGUST D F，HARRISON A G. In search of explanatory frameworks：an analysis of Richard Feynman's lecture “Atoms in motion” [J]. International journal of science education，2000，22（11）：1157–1170.

[3] SOLOMON J. Children's explanations [J]. Oxford review of education，1986，12（1）：41–51.

上的科学教学解释，据此无意识地内化成学生自身的科学解释能力[1-3]。然而通过对学生科学解释的观察和测查发现，这样的培养模式效果不佳[4, 5]。其效果不佳直接反映在学生表现上是“对科学内容的理解水平较低”和“缺乏对科学解释的认识”两个问题。但这两个问题实质上反映的是教学的缺憾。根据研究主题，本书重点探讨第二个问题。

对于“缺乏对科学解释的认识”这一问题，一些学者[1, 4]认为，“对科学解释的认识”涉及对行为过程的元认知，而传统教学中“模仿＋无意识内化”的培养模式对习得此类元认知的帮助是间接且缓慢的（甚至一部分学习对习得此类元认知没有帮助），所以导致了相当比例的学生“缺乏对科学解释的认识”。其实此类问题并不是科学解释培养独有的，其他科学能力的培养，比如科学建模、科学论辩等也都或多或少遇到过。当前在科学建模能力和科学论辩能力培养过程中，比较有效的解决方案是将对行为过程的元认知进行结构化和外显化，据此进行显化培养和明示教学[6, 7]，以提升学生的技能认知水平和实践能力。

---

[1] SOLOMON J. Children's explanations [J]. Oxford review of education，1986，12（1）：41–51.

[2] TREAGUST D F，HARRISON A G. The genesis of effective scientific explanations for the classroom [M] // LOUGHRAN J. Researching teaching：methodologies and practices for understanding pedagogy. London：Routledge Falmer Press，1999：28–43.

[3] TREAGUST D F，HARRISON A G. In search of explanatory frameworks：an analysis of Richard Feynman's lecture "Atoms in motion" [J]. International journal of science education，2000，22（11）：1157–1170.

[4] MCCUBBIN W L. The role of logic in students' assessment of scientific explanations [J]. International journal of science education，1984，6（1）：67–77.

[5] MCNEILL K L，LIZOTTE D J，KRAJCIK J，et al. Supporting students' construction of scientific explanations by fading scaffolds in instructional materials [J]. Journal of the learning sciences，2006，15（2）：153–191.

[6] DRIVER R，NEWTON P，OSBORNE J. Establishing the norms of scientific argumentation in classrooms [J]. Science education，2000，84（3）：287–312.

[7] SCHWARZ C V，REISER B J，DAVIS E A，et al. Developing a learning progression for scientific modeling：making scientific modeling accessible and meaningful for learners [J]. Journal of research in science teaching，2009，46（6）：632–654.

第二节　新兴的培养方式与培养框架

科学解释能力的培养亟待更有针对性的教学干预。面对这一情况，显化培养被视作科学解释能力培养策略改革的重要方向。随着这一策略的确立，相关的培养框架也应运而生。

一、显化培养

对科学能力和科学本质等进行直接且显化的培养，在中国和美国都得到了一些学者的倡导。在培养科学解释能力时，为应对传统的培养方式没能很好地教给学生解释的方法这一问题，一些学者尝试在探究情境中将科学解释的方法外显化，通过一些结构化的提示来引导学生建构科学解释，在此过程中培养学生的科学解释能力[1-3]。我们称之为科学解释的显化培养路径。

采纳显化培养路径，核心攻关点在于如何外显化、具体化科学解释的方法，即解决为科学解释建模的问题。这里，我们介绍国外在显化培养初期使用的模型——“论断—证据—推理”框架（Claim-Evidence-Reasoning framework，简称 CER 框架）。

二、“论断—证据—推理”框架（CER框架）

在科学教育标准文件中[4]，科学解释与科学论证（scientific argumentation）本是两项不同的科学实践活动。然而，CER 框架从本质

[1] LEE H-S. Scaffolding elementary students' authentic inquiry through a written science curriculum [D]. Ann Arbor: University of Michigan, 2003.

[2] MCNEILL K L, LIZOTTE D J, KRAJCIK J, et al. Supporting students' construction of scientific explanations by fading scaffolds in instructional materials [J]. Journal of the learning sciences, 2006, 15 (2): 153-191.

[3] SANDOVAL W A. Conceptual and epistemic aspects of students' scientific explanations [J]. Journal of the learning sciences, 2003, 12 (1): 5-51.

[4] NGSS Lead States. The next generation science standards: for states, by states [M]. Washington, D.C.: National Academies Press, 2013.

上讲是对英国哲学家图尔敏（S.Toulmin）的论辩模型的简化。图尔敏论辩模型（Toulmin Model of Argument）由6个相关联的要素组成[1]，这些要素分别是：主张（claim）、限定条件（qualifier）、反驳（rebuttal）、理由（reason）、支持（backing）、证据（evidence）。CER框架省略了其中对于中小学生而言较难的反驳等要素，并将理由和支持等要素概化为推理。这样，就将科学解释解构为三个要素：论断（claim）、证据（evidence）和推理（reasoning）。根据科瑞柴克（J. Krajcik）教授所带领的研究团队的定义："论断是回答原始问题的断言或结论"，"证据是支持论断的科学资料"，"推理表明使我们相信证据支持论断的逻辑"。[2]据此，教师可搭建脚手架指导学生在科学探究过程中逐步规范、提升科学解释能力。

根据此模型，麦克尼尔（McNeill）和科瑞柴克等学者研究了初中化学学习过程中科学解释的能力发展[2]，随后麦克尼尔持续追踪了教师的专业发展[3]、学生对科学解释的认识[4]和学生在不同培养策略下的能力发展情况[5, 6]。这些研究较系统地探查了学生对解释的各要素及各要素间关系的认识[4]，还揭示了学生对各要素的理解与实践中存在的困难[2]。更为可贵的是，教学研究的结果显示，在解释能力的三个要素及整体的表现上，基于CER框架并在活动过程中搭建脚手架辅助学生培养科学解释能力的教学都比传统教学更有效[5, 6]。这为后来教学策略的变革和发展指明了方向。

[1] TOULMIN S E. The uses of argument [M]. Cambridge: Cambridge University Press, 2003.

[2] MCNEILL K L, LIZOTTE D J, KRAJCIK J, et al. Supporting students' construction of scientific explanations by fading scaffolds in instructional materials [J]. Journal of the learning sciences, 2006, 15 (2): 153-191.

[3] MCNEILL K L. Teachers' use of curriculum to support students in writing scientific arguments to explain phenomena [J]. Science education, 2009, 93 (2): 233-268.

[4] MCNEILL K L. Elementary students' views of explanation, argumentation, and evidence, and their abilities to construct arguments over the school year [J]. Journal of research in science teaching, 2011, 48 (7): 793-823.

[5] MCNEILL K L, KRAJCIK J. Scientific explanations: characterizing and evaluating the effects of teachers' instructional practices on student learning [J]. Journal of research in science teaching, 2008, 45 (1): 53-78.

[6] MCNEILL K L, KRAJCIK J. Synergy between teacher practices and curricular scaffolds to support students in using domain-specific and domain-general knowledge in writing arguments to explain phenomena [J]. Journal of the learning sciences, 2009, 18 (3): 416-460.

第三节　现状小结

观察分析科学解释的教学及其成效可以看到，传统上侧重知识内容理解而只基于一些解释范例来潜移默化的教学是达不到期望的培养目标的。对于科学解释这种高级思维言语能力的培养，必须做到知识和方法兼顾。基于 CER 框架的脚手架辅助教学初步指明了发展方向。通过引介哲学家图尔敏的模型，科学解释的概念解构路径初现端倪。

然而，在科学教育领域的权威期刊《科学教育》(*Science Education*)上，有学者发文质疑 CER 框架存在对解释和论辩的概念混淆等问题。而且，仅凭一个结构化的框架尚不能描述科学解释能力的发展脉络。我们注意到，科学哲学界对科学解释已经进行了长时间的深入分析。此外，学习进阶理论有助于厘清科学解释能力的发展路径。故接下来的两章，我们引介科学哲学中的科学解释模型和学习进阶理论，来帮助解决科学解释的培养问题。以其为基础，我们通过对学生解释表现的实证分析，逐步建构“科学解释的学习进阶”，并将其应用于教学实践。

第二章　哲学中的科学解释

科学解释是解释的子集。在定义科学解释前先要了解什么是解释。早在亚里士多德时代，哲学家就已开始区分关于“是什么”和“为什么”两类知识，思考“解释”的相关问题。当前的权威典籍《剑桥哲学词典》(*The Cambridge Dictionary of Philosophy*)定义解释为“使事项变得更清晰或更可理解的行为，当我们解释一个事件，我们展示它为什么及如何发生”。美国哲学家伍德沃德(J.Woodward)沿此定义在《斯坦福哲学百科》(*The Stanford Encyclopedia of Philosophy*)中指出：“在解释中，有一些我们称之为‘科学的’，即这里所讨论的‘科学解释’，其基本目的与解释相同，但在方法、对象等方面对自身又有进一步的限定。”至于做出哪些限定，在何种程度上进行限定，前后三代哲学研究者，特别是科学哲学研究者展开了半个多世纪的讨论。下面简要介绍各学派的理论模型，并探讨其教育启示。

第一节 经典的科学解释模型

科学解释[1]涉及科学哲学的很多基本问题。随着科学哲学的发展，在20世纪中叶，对科学解释的探讨逐渐成为科学哲学领域的重要研究议题之一。科学解释的经典模型也在系统研讨中逐步凝练出来。

一、演绎-律则模型

1948年，卡尔·亨普尔（C. Hempel）和保罗·奥本海默（P. Oppenheim）在《解释的逻辑研究》（*Studies in the Logic of Explanation*）一文中提出了在后世长期被视作科学解释标准理论之一的演绎-律则模型（Deductive-Nomological model，简称D-N模型）。按他们的观点，首先解释可分为两部分（图2-1）：被解释项（explanandum）——描述需要被解释的现象的句子；解释项（explanans）——被引证以解释现象的句子的集合。解释项又进一步分为陈述前提条件（antecedent condition）的句子（C_1，C_2，…，C_k），引用普适定律（general law）的句子（L_1，L_2，…，L_r）。若要解释项科学地解释被解释项，必须满足四项条件，其中逻辑条件（logical condition）有三条：第一，被解释项必须是解释项的逻辑结果；第二，解释项推演出被解释项时需基于普适定律；第三，解释必须有实证内容。实证条件（empirical condition）有一条：构成解释项的句子必须为真[2]。

---

[1] 我国哲学界对scientific explanation一词有“科学解释”和“科学说明”两种译法。本文沿用科学解释这一译法，出于以下两方面考虑：一方面是国家的《义务教育科学课程标准》采用了“解释”一词，另一方面大陆和台湾在教育领域进行的系统研究都译作解释（例如：谢州恩，2004；汤伟君，2008；董洪亮，2010等）。

[2] HEMPEL C G，OPPENHEIM P. Studies in the logic of explanation [J]. Philosophy of science，1948，15（2）：135-175.

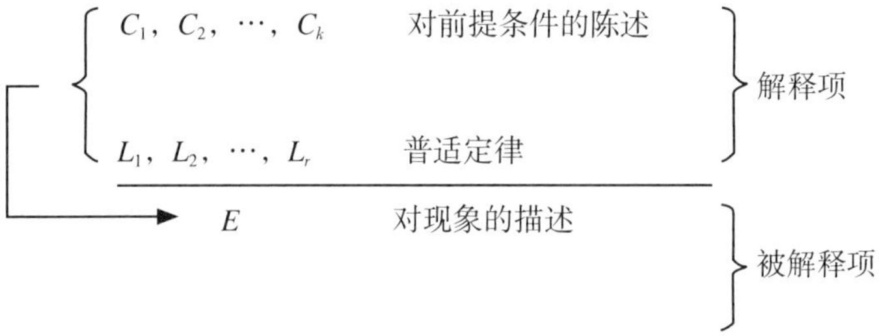

图 2-1 科学解释的演绎 - 律则模型[1]

亨普尔等将科学视为阐述自然世界规律的学科，认为自然界的图景可以被表达和概括出来作为“自然定律”，而科学解释即基于某自然定律为被该定律所蕴含的现象建构意义。从语言学和语言哲学的角度看，D-N模型基于逻辑实证主义（logical empiricism）传统，先从句法学（syntax）上给出逻辑框架，再辅以语义诠释，形成科学解释的语言结构。基于上述定义，用光学定律解释彩虹的产生、用理想气体定律解释气球受热膨胀等都是符合 D-N 模型的典型科学解释。以基于理想气体定律解释气球受热膨胀为例（表 2-1），根据理想气体定律（理论）、气球内气体的量不变（条件 1）和太阳照射使气球内气体的温度上升（条件 2），可以建构出太阳照射下的气球发生膨胀这一现象的科学解释。

表2-1 气球受热膨胀事例的现象、条件和理论

现象	太阳照射下的气球（密闭良好的），其体积会发生膨胀
条件	1.气球密闭良好，气球内气体的量不变 2.太阳照射使气球内气体的温度（T）上升
理论	理想气体定律：$PV=nRT$

虽然在文章发表的最初几年并没有引起太大反响，但是 D-N 模型因其解释力和简洁性逐渐受到了关注并最终成为科学解释研究的里程碑，亨普尔和奥本海默 1948 年发表的论文也被誉为科学哲学的划时代著作之一。但后续研究者在为亨普尔戴上桂冠的同时，也对 D-N 模型进行了批判反思。对 D-N 模型的批判集中在 D-N 模型的不完备上，其中的典型表现为解释的“对称性困难”和解释的“无关性困难”等。

[1] HEMPEL C G，OPPENHEIM P. Studies in the logic of explanation [J]. Philosophy of science，1948，15（2）：135-175.

解释的不对称（explanatory asymmetries）是指，从初始条件（C）、定律（L）导出的解释项（E）是一个科学解释，然而从 E 反向推导得出的 C，虽然也满足 D-N 模型，却不是一个科学解释。例如旗杆反例[1]：从旗杆的高度（C），基于光的直线传播（L_1）和太阳在某一时刻的照射角度（L_2），可以解释影子的长度（E），然而反过来的推演（从影子的长度得出旗杆长度）虽然也满足 D-N 模型，却不能构成一个解释。解释的无关（explanatory irrelevancies）是指，当其包含无关要素时，一个满足 D-N 模型的推演并不能形成一个解释。例如，尽管"雄性小白鼠 M 被喂食避孕药（C），被喂食避孕药的小白鼠都不会受孕（L），所以小白鼠 M 没有受孕（E）"是一个满足 D-N 模型的推演，但其不被认可为科学解释[2]，因为该解释项中有无关成分存在，导致解释失效。解释的不对称和解释的无关都揭示出 D-N 模型的不完备，除此之外，D-N 模型还存在"不能为不可能事件提供原因"，"难以解释没有被定律覆盖的事件"等困难[3, 4]。

二、基于统计的科学解释模型

原子物理、遗传学和量子力学等在 20 世纪取得了举世瞩目的成就，而这些领域中的许多科学解释都以统计和概率为核心。在此背景下，科学哲学研究者尝试拓展科学解释的模型。亨普尔是最先对基于统计的科学解释进行明确讨论的学者之一[5]，并提出了第一个基于统计的科学解释模型——演绎-统计模型（Deductive-Statistical model，简称 D-S 模型）。作为 D-N 模型的延伸，D-S 模型将原 D-N 模型的定律扩展为

[1] 类似的例子曾由布瑞博格（Bromberger）在20世纪60年代提出，精确表述引自萨尔蒙（Salmon，1989）。

[2] "雄性小白鼠M未受孕"的一个合理科学解释：雄性小白鼠没有受孕器官，不会怀孕（L），而小白鼠M是一只雄性小白鼠（C）。此反例的最初版本由萨尔蒙提出（Salmon，1989）。

[3] SALMON W C. Four decades of scientific explanation [M]. Pittsburgh: University of Pittsburgh Press, 1989.

[4] 张华夏.科学解释标准模型的建立、困难与出路 [J].科学技术与辩证法，2002，19（1）：29-33.

[5] HEMPEL C G. Aspects of scientific explanation and other essays in the philosophy of science [M]. New York: The Free Press, 1965.

统计定律以解释概率事件的发生。亨普尔还提出，如果以满足高概率为前提，基于统计定律还存在另一种科学解释模型——归纳－统计模型（Inductive-Statistical model，简称 I-S 模型）。例如用放射性元素的衰变规律解释古文物中某些元素的丰度就是符合亨普尔归纳－统计模型的典型例子。

但亨普尔的归纳－统计模型还存在一些问题，例如投掷硬币符合统计规律，然而根据该统计规律，却可以推出正面和反面两个相悖的结果，这说明 I-S 模型尚不完备。尽管亨普尔通过附加第五项条件——最大明确性要求（requirement of maximal specificity），科法（Coffa）通过增添极值从句（extremal clause），萨尔蒙（Salmon）通过引入同质指称集（homogeneous reference class），在一定程度上解决了此类解释的完备性问题[1-3]，但随后的研究[4, 5]发现 D-S 模型和 I-S 模型还存在“解释无关性困难”，且 I-S 模型的高概率前提也遭到质疑，维生素反例和心理治疗反例直指这两个问题。

维生素反例提出，病人甲的感冒在一周后康复，因为他进行了维生素 C 治疗。但实际上，无论是否服用维生素 C，绝大多数感冒都会在一周后康复。心理治疗反例提出，病人乙的某种神经官能症状得到显著缓解，因为他接受了心理治疗。但实际上，这种神经官能症状可以自行缓解。这两个例子符合亨普尔提出的逻辑规则，也能够满足高概率前提，但一般不认为维生素 C 是构成感冒康复的科学解释，也不认为心理治疗是某种神经官能症状缓解的科学解释。类比科学研究中的对照实验，当检验某因素是否有影响时，我们关心的不是变化的绝对值，而是实验组和对

[1] COFFA J A. Foundations of inductive explanation [D]. Pittsburgh: Doctroal dissertation from University of Pittsburgh, 1973.

[2] HEMPEL C G. Aspects of scientific explanation and other essays in the philosophy of science [M]. New York: The Free Press, 1965.

[3] SALMON W C. Statistical explanation and statistical relevance [M]. Pittsburgh: University of Pittsburgh Press, 1971.

[4] SALMON W C. Hempel's conception of inductive inference in inductive-statistical explanation [J]. Philosophy of science, 1977, 44 (2): 179-185.

[5] SALMON W C. Four decades of scientific explanation [M]. Pittsburgh: University of Pittsburgh Press, 1989.

照组的变化差异是否显著。放在心理治疗反例中，即症状缓解的概率高低相对次要，重要的是某种疗法的缓解率是否比不治疗时有显著提升。

由此，萨尔蒙提出统计 - 相关模型（Statistical-Relevance model，简称 S-R 模型），尝试解决“解释无关性困难”[1]。S-R 模型的核心前提是相关性，萨尔蒙定义相关性如下：考察某个集 A、特征 B 和 C，iff：$P(B \mid A.C) \neq P(B \mid A)$，称 B 与 C 存在统计相关。即当且仅当以 A 和 C 同时为条件的概率 $P(B \mid A.C)$ 不等于仅以 A 为条件时的概率 $P(B \mid A)$ 时，称 B 与 C 存在统计相关。S-R 模型以统计相关作为解释可接受的前提假设，能排除解释项中的无关成分。例如在前述的维生素例子中，若服用维生素 C 后感冒康复的概率 P_1 等于服用安慰剂后感冒康复的概率 P_2，则服用维生素 C 是感冒康复的不相关因素，故原解释将不被认可为科学解释。

对整个科学解释理论而言，基于统计的科学解释模型（D-S 模型、I-S 模型和 S-R 模型）将统计定律纳入科学解释的前提，还拓展了科学解释中的推理方式——归纳推理。相比前两种模型，S-R 模型以统计相关作为解释可接受的前提假设，能排除解释项中的无关成分，具有更好的完备性。例如在前述的小白鼠例子中，雄性小白鼠 M 被喂食避孕药受孕的概率 P_1 等于雄性小白鼠 M 未被喂食避孕药受孕的概率 P_2，所以此解释的解释项与被解释项不相关，不被认可为科学解释。而且 S-R 模型还避免了亨普尔的概率解释模型中的高概率要求，对仅存在有限发生概率的事件也能给予解释。除了模型本身的发展外，在解释概率事件的讨论过程中更深入地揭示了基于认识论的经典科学解释模型的潜在困难，为后续的理论进展开辟了道路。

[1] SALMON W C. Statistical explanation and statistical relevance [M]. Pittsburgh: University of Pittsburgh Press, 1971.

第二节 科学解释理论的发展

在经典的科学解释模型的基础上，学者们从不同的角度继续对科学解释的基本理论展开探讨，涌现出许多与经典模型不一样的科学解释模型和理论。其中较有影响力的是因果–机制模型、统整解释观和语用解释观。

一、因果–机制模型

用因果和机制进行解释，满足了人类最强烈的渴望——想要理解事件发生的原因。萨尔蒙先严格限定了哪些解释类型可被视为科学解释，将目的论解释等排除在科学解释之外，然后对基于相关关系的解释理论进行了研究，最终从本体论的视角提出了因果–机制模型（Causal-Mechanical model，简称 C–M 模型）[1]。

萨尔蒙认为，科学解释是一种物理联系。C–M 模型强调科学解释要通过揭示因果作用和内在机制，阐明其自然结构及其如何"纳入因果联系网"[2]。萨尔蒙定义因果过程为一种传递了非零守恒量（例如动量、能量和电荷等均为守恒量）的物理过程。不满足上述条件的其他过程则为伪因果过程。举例来说，台球桌上台球的相碰为因果过程（传递了动量、能量），而台球影子的相交则是伪因果过程。所以台球间的碰撞能为后面发生的事件做解释，而它们的影子相交则不能作为随后事件的原因。C–M 模型从本体论的视角出发，在一定程度上解决了亨普尔模型解释的困难。尽管一些研究者对因果–机制模型也有质疑，例如对因果过程的定义的不完备、因果和定律的关系、科学解释实质是本体还是认识等[3, 4]，但

[1] SALMON W C. Scientific explanation and the causal structure of the world [M]. Princeton, NJ: Princeton University Press, 1984.

[2] KITCHER P, SALMON W C. Scientific explanation [M]. Minneapolis: University of Minnesota Press, 1989.

[3] CARTWRIGHT N. In defence of "this worldly" causality: comments on van Fraassen's Laws and Symmetry [J]. Philosophy and phenomenological research, 1993, 53 (2): 423–429.

[4] 张华夏.科学解释标准模型的建立、困难与出路 [J].科学技术与辩证法，2002，19（1）：29–33.

因果 - 机制模型仍被认为是当代最具竞争力的科学解释模型[1，2]。

二、统整解释观

为不同的现象给出同源解释无疑极具吸引力。回顾科学史，无论是牛顿万有引力还是麦克斯韦方程组的发现，都显示出理论的统整在科学发展上所扮演的重要角色。弗瑞德曼（Friedmar）[3]在探讨解释与科学理解的关系时，提出了科学解释的统整观（unificationist perspective）。他通过对 D-N 模型和语用解释观的批判，反思科学理解的全局性，进而提出科学解释应将不同的现象进行兼并和统整。随后，基切尔（Kitcher）进一步发展和完善了该派理论，并提出了解释库（explanatory store）等概念[4]。基于对解释库的定义，"解释理论的基本任务就是具体阐明解释库的条件——与特定时期的科学理论相结合，让我们的信念最系统化地推论"[5]。这依据其是否可被归在某一解释库来判定解释是否被认可。由此科学解释的价值"不能孤立地考量，而应视其在多大程度上为自然的秩序提供了系统的图景"。虽然统整解释观也有其自身的局限性（如"赢者通吃"困境等），但统整提供了一种评估理论的解释视角，并指出成功的科学解释是如何较描述性理论而言深化了对自然的理解[2]。

三、语用解释观

以范·弗拉森（Van Fraassen）为代表的哲学研究者从语用学（pragmatics）的视角出发思考科学解释问题[6]。该派学者坚持科学解释的语义和语用基础，强调解释是否成立与情境相关，批判为科学解释建

[1] 张华夏.科学解释标准模型的建立、困难与出路［J］.科学技术与辩证法，2002，19（1）：29-33.

[2] WOODWARD J. Scientific explanation ［EB/OL］//［2014-03-05］. http：//plato.stanford.edu/archives/win2011/entries/scientific explanation.

[3] FRIEDMAN M. Explanation and scientific understanding［J］. The journal of philosophy，1974，71（1）：5-19.

[4] KITCHER P. Explanatory unification［J］. Philosophy of science，1981，48（4）：507.

[5] KITCHER P, SALMON W C. Scientific explanation［M］. Minneapolis: University of Minnesota Press, 1989.

[6] VAN FRAASSEN B C. The scientific image［M］. Oxford：Oxford University Press，1980.

构客观的逻辑形式的尝试。即是否可被视为合理的解释与所处情境和视角有关，而不依赖具体结构。评判解释的有效性需要考虑认知主体的先验地位，即判定解释的标准应与解释的受众相适应[1,2]。因为科学解释之所以能促进对现象的理解，是因为解释者已先行理解被解释项并通过逻辑将其与解释项相关联，这是从解释者方面分析先行理解与解释的关系。对于被解释者，其先行理解也是其理解、评判解释的先行条件。

语用解释观提出科学解释模型的合理性不仅依赖于逻辑结构，还要视指导性认知目的而定，这对科学解释及科学解释的培养都具有重要启示。

[1] VAN FRAASSEN B C. The scientific image [M]. Oxford: Oxford University Press, 1980.
[2] 徐竹. 从方法论重构到先验旨趣分析：论现象学科学哲学中科学说明研究的范式转换 [J]. 哲学研究，2008 (2): 98-105.

第三节 基于哲学理论的探讨

回顾科学哲学界对科学解释的探讨，科学解释大体经历了先在逻辑实证主义影响下重视句法，再到后来逐渐注重语义、语用、本体和模态等视角的发展过程。上述科学解释理论及其发展脉络对教育中科学解释能力的培养有着关键启迪作用。同时，基于哲学领域中科学解释理论的发展，有助于认清在研究科学解释能力的培养时的几个关键问题。

一、科学解释哲学理论的教育启示

在20世纪中叶，D-N模型在句法学的框架下对科学解释的核心特征进行了抽象概括。当然，现实中的科学解释并不会严格按其模型展开，而是以一些变形了的但可接受的形式存在，例如省略解释（elliptic explanation）、部分解释（partial explanation）和解释概略（explanation sketch）等。所以亨普尔后来也据此对其理论进行了补充。更为重要的是，D-S模型、I-S模型等基于概率和统计理论进一步扩展了亨普尔的科学解释理论。后来，由于亨普尔的D-N模型、D-S模型和I-S模型都将定律（决定定律或统计定律）作为科学解释的核心，被统称为涵盖定律模型（covering-law model）。亨普尔的理论是科学解释的经典观点，他点明科学解释的目的是回答“为什么”，将科学解释看作基于普遍定律的逻辑推演，通过这类特殊的逻辑推演建立起了科学理论和科学观察之间的联系[1-3]。

然而，正如后来的研究者所评述：涵盖定律模型过于关注科学解释的句法，忽略了语义和语用，即其注意了科学解释的结构，而忽略了科学解释的内容。进一步来讲，涵盖定律模型强调了科学解释的认识论，

[1] KITCHER P，SALMON W C. Scientific explanation [M]. Minneapolis：University of Minnesota Press，1989.

[2] WOODWARD J. Scientific explanation [EB/OL] // [2014-03-05]. http：//plato.stanford.edu/archives/win2011/entries/scientific explanation.

[3] 张萍. 亨普尔科学解释理论研究 [D]. 长春：吉林大学，2005.

而忽略了科学解释的本体[1-3]。到科学教育中，许多解释行为也采用了类似涵盖定律模型的陈述，然而做出的解释实质上却并没有涉及更缜密的推理过程或更深入的概念理解[4]。这提醒教师在培养科学解释能力时，不仅要注重解释结构的问题，同时要重视解释的科学内涵。此外，D-N模型中强调定律的核心地位，但是对定律的来由却略显语焉不详。对于什么是科学定律以及如何建构科学定律可能并不是亨普尔研究的关注点，但是在科学教育中是不能将它们的关系割裂的。当前学校科学教育中存在“重数学推演、轻概念理解”的现状，如果过度强调科学解释以定律为中心展开，而忽视了对定律本身的探究与理解，无疑会加重这一趋势[5]。

尽管如此，涵盖定律模型仍是公认最早的，也是迄今影响最为深远的科学解释模型，被誉为科学解释理论的经典模型[1, 6]。涵盖定律模型阐明了科学解释的典型句法结构，其简明的特点有利于学生了解科学解释的基本逻辑架构，其理论体系及存在的问题都对科学教育研究有重要的启迪。

为了解决亨普尔的理论在概率解释上的困难，萨尔蒙提出了S-R模型。S-R模型不是对D-S模型和I-S模型的修补，萨尔蒙在引入相关性伊始，就已经在理论建构思路上发生了从重视认识论到重视本体论的演变。尽管不能说所有的科学解释都基于因果关系，但其在科学解释中的

---

[1] KITCHER P, SALMON W C. Scientific explanation [M]. Minneapolis: University of Minnesota Press, 1989.

[2] 弗拉森. 科学的形象 [M]. 郑祥福，译. 上海：上海译文出版社，2005.

[3] 张华夏.科学解释标准模型的建立、困难与出路 [J].科学技术与辩证法，2002，19（1）：29-33.

[4] DRIVER R, LEACH J, MILLAR R, et al. Young people' s images of science [M]. Buckingham: Open University Press, 1996.

[5] BRAATEN M, WINDSCHITL M. Working toward a stronger conceptualization of scientific explanation for science education [J]. Science education, 2011, 95 (4): 639-669.

[6] WOODWARD J. Scientific explanation [EB/OL] // [2014-03-05]. http: //plato.stanford.edu/archives/win2011/entries/scientific explanation.

核心地位却是毋庸置疑的[1-3]。萨尔蒙将解释建立在本体联系上，指出科学解释要揭示现象产生的因果或机制，是说明因果关系的语句而不是某种形式的论辩[2, 4]。当下，萨尔蒙的因果－机制模型无疑是受关注最多而且是被寄予厚望的科学解释理论，正如《科学哲学手册》中所述："该模型（因果－机制模型）符合科学和日常生活中的解释实践，且比 D-N 模型符合得更好。"[5]

对因果－机制模型的质疑多集中于其对因果过程的界定和其形式结构。虽然基础教育阶段并不涉及前者，但是后者对于学生的解释结构是有直接且重要的影响的。对于基础教育阶段的物理课程，经过验证的因果－机制模型组成了其主干内容。大量研究表明，当学生能够掌控复杂的因果－机制模型时，他们对于现象和内在机理的理解也在增强[6]。但正如厘清因果关系和因果过程被科学哲学家认为是难题之一，研究发现老师和学生建构因果－机制模型时也倍感挑战。师生能够提出简单、线性的因果模型来解释现象，但是他们往往难以掌握更复杂的，包括中间变量和交互关系的架构[7, 8]。上述研究反映出因果和机制本身的复杂性，以及其逻辑框架的缺失给培养所带来的困难。对于此问题，当前心理学界的主流观点认为，这需要结合领域中一般的科学思维能力和领域中具体的内

[1] KITCHER P，SALMON W C. Scientific explanation [M]. Minneapolis：University of Minnesota Press，1989.

[2] WOODWARD J. Scientific explanation [EB/OL] // [2014-03-05]. http：//plato.stanford.edu/archives/win2011/entries/scientific explanation.

[3] 张华夏.科学解释标准模型的建立、困难与出路 [J].科学技术与辩证法，2002，19（1）：29-33.

[4] SALMON W C. Causality and explanation [M]. Oxford：Oxford University Press，1998.

[5] NEWTON-SMITH W H. A companion to the philosophy of science [M]. Malden：Wiley-Blackwell，2000.

[6] GROTZER T A，BASCA B B. How does grasping the underlying causal structures of ecosystems impact students' understanding? [J]. Journal of biological education，2003，38（1）：16-29.

[7] KUHN D. Children and adults as intuitive scientists [J]. Psychological review，1989，96（4）：674-689.

[8] PERKINS D N，GROTZER T A. Dimensions of causal understanding：the role of complex causal models in students' understanding of science [J]. Studies in science education，2005，41（1）：117-165.

容学习一并解决[1, 2]。

统整解释观和语用解释观虽然没有指明模式化的科学解释过程，但两种理论都重新发现了认识主体在科学解释形成中的关键地位，并与当前教育改革的主流理念相一致。强调语用是哲学界在后逻辑实证主义时代的重要转向，解释的合理性与主体的认识关系已经得到了越来越多的认可。早在亨普尔加入最大明确性要求时，实际上已间接承认概率解释具有认识论相对性（epistemically relativized）。在科学教育中，课堂上时有发生的师生对话答非所问的情况也反映了该观点的重要性：教师和学生的观察视角、知识储备和思维方式都有差异，当其中一方提问时，双方对这个问题及其答案的理解往往不尽相同，答非所问也就在所难免[3]。这提示我们在设计问题和引导课堂对话时要转换视角、问题。统整模型对科学教育的意义在于基于科学的整体性和统一性，为评估解释力提供了清晰的思路。此外，统整解释观还为当前科学教育中强调围绕大概念统整科学课程与教学的改革理念提供了哲学支撑。

然而，在应用这两个理论时仍需保持一定的谨慎。对待语用解释观，一方面我们承认其所强调的科学解释的相对性，但另一方面，科学教育不能因此忘却科学知识的社会建构性。这里所指的社会建构性意在强调科学解释应得到科学共同体的认可，即在教学中允许和鼓励学生基于不同的资料和思维方式建构解释的同时，必须有意识地引导学生对相应课程阶段的“一致解释”的达成。这也体现了科学解释和科学论辩的不同，科学论辩活动最终可以各自保留观点，而基础教育阶段的科学解释需要在课程框架下达成相应的一致。在将统整解释观纳入科学教育时，首先要注意一般性与特殊性的辩证关系，如果仅按照人类的审美或认知偏好解释现象有可能会曲解了纷繁复杂的自然世界；其次要关注理论深度与认知能力的适应性，因为往往越是具有统整性的科学理论对应的认知难

[1] KOSLOWSKI B. Theory and evidence: the development of scientific reasoning [M]. Cambridge: Massachusetts Institute of Technology Press, 1996.

[2] ZIMMERMAN C. The development of scientific thinking skills in elementary and middle school [J]. Developmental review, 2007, 27 (2): 172-223.

[3] BRAATEN M, WINDSCHITL M. Working toward a stronger conceptualization of scientific explanation for science education [J]. Science education, 2011, 95 (4): 639-669.

度越大，所以遵循儿童的认知发展规律引入科学理论一直以来都是科学教育界的基本共识。

二、从哲学的视角反思教育中的科学解释

自牛津大学的所罗门教授反思传统教学在解释能力培养上的缺失[1]至今，科学教育界努力对此问题做出回应并取得了进步。基于科学哲学的思辨，对科学解释的概念解构越发清晰；基于教学策略的尝试，对科学解释的培养手段越发有效；基于进阶模型的勾绘，对科学解释的测量评价越发准确。历经桑格（Songer）、科瑞柴克、麦克尼尔和歌特沃斯（Gotwals）等学者的实证研究，基于 CER 框架的辅助学习初步指明了科学解释这种高级思维言语能力的培养机制[2, 3]。当然，在肯定和继承现有研究成果的同时，也要从对他们的批评声中吸取养料。综合几方面的观点，以下三个问题尤其需要进行后续研究。

（一）厘清科学解释的概念本体

此问题起源于奥斯本（J.Osborne）等学者对 CER 框架所站的解释即论辩这一立场的质疑。奥斯本教授是科学论辩培养模式的奠基人之一，他和德瑞弗（R.Driver）教授等一起将图尔敏论辩模型引入了科学教育。站在论辩的立场上，奥斯本等在《科学教育》（*Science Education*）上发文质疑 CER 框架混淆了解释和论辩的概念[4]。随后《科学教育》在 96 卷第 5 期上提供版面供两派进行论辩，引发了两派学者在此问题上的首次直接交锋[5, 6]。

[1] SOLOMON J. Children's explanations [J]. Oxford review of education，1986，12（1）：41-51.

[2] MCNEILL K L，KRAJCIK J. Synergy between teacher practices and curricular scaffolds to support students in using domain-specific and domain-general knowledge in writing arguments to explain phenomena [J]. Journal of the learning sciences，2009，18（3）：416-460.

[3] SONGER N B，GOTWALS A W. Guiding explanation construction by children at the entry points of learning progressions [J]. Journal of research in science teaching，2012，49（2）：141-165.

[4] OSBORNE J，PATTERSON A. Scientific argument and explanation：a necessary distinction？ [J]. Science education，2011，95（4）：627-638.

[5] BERLAND L K，MCNEILL K L. For whom is argument and explanation a necessary distinction？ A response to Osborne and Patterson [J]. Science education，2012，96（5）：808-813.

[6] OSBORNE J，PATTERSON A. Authors' response to "For whom is argument and explanation a necessary distinction？ A response to Osborne and Patterson" by Berland and McNeill [J]. Science education，2012，96（5）：814-817.

追本溯源，CER框架由图尔敏的论辩模型简化而来，但在科学哲学领域，先于图尔敏提出论辩模型，解释和论辩已在向各自的逻辑框架演变[1,2]。"解释是某种特殊的论辩"这一可追溯到亚里士多德时代的观点，在20世纪后半段已经受到了哲学界的充分批判[3-6]，正如美国哲学家萨尔蒙所说，"将科学解释视为论辩是实证主义的第三项教条，须受到全盘否定"[7]。

回顾哲学家们在科学解释议题上半个多世纪的思辨，哲学家们对此概念本体的认识是在不断发展的。解释与描述、解释与预测、解释与论辩等言语行为直接的关系都历经探讨[1]。科学教育研究者对"解释是不是论辩"的论争，也是教育领域对此概念的认识在发展的反映。虽然有时也会混淆解释和论辩，而且也涉及深层次的哲学议题，但一般而言，"解释不是描述"对于教师和研究者来说都是较易接受和理解的。解释与预测在亨普尔时期仍被视作是等同的[8]，即解释与预测的对称性——能解释就能预测。但随着对亨普尔D-N模型的批判，解释不等同于预测已经达成共识[1]。仍以"旗杆反例"来阐释两者的不对称关系：通过太阳照射的角度和旗杆的高度，我们可以解释并预测影子的长度；反之，我们通过影子的长度和旗杆的高度可以预测太阳的照射角度。即便如此，这不能被称为一个解释。因为我们都知道太阳的照射角度是由黄赤交角，即太阳与地球的相对位置关系决定的，而不是由旗杆和影子决

[1] HEMPEL C G, OPPENHEIM P. Studies in the logic of explanation [J]. Philosophy of science, 1948, 15 (2): 135-175.

[2] TOULMIN S E. The uses of argument [M]. Cambridge: Cambridge University Press, 2003.

[3] JEFFREY R C. Statistical explanation vs. statistical inference [M] //RESCHER N. Essays in honor of Carl G. Hempel. Heidelberg: Springer, 1969: 104-113.

[4] KITCHER P, SALMON W C. Scientific explanation [M]. Minneapolis: University of Minnesota Press, 1989.

[5] RUBEN D H. Arguments, laws, and explanation [M] //RUBEN D H. Explaining explanation. New York: Routledge, 1990: 181-208.

[6] WOODWARD J. Making things happen: a theory of causal explanation [M]. Oxford: Oxford University Press, 2003.

[7] SALMON W C. Four decades of scientific explanation [M]. Pittsburgh: University of Pittsburgh Press, 1989.

[8] HEMPEL C G. Aspects of scientific explanation and other essays in the philosophy of science [M]. New York: The Free Press, 1965.

定的。可见严格来讲，解释和预测不等同。不过科学教学中常见的一类问题是做出预测并说明为什么，这类问题本质上是考查基于解释的预测（explanation based prediction），仍主要考查解释能力。这里初步讨论了科学解释不是什么，对于科学解释是什么的问题，将在后文中给予回应。

（二）科学解释模型的精致化挑战

科学解释模型的精致化是研究者需要回应的第二个问题。精致化挑战亟待从两个方面突破。

第一个方面是学科适切性。科学解释的学科适切性是指物理、化学和生物等学科在传统研究上对科学解释的认定有所差异，其建构的科学解释也各有其学科特色[1]。如图 2-2 所示，按照引发解释的问题不同，解释可分为多种类型，其中功能、统整、因果 – 机制三种可被接受为科学解释[2]。但通过更细致的考察，发现不同学科对上述三种科学解释的接受程度是不一样的。例如物理学更倾向于认可统整性解释和因果 – 机制的解释，对功能性解释的认可度较低，而一些学科中功能性解释也占有相当重要的地位。对比近期英、美一些学者对学生解释能力的培养研究，也的确展示出不同的学科旨趣[3]。在什么阶段、何种程度上科学解释应采用统一的框架或做出分化，值得各学科教学论的研究者联合展开讨论。

第二个方面是要素描述需要进一步细化。基于 CER 框架的学习进阶以各要素的有无作为重要的进阶变量。然而，解释的水平不仅取决于要素的有无，还取决于每个要素的表现水平。以推理要素为例，从较基础的归纳概括到较复杂的组合推理，应用的推理模式不同，所建构的解释水平也不同。再比如基于单一的证据做出解释和综合几方面证据做出解释，解释的合理性也会有所差异。CER 框架的要素描述最突出的问题就是原框架中的推理要素过于笼统，没能继承从皮亚杰开始的几代学者在科学推理上的研究所取得的成就。这种培养框架的不明晰或许就是导致

[1] 汤伟君，邱美虹. 省思科学教学：由解释、科学解释类型的观点 [J]. 科学教育研究与发展季刊，2010（59）：1–22.
[2] SALMON W C. Causality and explanation [M]. Oxford：Oxford University Press，1998.
[3] BRAATEN M，WINDSCHITL M. Working toward a stronger conceptualization of scientific explanation for science education [J]. Science education，2011，95（4）：639–669.

他们的学生一直反馈难以掌握推理要素的原因之一。

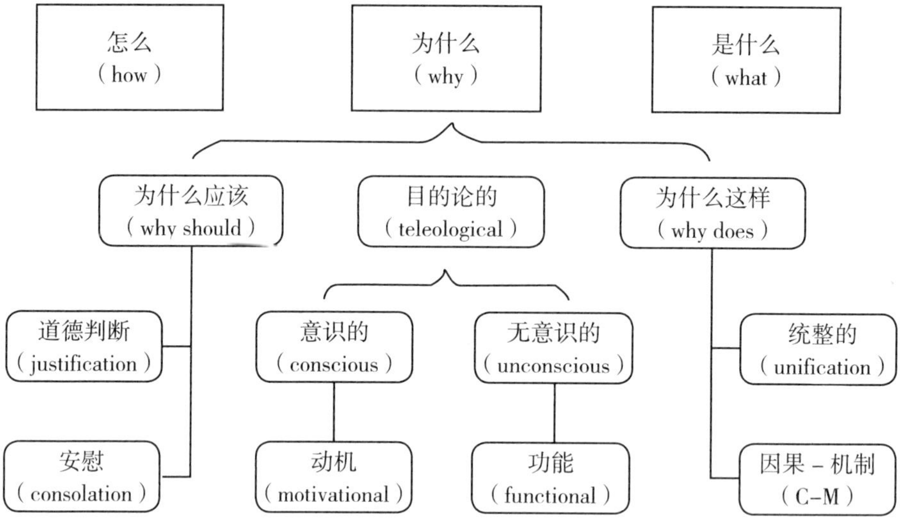

图 2-2 解释的分类[1]

（三）科学解释模型的发展变化

由于来源于图尔敏的结构模型，CER 框架过于强调句法架构，忽略了语义和语用在解释中的作用。该框架强调了三个要素及其逻辑关联，将解释的进阶视为学生对句法的掌握和规范。这些是解释能力的重要方面，但该模型没有给语义和语用留出足够的空间。许多解释行为符合其结构要求，却并不是好的科学解释，例如孩子让父亲解释“为什么 7 月的白天比 1 月的白天长”，若父亲回答说“夏天的白天比冬天的白天长，7 月正值盛夏，1 月是冬天，所以……”。这个解释完全符合 CER 框架，但是随着儿童的成长，这类解释并不能促进儿童建构对世界的深刻理解。这提醒我们在注重语言结构的同时，必须要重视解释的语义内涵。

纵观科学解释在哲学研究中的发展史，其实也是经历了先在逻辑实证主义影响下重视句法，再到后来逐渐注重语义、语用、本体和模态等视角的发展过程。故可以类比科学解释的哲学发展历程，在已有研究成果的基础上，重新设计科学解释的学习进阶框架。以 D-N 模型为代表的涵盖定律模型阐明了科学解释的典型句法结构，有利于学生了解科学解释的逻辑架构。随后的因果－机制模型能引导学生认识到科学解释内涵

[1] SALMON W C. Causality and explanation [M]. Oxford: Oxford University Press, 1998.

的本体关系。语用解释观和统整模型虽然没有指明模式化的科学解释过程，但两种理论都强调意义建构和理解，重新发现了认知主体在科学解释形成中的关键地位，并与当前教育改革的主流理念一致。当然，认知过程不是科学历程的简单类比，如果该思路可行，对学生的认识发展阶段与上述理论的适应性及对应关系等问题仍需要开展细致的实证研究。

第三章 学习进阶及其新进展

学习进阶（learning progression）以学生的学习为研究对象，描述学生的认知发展过程并提供对应的教学方案。本书的核心内容，就是论述如何建构科学解释的学习进阶，并将其应用于实际教学。在论述学习进阶建构之前，本章先概览学习进阶的发展历程及其新进展，以便读者对学习进阶的核心内涵和基本方法有所了解，从而更好地理解并评估学习进阶的建构。

第一节　学习进阶研究概述

2004 年，在以史密斯（Smith）等学者为代表的基础教育阶段科学学业成就评价委员会向美国国家研究理事会提交的报告中，“学习进阶”第一次在科学教育领域被正式提出[1]，至今，学习进阶已经成了美国《新一代科学教育标准》的核心编写依据，并衍生出进阶矩阵（progression matrix）作为各州和各学区课程开发和教学设计的参考[2]。在如此短的时间内，学习进阶获得了学术界的广泛关注并被迅速应用于教育实践，其发展源头、理论基础、基本内涵和研究模式值得论述和研讨。

一、学习进阶的研究源起

学习进阶虽然是 21 世纪才提出的名词，但其相关理念早已根植于教育界，皮亚杰的发生认识论和维果茨基（Vygotsky）的最近发展区理论都在预示着：关于学生发展的系统研究能对教与学带来关键性变革。具体到科学教育界提出学习进阶，从目前掌握的资料来看，建构主义是学习进阶的哲学基础，概念发展研究为学习进阶提供了范式预备，教育评价和课程设计对学习进阶提出了需求，认知理论是学习进阶的基础框架，心理测量方法的应用是学习进阶的技术保障。

20 世纪 70 年代末，在建构主义思潮和托马斯·库恩（T.Kuhn）、拉卡托斯（Lakatos）等的科学哲学观的影响下，科学教育界开始关注学生的认识现状。相异构想运动（the alternative conceptions movement）及其研究范式在科学教育研究界长期占据主导地位。对学生迷思（misunderstanding）概念的研究几乎覆盖了基础教育阶段的所有知识主题，在如何促进学生概念转变方面也积累了很多的经验。但到了 20 世纪

[1] SMITH C，WISER M，ANDERSON C，et al. Implications of research on children's learning for assessment: matter and atomic molecular theory ［R］. Washington，D. C.：Committee on Test Design for K-12 Science Achievement，Center for Education，National Research Council，2004.

[2] 郭玉英，姚建欣，彭征. 美国《新一代科学教育标准》述评［J］. 课程·教材·教法，2013，33（8）：118-127.

90年代，学者们开始反思相异构想运动。其中的重要反思角度之一是之前的研究内容过于零散，而且只是对学生在某一阶段持有的概念状态进行描述，没有加入时间变量，不能系统地刻画学生概念发展的过程。

针对上述反思，英国学者德瑞弗等在物理教育领域对概念轨迹（conceptual trajectory）的研究和泰伯（K.Taber）等在化学教育领域对概念发展（conceptual development）的研究中开始采用跨年级的追踪研究，这便是当今进阶研究的雏形[1, 2]。例如德瑞弗等在1994年提出概念轨迹的概念时指出："为儿童的科学和正规科学搭建桥梁时，会涉及一些'中间认识'或'中间概念'，因此进阶过程将遵循一条概念轨迹，这条轨迹序列描绘了某领域知识发展的关键步骤。"[1]由此可见，概念轨迹的研究已经具备了当前最受关注的核心概念的学习进阶（learning progressions of core ideas）的基础范式。核心概念的学习进阶为学生的概念发展建构了一个过程模型，将概念轨迹研究中的"儿童的科学""正规科学"和"中间概念"作为此模型中的发展要素，分别对应进阶起点（lower anchor）、进阶目标（upper anchor）和中间节点（intermediate levels）。

二、学习进阶的研究基础

虽然与概念轨迹、概念发展等研究一脉相承，但是学习进阶在基础理论和研究方法等方面都有着显著的发展。在基础理论方面，认知理论得到了更具体的应用。除了上一小节中的概念转变研究，对认知复杂度模型、知识整合模型的研究都在建构学习进阶时起到了基础框架的作用。在研究方法方面，最主要的是先进的心理测量与统计手段的应用。以下分别对与学习进阶关系密切的认知复杂度层级模型、知识整合层级模型和心理测量与统计方法进行概述。

[1] DRIVER R, LEACH J, SCOTT P, et al. Young people's understanding of science concepts: implications of cross-age studies for curriculum planning [J]. Studies in science education, 1994, 24 (1): 75-100.

[2] TABER K S. Shifting sands: a case study of conceptual development as competition between alternative conceptions [J]. International journal of science education, 2001, 23 (7): 731-753.

（一）复杂度层级模型研究

处于不同发展阶段的被试能够胜任的任务不同。而任务的哪些属性是影响被试任务完成的核心变量一直是认知心理学中任务分析希望解决的关键问题。这些核心变量与人的发展阶段的对应关系也是发展心理学关注的核心议题。在论述智慧技能的分类时，加涅（R.Gagne）等认为“无论智慧技能出现在哪个学科的内容领域中，都能按其‘复杂程度’进行分类”[1]。正如加涅所预计，国内外学者对任务复杂度（complexity）的分析为解答上述问题提供了一个结构良好的思考角度，并且在任务表现预测上取得了一定成果[2, 3]。心理学界对复杂度的研究有助于解决学习进阶中进阶变量选取的问题，在国外科学教育界也引起了广泛关注[4, 5]。

国外已有研究区分了两种复杂度：水平复杂度（horizontal complexity）和层级复杂度（hierarchical complexity）[6]。前者是指由于信息量的增加而导致的任务难度的增加，后者是指由于起协调作用的非重复动作循环的数量增加而导致的任务难度的增加。例如任务“$a+b+c$”比任务“$a+b$”复杂，是水平复杂度在起作用；而任务“$a\times(b+c)$”比任务“$a+b+c$”复杂，则是由层级复杂度决定的。对于科学学习任务的解决，水平复杂度有一定的影响作用，但层级复杂度的作用更为关键[4, 7]。故本书重点介绍以层级复杂度为核心变量的康莫斯（Commons）等的复杂度等级模型（model of hierarchical complexity）。

---

[1] 加涅，布里格斯，韦杰.教学设计原理［M］. 皮连生，庞维国，译. 上海：华东师范大学出版社，1999.

[2] COMMONS M L，GOODHEART E A，PEKKER A，et al. Using Rasch scaled stage scores to validate orders of hierarchical complexity of balance beam task sequences［J］. Journal of applied measurement，2008，9（2）：182–199.

[3] 张丽，辛自强.平衡秤任务复杂性的事前与事后分析［J］.心理发展与教育，2008，24（2）：46–53.

[4] BERNHOLT S，PARCHMANN I. Assessing the complexity of students' knowledge in chemistry［J］. Chemistry education research and practice，2011，12（2）：167–173.

[5] NEUMANN K，VIERING T，BOONE W J，et al. Towards a learning progression of energy［J］. Journal of research in science teaching，2013，50（2）：162–188.

[6] COMMONS M L，TRUDEAU E J，STEIN S A，et al. Hierarchical complexity of tasks shows the existence of developmental stages［J］. Developmental review，1998，18（3）：237–278.

[7] NIAZ M. The relationship between M–demand，algorithms，and problem solving：a neo–Piagetian analysis［J］. Journal of chemical education，1989，66（5）：422.

康莫斯是哈佛大学医学院心理系的教授，长期从事发展心理学，特别是数学问题解决的研究。他提出的复杂度等级模型是基于信息科学对皮亚杰等的一般阶段模型（general stage model）的进一步发展[1,2]。复杂度等级模型的实质仍是一种阶段理论（stage theory），但该理论在研究影响任务解决的单维心理构造（unidimensional psychological construct）时有更好的逻辑严密性。复杂度等级模型有三条基本公设：（1）高复杂度的任务是由低复杂度的任务定义的；（2）高复杂度的任务组织或协调了两个以上低复杂度的任务；（3）这种组织或协调关系不是任意的。基于这三条公设可以进一步导出模型的15个复杂度层级（表3-1），这15个层级涵盖了人类从最简单的感觉阶段（第1级）到最复杂的跨范式（cross-paradigmatic）思维阶段（第14级）。

表3-1 康莫斯的复杂度等级模型[3]

层级次序和层级名称	任务表现的一般描述
0. 机械计数	完全无概括。例如机械计数0，1，2……
1. 感觉或动作	机械区分，概括刺激。任务：看/摸方块、圆环
2. 感觉动作循环	形成开放性的类别。任务：看并触摸方块、圆环
3. 感觉和动作	形成概念。任务：看到一系列方块，形成方块“□”的表征
4. 定名	找到概念间的联系，能说出概念的名字。任务：将上面的类别称为“方块”
5. 定序	模仿并掌握顺序。任务：依次数出1，2，3，4，5……
6. 前运算	简单演绎。任务：一系列物体，能数出其个数
7. 初级	简单逻辑演绎和经验规则的掌握。任务：1+3=4；5+15=20
8. 具体	使用变量间的关系。任务：能用具体的分配律计算5×（1+3）=5×1+5×3=20
9. 抽象	根据抽象特点形成变量。任务：总结上述的方块或圆环的数量关系

[1] COMMONS M L，RICHARDS F A，ARMON C. Beyond formal operations：late adolescent and adult cognitive development [M]. New York：Praeger publishers，1984.

[2] COMMONS M L，TRUDEAU E J，STEIN S A，et al. Hierarchical complexity of tasks shows the existence of developmental stages [J]. Developmental review，1998，18（3）：237-278.

[3] COMMONS M L，GOODHEART E A，PEKKER A，et al. Using Rasch scaled stage scores to validate orders of hierarchical complexity of balance beam task sequences [J]. Journal of applied measurement，2008，9（2）：182-199.

续表

层级次序和层级名称	任务表现的一般描述
10. 形式	形成变量外的关系。任务：理解一般性的分配律$x\times(y+z)=(x\times y)+(x\times z)$
11. 系统	建构多变量系统。任务：理解适用于集合的分配律$x\cup(y\cap z)=(x\cap y)\cup(x\cap z)$，理解运动学中$v(x,t)=\frac{\partial}{\partial t}[u(x,t)]$
12. 元系统	整合系统建构多元系统或元系统；能系统地比较系统间的异同。任务：理解一维流体的牛顿定律 $\rho_0\frac{\partial}{\partial t}=-\frac{\partial p}{\partial x}$
13. 范式	识别如何组织元系统以形成新范式。任务：用波方程描述、解释物理问题
14. 跨范式	整合范式以形成新的领域

科学教育领域也关注复杂度对学生任务表现的影响。科学教育领域最先从对知识本体的分析出发，基于知识间的关系建构了层级模型。例如张颖之和刘恩山综述了肖瓦尔特提出的科学内容知识的层级结构[1]：根据概括性由低到高划分了知觉感受、直接概念、事实、定律、创设概念、原理和理论等七个层级。

随着教育观的转变，后来的研究者更多地从学生认知的视角出发来刻画复杂度。例如德国学者奥夫斯奈特（Aufschnaiter）父女在刻画学生学习电磁领域知识的发展过程时[2]，划分了复杂度的层级作为研究维度之一[3]。他们研究复杂度维度时，基于皮亚杰的阶段理论和帕沃（Power）对心智操作的基模分类（scheme classification）理论，预设了 10 个层级的复杂度模型（图 3-1）。

[1] 张颖之，刘恩山.核心概念在理科教学中的地位和作用：从记忆事实向理解概念的转变[J].教育学报，2010，6（1）：57-61.

[2] AUFSCHNAITER C V，AUFSCHNAITER S V. Theoretical framework and empirical evidence of students' cognitive processes in three dimensions of content，complexity，and time [J]. Journal of research in science teaching，2003，40（7）：616-648.

[3] 另外两个维度是内容和时间。

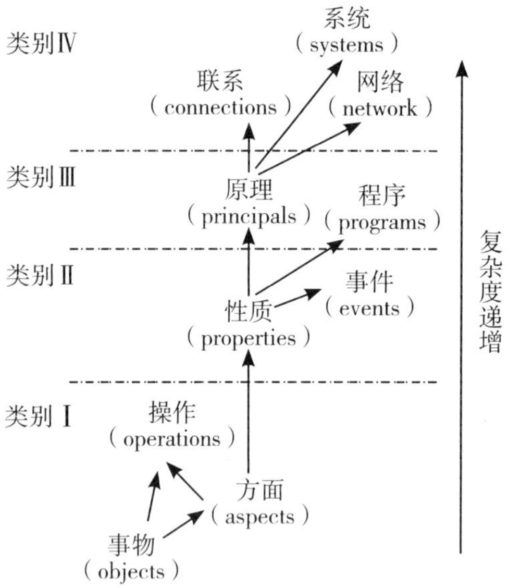

图 3-1　4 类 10 级复杂度模型

这 10 个层级归为 4 个类别（area）。类别Ⅰ包括事物、方面和操作 3 个层级，解决具体事物或情景（situation）以及它们之间的相互关系（操作）。类别Ⅱ包括性质和事件 2 个层级，学生对一些物体的稳定性质建构意义（性质），同时对性质间的相互关系建构意义（事件）。类别Ⅲ包括程序和原理 2 个层级，学生对可变性质和多个可变性质间的共变建构意义。类别Ⅳ包括联系、网络和系统 3 个层级，描述 2 个原理间的共变。

伯恩豪特（Bernholt）和帕赫曼（Parchmann）在设计化学学习的任务和分析框架时参考了康莫斯等的复杂度等级模型，将框架分为 5 个层级：（1）日常经验；（2）事实；（3）过程；（4）线性因果关系；（5）多变量相关关系[1]。这 5 个层级对学生的要求依次递增（图 3-2）。利用此框架，他们先对化学情境中的任务进行分类，然后检验分类结果在多大程度上能预测任务的难度值。结果显示，其分析框架能解释 57% 的方差（$F=17.10$，$p<0.001$，$R^2=0.57$）。随后，诺伊曼（Neumann）等[2]借鉴

[1] BERNHOLT S，PARCHMANN I. Assessing the complexity of students' knowledge in chemistry［J］. Chemistry education research and practice，2011，12（2）：167–173.

[2] NEUMANN K，VIERING T，BOONE W J，et al. Towards a learning progression of energy［J］. Journal of research in science teaching，2013，50（2）：162–188.

伯恩豪特和帕赫曼的研究并参考物理学习知识分析的 6 个层级模型[1]，将复杂度概化为 4 个层级：(1) 事实（facts）；(2) 映射（mappings）；(3) 关系（relations）；(4) 概念（concepts）。由此将能量概念理解的四个方面(能量的形式、能量的转移与转化、能量守恒和能量耗散)作为第一级(主要)变量，以复杂度作为次级变量，建构并检验能量概念理解的层级模型。

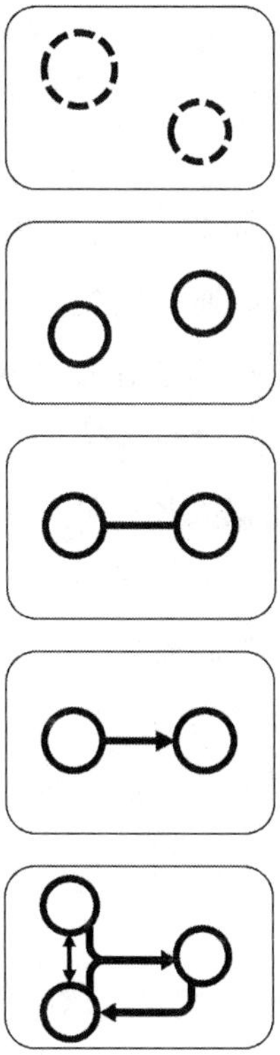

水平 1：日常经验
学生能基于生活中的知识描述和解释日常现象，能举出一些现象所对应的例子，能用语言表述他们观察的事物。

水平 2：事实
学生能孤立地运用术语、定义和科学规则，但还不清晰它们之间的联系。学生的答案由事实组成，但不能进行进一步的解释。

水平 3：过程
学生能以时间先后顺序叙述一个现象中发生的一系列过程，但尚不能对现象的发生机制进行合理的科学解释。

水平 4：线性因果关系
学生能够描述和解释现象中的线性因果关系，而不再仅仅是简单地叙述："先……然后……"

水平 5：多变量相关关系
学生能掌控多变量之间的交互关系，据此进行分析和解释。

图 3-2　伯恩豪特和帕赫曼的化学学习任务复杂度分析框架

由上可知，复杂度作为认知科学中任务分析的重要变量，已经在科学教育领域得到了初步应用和推广。特别是康莫斯等的复杂度等级模型作为结构良好的跨领域任务分析指导框架，在科学教育领域的应用已经取得了初步成果——能够在一定程度上预测化学学习任务的完成难度。但科学教育领域在研究复杂度时必须审慎考虑以下几个问题。

[1] KAUERTZ A，FISCHER H E. Assessing students' level of knowledge and analysing the reasons for learning difficulties in physics by Rasch analysis [M] //Liu X F，Boone W J.Applications of Rasch measurement in science education. Minneapolis：JAM Press，2006，212-246.

首先，对于复杂度本身，要意识到复杂度研究的一个关键问题——区分任务复杂度和表征复杂度。任务复杂度是由前述的水平复杂度和层级复杂度决定的，表征复杂度则由被试在完成任务时进行心理表征的机制决定，不能简单地将这两种复杂度视为等同。辛自强指出：必须区分任务复杂度和表征复杂度两个概念，只有在“问题的解决过程中只有一种正确的表征方式时”，两类复杂度才可以直接对应起来[1]。另外也不能忽略水平复杂度对问题表征的影响，在研究层级复杂度时要控制任务变量数量，消除水平复杂度对测量结果的干扰。

其次，心理学界对复杂度的定义和描述已经越发成熟，当复杂度应用于科学教育领域时要遵从其基本假设。例如康莫斯等的复杂度等级模型提出了三条基本公设，其各等级间逐级嵌套关联，本身有极强的逻辑自洽性，并可以和认知发展阶段对应。而伯恩豪特和帕赫曼[2]、诺伊曼等[3]设计层级框架时更多地参考了学科本体的知识架构，并没有将其和复杂度等级模型严格对应，这致使他们建构的框架中，层级间的逻辑关系以及与认知发展阶段的对应不够清晰。这启示我们需要进一步探究学科普适的复杂度模型的各层级与科学知识结构体系间的对应关系。对于科学概念的学习进阶而言，尤其要考察概念发展各阶段的心理机制和典型任务指标，在此过程中，结合概念转变理论中对概念认识变化机制的描述将起到至关重要的作用。

（二）知识整合层级模型研究

知识整合（knowledge integration）在学术界主要有两种意旨，第一种和信息整合（information integration）相关，是在人工智能领域对信息和知识的获取、加工和整理的相关研究；第二种是在教育领域关于学习者对知识的分析、归纳和关联的研究，这里取后一种研究方向。

在科学教育领域，加州大学伯克利分校的琳（Marcia C. Linn）长期从知识整合的视角研究科学学习。琳是克隆巴赫（Lee Cronbach）的博士

---

［1］辛自强.关系-表征复杂性模型的检验［J］.心理学报，2003，35（4）：504-513.

［2］BERNHOLT S，PARCHMANN I. Assessing the complexity of students' knowledge in chemistry［J］. Chemistry education research and practice，2011，12（2）：167-173.

［3］NEUMANN K，VIERING T，BOONE W J，et al. Towards a learning progression of energy［J］. Journal of research in science teaching，2013，50（2）：162-188.

生，后又作为访问学者跟随皮亚杰从事过一段时间的研究，所以她的研究工作将质性访谈和定量统计紧密结合，先通过大量的访谈发现学生解决科学问题的能力和其头脑中的知识整合度的相关关系，又基于大样本的统计分析，最终为学生知识整合度的描述建构了较稳定且可操作的描述框架[1]。

琳等将知识整合视作一个层级化的心理构造（表3–2），这个心理构造作为一个潜变量影响学生解决科学问题时的表现[2]。由于对知识整合的层级化描述是其理论的典型特征，为简洁起见，我们将琳等提出的知识整合心理构造称为知识整合层级模型。

表3–2　知识整合的层级

类别	类别描述
系统联接	学生对科学概念有系统的理解
复杂联接	在给定的情境中，学生理解多于两个科学概念的相互作用
一个完整联接	在给定的情境中，学生理解两个科学概念的交互关系
部分联接	在给定的情境中，学生能识别概念间的潜在联系，但是不能清晰地表述它们的关系
无联接	在给定的情境中，学生不能叙述概念间的关系

知识整合层级模型共分为5个层级，按整合度由低到高依次为：无联接、部分联接、一个完整联接、多个完整联接（复杂联接）和系统联接。知识整合层级模型是通过分析学生表现建立的，所以此模型的前提是有具体问题情境激发学生做出反应，然后将每个层级和一系列特征表现建立对应关系。此模型的核心是联接这个概念：一个完整联接是指"学生理解两个科学概念在给定情境中的交互关系"[2]。推测学生建立了一个完整联接要基于其两方面表现，首先是学生正确调用了相关的科学概念（至少两个），其次是学生能够展现出其能驾驭这些概念间的关系（至少在刺激情境下）。

---

[1] LINN M C. The knowledge integration perspective on learning and instruction [M] // SAWYER R K. The Cambridge handbook of the learning sciences. New York: Cambridge University Press, 2006: 243–264.

[2] LIU O L, LEE H-S, HOFSTETTER C, et al. Assessing knowledge integration in science: construct, measures, and evidence [J]. Educational assessment, 2008, 13 (1): 33–55.

知识层级整合模型实质上描述了一种比较高级的思维构造，这种思维构造建立在对单个科学概念的理解之上，并且更强调理解概念间的关系。针对学生对概念的理解情况都不甚理想，多年来测查发现学生知识整合的程度都比较低[1-3]，知识整合能力的培养方法和案例也比较少，多集中在计算机辅助探究和网络学习上。然而知识整合作为一个稳定的心理构造已经得到了学术界的认可，有学者基于知识整合的视角建构学习进阶框架[4]。结合当下重视围绕大概念整合学习的大背景，知识整合层级模型及其相关研究为把“整合”作为科学教育的核心培养目标提供了重要的心理学基础。

（三）心理测量与统计

学习进阶研究的另一个重要基础是先进的心理测量与统计手段的应用。回到学习进阶诞生的21世纪初，时任美国总统乔治·沃克·布什签署了《不让一个孩子落后》法案，2005至2006学年是正式开展大规模达标测评的第一个时间节点。科学地评价学生的学业进展的急迫需求推动了学习进阶研究的开展，第一份提出学习进阶的文件正是面向科学学业成就评价的研究报告[5]。所以说学习进阶自诞生之初就带有深刻的“评价”印痕，随后学业评价研究与对学习进阶的研究也一直相辅相成。以美国教育研究协会（American Educational Research Association，简称AERA）前主席、斯坦福大学教授谢弗尔森（R.Shavelson）和加州大学伯克利分校的威尔逊（M.Wilson）教授等为代表的心理测量专家将先进的心理测量与统计方法引入进阶研究，为进阶研究提供了技术支持，对

[1] LIU O L，LEE H-S，HOFSTETTER C，et al. Assessing knowledge integration in science：construct，measures，and evidence [J]. Educational assessment，2008，13（1）：33-55.

[2] LEE H-S，LIU O L，LINN M C. Validating measurement of knowledge integration in science using multiple-choice and explanation items [J]. Applied measurement in education，2011，24（2）：115-136.

[3] LINN M C. The knowledge integration perspective on learning and instruction [M] // SAWYER R K. The Cambridge handbook of the learning sciences. New York：Cambridge University Press，2006：243-264.

[4] LEE H-S，LIU O L. Assessing learning progression of energy concepts across middle school grades：the knowledge integration perspective [J]. Science education，2010，94（4）：665-688.

[5] SMITH C，WISER M，ANDERSON C，et al. Implications of research on children's learning for assessment：matter and atomic molecular theory [R]. Washington，D. C.：Committee on Test Design for K-12 Science Achievement，Center for Education，National Research Council，2004.

进阶研究的发展起到了关键作用。

在当前的学习进阶研究中，项目反应理论（Item Response Theory，简称 IRT）和潜类别分析（latent class analysis，简称 LCA）是当前采用最广泛的统计分析模型。位于加州大学伯克利分校的伯克利教育评价与评估中心（Berkeley Evaluation and Assessment Research Center，简称 BEAR）引领着基于项目反应理论的进阶研究。这些研究以 Rasch 模型为核心拟合试题难度与学生能力参数，据此来描述学生的进阶情况[1]。基于潜类别分析的进阶研究则主要以谢弗尔森的团队为中心。他们通过学生的应答模式矩阵来判定学生所属类别，进而与进阶假设中的各层级对应，描述学生的进阶情况[2]。两种测量模型本质区别在于基本假定的不同，项目反应理论假设学生的思维模式可表征为一个连续且稳定的心理构造，潜类别分析假设某一类学生在回答一系列问题时会有一种稳定的应答模式。两种模型各有其优势和待解决的问题，但由于项目反应理论的相关软件率先实现商业化并占据了国际大范围测评的主流市场（例如 TIMSS 和 PISA），所以当前的学习进阶研究中运用项目反应理论作为测量模型的占了绝大多数。

项目反应理论实际上是对一系列基于学生作答反应进行参数估计的统计模型的统称[3]。它们将项目（item）[4]作为测量被试的能力水平的基本单位，通过计算、拟合项目特征曲线的各项参数来描述项目的特征属性，继而估计被试的能力水平。最早的曲线模型及参数估计方法由劳德（F.Lord）于 1952 年提出。1960 年，丹麦数学家哈什（G.Rasch）提出了当前在科学教育界广泛应用的 Rasch 模型，后来统计学家怀特（Wright）发展了该模型并将其进行了推广。

图 3-3 是一条典型的项目特征曲线（ICC 曲线），包括区分度参数、

[1] WILSON M. Constructing measures: an item response modeling approach [M]. New York: Routledge, 2004.

[2] STEEDLE J T, SHAVELSON R J. Supporting valid interpretations of learning progression level diagnoses [J]. Journal of research in science teaching, 2009, 46 (6): 699-715.

[3] 罗照盛.项目反应理论基础 [M].北京：北京师范大学出版社，2012.

[4] 在教育研究中，“item”一词实际上常常对应的是“试题”一词。但是由于该理论早期引入时翻译为“项目”已经约定俗成，故沿用“项目”一词对应“item”一词。

难度参数、猜测参数三个计量学参数。(1)区分度参数(a 参数):对应项目特征曲线的斜率,反映项目对被试能力水平的鉴别力,类似于经典测试理论中的区分度。(2)难度参数(b 参数):对应项目特征曲线位于能力量尺上的位置,反映项目的难度。(3)猜测参数(c 参数):对应项目特征曲线左下渐进线的高度,代表被试仅凭猜测答对项目的可能性。通过对学生应答模式的统计分析,对上述三个计量学参数进行拟合。

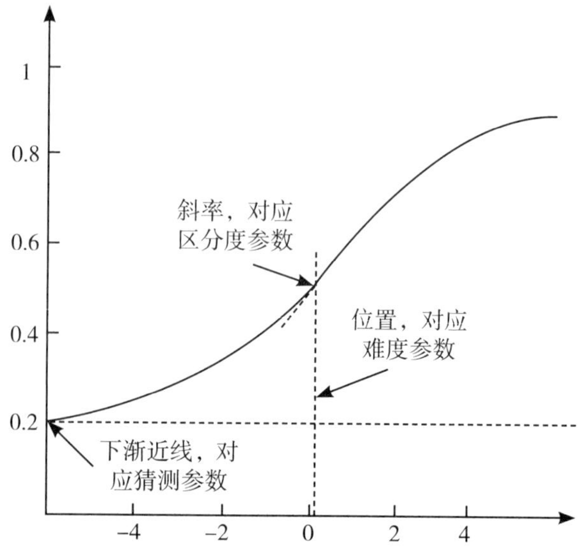

图 3-3 项目特征曲线(ICC 曲线)示例[1]

随着计算机技术的发展,许多企业和个人开发出了一系列可以帮助非统计学出身的研究者完成参数估计的软件(例如 Winsteps、ConQuest 等),使项目反应理论逐渐在教育和心理测量中推广开来。特别是其中基于 Rasch 模型的软件,由于具有易于掌握、运算耗时较短、结果诠释清晰等特点,在学习进阶研究中得到广泛的应用[2, 3]。除了前述的心理测量与统计手段外,近年来还有学者尝试应用认知诊断(cognitive

[1] 姚建欣.美国大规模教育评价项目对中国公民科学素质调查的借鉴与启示[J].科普研究,2015,10(5):62-66.

[2] LIU X F, BOONE W J. Applications of Rasch measurement in science education [M]. Minneapolis, MN: JAM Press, 2006.

[3] LIU X F. Using and developing measurement instruments in science education: a Rasch modeling approach [M]. Charlotte, NC: Information Age Publishing, 2010.

diagnostic）理论来建构学习进阶[1]。总的来讲，上述心理测量与统计方法的转化和应用是学习进阶研究的重要基础，不断促进学习进阶研究的发展。

三、学习进阶的定义与内涵

学习进阶是对学生围绕核心概念的认知发展典型路径的描述。学习进阶自提出以来，迅速引起了教育研究者和实践者的广泛关注。在对学习进阶的研究之初，对于“什么是学习进阶”，许多学者根据其自身研究背景提出了不尽相同的表述。例如，史密斯等认为“学习进阶是学生在学习时对一系列概念连续的、逐渐复杂的思维方式”[2]；罗斯曼（Roseman）等定义“学习进阶是从小学延续到高中的一条符合逻辑和学生发展的概念序列”[3]；赛琳娜（Salinas）界定学习进阶为“以实证为基础的、可检验的假说，它阐释了在一段时间内经过适当的教学指导，学生对科学核心概念、科学解释以及科学实践的理解和运用是如何逐渐发展、逐渐深入的”[4]。

不仅对学习进阶定义的表述不同，不同学者的研究理念和研究方法也有差异[5]。这使得对学习进阶及其要素的界定成了研究伊始就面临的一大问题[6]。2007年，美国国家研究理事会（National Research Council，简称NRC）将学习进阶定义为“对学生在一个时间跨度内学习

[1] 辛涛，乐美玲，郭艳芳，等. 学业质量标准的建立途径：基于认知诊断的学习进阶方法［J］. 教育学报，2015，11（5）：72–79.

[2] SMITH C，WISER M，ANDERSON C，et al. Implications of research on children's learning for assessment：matter and atomic molecular theory ［R］. Committee on Test Design for K–12 Science Achievement，Center for Education，National Research Council，2004.

[3] ROSEMAN J E，CALDWELL A，GOGOS A，et al. Mapping a coherent learning progression for the molecular basis of heredity ［R］. San Francisco：National Association for Research in Science Teaching，2006.

[4] SALINAS I. Learning progressions in science education：two approaches for development ［R］. Iowa City，IA：Learning Progressions in Science Conference，2009.

[5] CORCORAN T B，MOSHER F A，ROGAT A. Learning progressions in science：an evidence–based approach to reform［J］. Consortium for policy research in education，2009：86.

[6] ALONZO A C，GOTWALS A W. Learning progressions in science：current challenges and future directions［M］. Boston：Springer，2012.

和探究某一主题时，依次进阶、逐级深化的思维方式的描述”之后[1]，分析此后的研究报告发现，虽然研究方法日益多样化，且学者们在讨论中对未来的学习进阶有着不尽相同的展望，但这些研究大都引用NRC的定义作为学习进阶的概念界定。说明NRC对学习进阶的定义得到了多数研究者认同。

对学习进阶的定义和要素的争论实际上是科学教育界诸多学术流派观点的碰撞，集中反映着学界从20世纪80年代起围绕如何刻画学生的思维——是框架理论（framework theory）还是碎片知识（knowledge in pieces），学生如何建构科学概念——是转变、丰富还是整合等问题的不同立场。杜舍尔（Duschl）等综述了大量对学习进阶的研究后指出[2]，进阶研究基本可分为两种研究范式：验证性进阶研究和演进性进阶研究（表3-3）。他们认为验证性进阶研究从标准（教育标准或课程标准）出发，自上而下地基于测评结果来检验和修正进阶框架。相比之下，演进性进阶研究遵循自下而上的证据驱动研究范式，强调将教学作为关键变量，紧密联系科学概念的建构和科学实践活动，基于测评证据来探索不同模型的有效性，是一种更符合教学实际需要的进阶研究。然而，利用杜舍尔等的划分标准来分析现有进阶研究，却发现并没有哪一个研究能完全符合演进性进阶研究的八项特征，现有的进阶研究几乎都是两种进阶范式的混合体。所以杜舍尔的演进性进阶研究实际上是一种理想的进阶研究范式，基于此可以反思已有的进阶研究中在一些方面上的不足，展望未来进阶研究的发展趋势。

表3-3 验证性进阶研究与演进性进阶研究的八项特征[1]

验证性进阶研究	演进性进阶研究
1. 进阶以验证标准的次序为基准：教学作为干预	1. 进阶以跨年级教学实验的次序为基准：教学作为完善中的进阶
2. 自上而下的理论驱动范式	2. 自下而上的证据驱动研究范式

[1] National Research Council. Taking science to school: learning and teaching science in grades K-8 [M]. Washington, D. C.: National Academies Press, 2007.

[2] DUSCHL R, MAENG S, SESEN A. Learning progressions and teaching sequences: a review and analysis [J]. Study in science education, 2011, 47 (2): 123-182.

续表

验证性进阶研究	演进性进阶研究
3. 以大学预备为上位锚点	3. 以目标素养为上位锚点
4. 运用测评确认学习模型	4. 运用测评探索学习模型
5. 固定的进阶变量的台阶和目标	5. 灵活的进阶变量的台阶和目标
6. 对概念转变教学采取基于迷思概念的“修正观”	6. 对概念转变教学采取基于直觉的“共生观”
7. 作为概念转变的理论建构	7. 作为概念转变的模型建构
8. 主题选择的领域通用取向	8. 主题选择的领域具体取向

总而言之，对学习进阶定义的讨论反映了学术界对其本质认识的不断深化和丰富。学者们对学习进阶的研究对象达成了一致——学习进阶刻画的是学生思维的发展过程。这样就从本质上厘清了学习进阶与课程开发设计（如布鲁纳的“螺旋式课程”）的关系：第一，课程开发可以作为学习进阶的产品，即基于学习进阶的课程开发能更好地规划学生的发展路径，使之符合学生的心理特质，而对新开发课程的实践与反馈能够促进学习进阶的改进和完善。第二，学者们开始认识到教学因素在建构学习进阶过程中的关键地位。在 NRC 的定义中没有出现“教学”一词，然而该定义的主要撰写者之一、美国国家科学教学研究协会（National Association for Research in Science Teaching，简称 NARST）的前主席杜舍尔指出：许多读者忽略了紧跟在该条定义之后的句子[1]，“教学实践对其（学习进阶）起着关键作用”[2]。从近年来的研究报告来看，基于教学的进阶研究逐渐成为主流。第三，已有越来越多的学者认可了对学习进阶、学习轨迹（learning trajectory）和教学序列（teaching sequence）的区分。现在科学教育研究领域一般认为学习进阶是一个更为上位的概念，学习轨迹有机组合构成学习进阶，而教学序列则是在学习进阶框架下，教师根据学生的具体学情规划其教学活动的安排和教学

[1] DUSCHL R，MAENG S，SEZEN A. Learning progressions and teaching sequences：a review and analysis [J]. Studies in science education，2011，47（2）：123–182.

[2] National Research Council. Taking science to school：learning and teaching science in grades K–8 [M]. Washington，D. C.：National Academies Press，2007.

策略的选取[1]。

整体来看，学习进阶研究先基于大规模测量，建构了学生在一些科学概念和实践活动的学习过程的发展模型。当用“学习进阶”来翻译“Learning Progression”时，我们实际上是希望表明：进阶研究以学生的学习为研究对象，“进”是描述学生的认知发展方向，而“阶”则要指出发展过程中的关键点，并提供对应的解决方案。立足于科学学习是教学辅助下的发展这一理念，学习进阶领域开始了研究范式的演变：从评价导向的进阶研究转向教学导向的进阶研究[2]。目前，中国、美国和以色列已有多个课题组在基于进阶研究成果开展教学实验研究[3, 4]。因此，在继续深入探索“什么在发展，如何在发展”的同时，需开展教学导向的进阶研究，尝试基于学习进阶开展教学设计改善教学实践，回答“如何设计路径更好地促进发展”这一命题。

四、学习进阶的研究模式

学习进阶是一个快速发展中的研究领域，与之对应的研究模式也处于变化之中。本小节主要讨论经典的学习进阶研究模式，在后续的章节中，再讨论学习进阶研究的新进展。学习进阶的研究遵循证据驱动的研究范式，结论基于具有代表性且稳定可靠的观测结果。但仅仅通过测试和访谈积累证据是不能得到有效的进阶框架的，理论和假设在学习进阶的研究过程中也具有不可或缺的作用。建构学习进阶应先确定进阶要围绕的核心概念和关键能力，基于对学生认知的研究提出有效的进阶假设，然后根据假设选择测量模型，开发工具收集证据，最终才能基于证据修订假设，逐步完善进阶（图 3-4）。高质量的进阶研究往往将上一轮研究修正的进

[1] STEVENS S Y, SHIN N, KRAJCIK J S. Towards a model for the development of an empirically tested learning progression [R]. Iowa City, IA: Learning Progressions in Science Conference, 2009.

[2] 姚建欣，郭玉英.为学生认知发展建模：学习进阶十年研究回顾及展望［J］.教育学报，2014，10（5）：35–42.

[3] NORDINE J, KRAJCIK J, FORTUS D. Transforming energy instruction in middle school to support integrated understanding and future learning [J]. Science education, 2011, 95 (4): 670–699.

[4] SONGER N B, GOTWALS A W. Guiding explanation construction by children at the entry points of learning progressions [J]. Journal of research in science teaching, 2012, 49 (2): 141–165.

阶当作新一轮研究的进阶假设，经历几个研究循环才能得出最后的结论。

图 3-4　学习进阶的研究循环示例

（一）核心概念和关键能力的确定

随着科学和技术的发展，人类积累的科技知识日益增长且越发精深。这使得有限的课程容量和无限的自然科学知识这一矛盾越发凸显。为了应对这一矛盾，许多学者提出：在基础教育阶段的科学课程中，应围绕数个核心概念来整合学科知识，以促进学生参与对关键原理的深入探索，建构对科学的整合理解并培养学生的关键能力[1, 2]。中国、美国等国家相继开展的国际科学课程比较研究，以及国际顶尖科学教育专家研讨会逐步确立了将上述理念作为新一轮国际科学课程改革的核心思路[3, 4]。基于研究，我国学者不断地将此理念具体化。郭玉英、刘思山、王磊等学者撰文阐释了什么是核心概念，核心概念在科学教学中的地位和作用，如何围绕大概念整合科学课程设计，促进学生科学概念体系的建构，探讨了物理、化学等学科的学科能力模型及其发展情况[1-6]。

［1］郭玉英，姚建欣，张静.整合与发展：科学课程中概念体系的建构及其学习进阶［J］. 课程·教材·教法，2013，33（2）：44-49.
［2］哈伦.科学教育的原则和大概念［M］. 韦钰，译.北京：科学普及出版社，2011.
［3］郭玉英. 中学理科课程标准国际比较与研究（物理卷）［M］. 北京：北京师范大学出版社，2014.
［4］ACHIEVE. Taking the lead in science education：forging next-generation science standards［R］. Washington，D. C.：Achieve，2010.
［5］张颖之，刘恩山.核心概念在理科教学中的地位和作用：从记忆事实向理解概念的转变［J］. 教育学报，2010，6（1）：57-61.
［6］王磊.学科能力构成及其表现研究：基于学习理解、应用实践与迁移创新导向的多维整合模型［J］.教育研究，2016，37（9）：83-92，125.

综合这些论著可以发现，在科学教育领域，核心概念包括学科核心概念（discipline core idea）和跨学科共通概念（crosscutting concept），关键能力包括科学思维（scientific thinking）和科学实践（scientific practice）。学科核心概念是“组织整合某个学科自身内容的少数关键概念”。具体到物理领域，2017 年修订的普通高中课程标准将物理学科的核心概念凝练为“物理观念”，定义为“从物理学视角形成的关于物质、运动与相互作用、能量等的基本认识；是物理概念和规律等在头脑中的提炼和升华；是从物理学视角解释自然现象和解决实际问题的基础”[1]。跨学科共通概念是“涉及科学、数学、技术和工程等领域的最基本的、超越学科界限、反映不同学科的内在统一性的概念”。例如“系统”“模型”等共通概念不仅对跨学科内容的组织有重要意义，还影响着数学、技术和工程等的学习，有助于学生建立对人类知识的整体认识[2]。关键能力的界定在各国科学教育界有不同的沿承。在美国，关键能力以在科学探究基础上发展的科学实践能力为主体，参照美国《新一代科学教育标准》，其包含“基于证据建构解释”“构建和使用模型”等八方面能力要素[3]。在我国，新界定的物理核心素养中也指出了科学思维中的“模型建构”“科学推理”“科学论证”“质疑创新”等能力要素和科学探究中的“提出问题”“收集证据”“作出解释”等能力要素[1]。

核心概念和关键能力直指多维科学课程体系的建构，促进学习内容的横向整合。而学习进阶与此紧密配合，基于对学生认知发展的研究，实现学习内容的纵向整合。两者相辅相成、互为依托。目前学术界对科学学习的核心概念和关键能力已经基本达成了一致，所以对学习进阶的研究将以此为基础开展。并且可以预想，学习进阶的研究也将会给内容体系的整合提供反馈，使确立的核心概念和关键能力真正达到设想的整体性和贯通性，实现其促进学生终身发展的价值。

---

[1] 中华人民共和国教育部. 普通高中物理课程标准（2017年版）[M]. 北京：人民教育出版社，2018.

[2] 郭玉英，姚建欣，张静. 整合与发展：科学课程中概念体系的建构及其学习进阶[J]. 课程·教材·教法，2013，33（2）：44-49.

[3] NGSS Lead States. The next generation science standards: for states, by states [M]. Washington, D. C.: National Academies Press, 2013.

（二）创建进阶假设

学习进阶的研究始于进阶假设的创建。进阶假设一般由进阶起点、进阶目标和中间节点构成，由进阶变量（progress variable）将三者串联。进阶变量为进阶假设搭建理论框架，其选取和设计是创建进阶假设的核心工作。

通过进阶变量搭建起进阶假设的框架后，可据此设定进阶起点、进阶目标和中间节点。早期进阶研究，例如阿隆索（Alonzo）和斯蒂德（Steedle）对“力和运动”学习进阶的研究以学生的迷思概念作为最低的阶，以课程标准的期望作为进阶目标，再划定中间层级。杜舍尔等认为这种设定方式体现了一种“修正观”，即整个进阶始于对迷思概念的分析，描述在学习过程中对错误认识的修正和内容知识的扩展[1]。而现阶段的进阶研究更倾向于采用“发展观”，即以学生有感性认识或易着手分析的具体现象为起点，从学生已有的认识出发深化理解，构建知识网络。这里还需要强调，在设定进阶的阶段目标时，考虑现有课程中年级节点的设置是必要的，然而“过分关注现有课程会忽视学生认知，失去了学习进阶的研究目的——从学生的认知规律出发改进现有课程设置”[1]。如何平衡两者，以及获得证据后如何取舍，是建构进阶时的关键点之一。

（三）选择测量模型

学习进阶将有代表性、稳定且能表征学生发展的观测证据作为检验和修正的依据，这是学习进阶较 20 世纪 90 年代的概念轨迹研究的重要发展，但这也对研究手段提出了更高的要求。先进心理测量技术向教育的转化使得许多研究设想逐渐成为可能，经过反复检验的可靠实证数据使学习进阶的研究结论得到了广泛的认可。

目前学习进阶的研究中，项目反应理论、潜类别分析和认知诊断等较先进的测量模型都得到了应用。在这些模型的应用过程中积累的经验为后续学习进阶研究的测量模型的选择提供了参考。具体来说，潜类别

[1] DUSCHL R，MAENG S，SEZEN A. Learning progressions and teaching sequences：a review and analysis［J］. Studies in science education，2011，47（2）：123–182.

分析和认知诊断都基于对学生的应答矩阵进行分析[1, 2]，当对学生在各类认知状态下的应答模式能有充分估计的情况下，可以考虑这两种测量模型。项目反应理论假定存在一个连续且稳定的心理构造影响学生的作答表现，当需要据此划分学生的若干级能力水平时，可以考虑使用此测量模型。项目反应理论是由许多项目反应模型组成的大家族，当前学习进阶研究中最常用的是由丹麦数学家哈什提出的一系列模型。在 Rasch 模型系列中：若使用的测量工具是二分计分（即 0/1 计分）的，应采用二分 Rasch 模型(binary Rasch model)；若使用的测量工具有多个评分档，应采用多级计分 Rasch 模型（partial-credit Rasch model）；若对同一作答同时考虑多位评分者的打分，则会用到多方面的 Rasch 模型（multi-facet Rasch model）。

（四）开发研究工具

最初的进阶研究多利用现有工具，如在 TIMSS 或 NEAP 的题库中选择区分度等指标较高的测试题作为研究工具。正因为此，获得“美国总统奖”的科学教育研究者、密歇根大学的桑格教授指出，当前对学习进阶的研究中最大问题在于测评工具的质量还没有达到评估进阶的要求[3]。为了更好地诊断学生状态，研究者们一直在改进现有研究手段。例如，比格斯等开发了分层选择题（ordered multiple choice items），其选项经过精心设计，学生不同的选择反映其所处思维水平，然后通过题组来区分学生在学习进阶中所处的层级[4]；诺伊曼等改进题干设计，在保持情境不变的情况下通过调节题干信息量控制题目的复杂度，以此收集证据作为验证进阶假设的参照[5]。

---

[1] STEEDLE J T, SHAVELSON R J. Supporting valid interpretations of learning progression level diagnoses [J]. Journal of research in science teaching, 2009, 46 (6): 699–715.

[2] TATSUOKA K K. Cognitive assessment: an introduction to the rule space method [M]. New York: Routledge, 2009.

[3] SONGER N B. An intimate intertwining of content and practices: a learning progression for climate change biology [R]. Orlando: National Association for Research on Science Teaching, 2011.

[4] BRIGGS D, ALONZO A, SCHWAB C, et al. Diagnostic assessment with ordered multiple-choice items [J]. Educational assessment, 2006, 11 (1): 33–63.

[5] NEUMANN K, VIERING T, BOONE W J, et al. Towards a learning progression of energy [J]. Journal of research in science teaching, 2013, 50 (2): 162–188.

（五）修正进阶假设

基于研究工具探查的学生表现情况修正原有进阶假设，既是一轮进阶研究的最后一个环节，同时也是新一轮研究的起点。修正进阶假设应建立在两个前提下：一是实证数据和现有进阶假设不匹配，二是研究工具准确反映了学生的实际情况。题目设计没有切实反映考察意图、学生进行问题表征时的思维图式与研究者的预设不同、进阶框架的不合理等都有可能造成研究结果与进阶假设不匹配。所以当实证数据“证伪”进阶假设时，不能直接修改假设迎合实证结果，而是要审慎地分析造成两者差异的原因。应该先结合数理统计手段和对师生的访谈重新进行任务分析，确保研究工具能真实测查学生状态后，再对原假设的进阶层级做出分解、合并或次序调整。

此环节也时常被一些研究者称为学习进阶的验证（validation）环节[1]。“验证”一词是进阶研究中的高频词，例如2008年美国教育研究协会年会上的专场讨论会即名为《开发、测量和验证科学中的学习进阶的多元视角》（*Diverse Perspectives on the Development, Assessment, and Validation of Learning Progressions in Science*），在《科学中的学习进阶》（*Learning Progressions in Science*）一书中，也几乎每篇都讨论了此问题。总的来说，研究者都认为这是进阶研究过程中的重要挑战，而面对此挑战，应对手段仍在摸索之中。

五、学习进阶的呈现

常见学习进阶的呈现方式有逐级法（escalated approach）和全景图法（landscape approach）两种。逐级法将学生的水平分成一系列层级，逐级描述学生从基础水平到更高水平的发展。例如阿隆索和斯蒂德尔建构的“力和运动”的学习进阶分为4个层级，描述学生从孤立认识力和运动，逐渐到通过加速度建立起力和运动的关系[2]。类似的范例还有莫

[1] 根据《朗道英汉词典》“validation”及“validate”常取使……生效，有效；确认，验证，证实等义，在许多专业领域特指验证过程。

[2] ALONZO A C, STEEDLE J T. Developing and assessing a force and motion learning progression [J]. Science education, 2009, 93 (3): 389–421.

瑞特（Merritt）建构的物质的粒子模型的学习进阶[1]，柳秀峰等的能量概念学习进阶[2]等。全景图法以“2061计划”中出版的《科学素养的导航图》的呈现方式为典型模式[3]，布鲁默（Plummer）等通过实证研究建构的天体运动的学习进阶也采用了这种方式[4]。这种方法将不同内容（包括知识、技能和方法论等）通过类似概念图的网状结构紧密联系起来，并标明它们之间的进阶关系，呈现各学段多学科领域的概念间的相互联系，组织起构成核心概念的一系列丰富且紧密联系的元素。

两种呈现方式各有特点，全景图法能更好地展现内容结构和关键元素间的关系，逐级法则更易与实证结果建立直接对应关系。现在已有一些学者融合使用两种呈现方式，采用图示来呈现进阶要素间的关系，再附以具体层级表来详细界定其内涵[5, 6]。

[1] MERRITT D S. Tracking students' understanding of the particle nature of matter [D]. Ann Arbor: University of Michigan, 2010.

[2] LIU X F, MCKEOUGH A. Developmental growth in students' concept of energy: analysis of selected items from the TIMSS database [J]. Journal of research in science teaching, 2005, 42 (5): 493-517.

[3] American Association for the Advancement of Science. Atlas of scientific literacy [M]. Washington, D. C.: American Association for the Advancement of Science Press, 2001.

[4] PLUMMER J D, KRAJCIK J. Building a learning progression for celestial motion: elementary levels from an earth-based perspective [J]. Journal of research in science teaching, 2010, 47 (7): 768-787.

[5] NEUMANN K, VIERING T, BOONE W J, et al. Towards a learning progression of energy [J]. Journal of research in science teaching, 2013, 50 (2): 162-188.

[6] WILSON M. Measuring progressions: assessment structures underlying a learning progression [J]. Journal of research in science teaching, 2009, 46 (6): 716-730.

第二节　学习进阶的应用

对学习进阶的研究实质上反映了科学教育观的转变，从传统的分割教授各知识模块和各探究技能转变为系统设计教学序列以帮助学生建构科学概念体系、培养科学实践能力，并在此过程中促进学生的认知和元认知的发展[1]。可见，其终极目标是促进学生发展。故在各学者纷纷跟进对学习进阶的研究之际，对学习进阶的应用也从宏观、中观和微观三个层面同时开展，使得进阶研究提出之时的愿景在逐步实现——搭建起一座连接学习的研究、课程开发、学业评估和教学实践等多方面的桥梁。对应这三个层面，本节介绍学习进阶研究在课程规划、测评开发和教学实践三个方面的应用。

一、应用学习进阶于课程规划

宏观层面上，学习进阶的研究成果已经成为多个国家科学教育纲领性文件的核心编写依据。以美国《新一代科学教育标准》为例，其基于学习进阶的研究，为实践、共通概念、学科核心概念、STSE 教育和科学本质教育构建了各自的进阶矩阵（progression matrix），为工程设计构建了进阶关系图。在此基础上，将各阶段的学习内容通过主题进行统整，通过表现期望（performance expectation）的进阶发展及相应基础盒子（foundation boxes）内容的扩展和深化，最终实现对科学课程内容的纵向整合。

同样基于学习进阶，我国 2017 年颁布的《义务教育小学科学课程标准》用其思想指导了课程标准的分段设计，以期建构连贯一致的发展图景[2]。修订工作组基于对发达国家科学课程标准的比较研究，并充分参考借鉴学习进阶的理念和相关研究成果，分低（一～二年级）、中（三～四

[1] DUSCHL R，MAENG S，SEZEN A. Learning progressions and teaching sequences：a review and analysis [J]. Studies in science education，2011，47（2）：123-182.

[2] 中华人民共和国教育部. 义务教育小学科学课程标准 [M]. 北京：北京师范大学出版社，2017.

年级）、高（五～六年级）三个阶段，为“科学知识”“科学探究”“科学态度”“科学、技术、社会与环境”四个维度提出了具体的进阶发展要求。在中美两国的科学教育纲领性文件中，有两类基于学习进阶的课程内容呈现方式：（1）用进阶矩阵和进阶关系图来刻画学习内容的发展脉络；（2）用逐级精深的表现期望来提出进阶发展要求。以下分别对两类呈现方式进行介绍。

（一）进阶矩阵和进阶关系图

构建进阶矩阵和进阶关系图是美国《新一代科学教育标准》对科学课程进行纵向整合的第一步。以之前的课程文件中对各阶段学习内容的进阶设定和学习进阶的实证研究为基础，美国《新一代科学教育标准》为实践、共通概念、学科核心概念、科学本质教育和 STSE 教育共五方面内容，分别构建了各自的进阶矩阵，并为工程设计构建了进阶关系图[1]。下面对进阶矩阵和进阶关系图分别进行介绍。

进阶矩阵的纵轴为各方面内容所包含的核心概念[2]，矩阵的横轴为四个学习阶段，每个矩阵元为各阶段对某一核心概念的具体要求。实践、共通概念、学科核心概念、科学本质教育和 STSE 教育的进阶矩阵呈现形式基本相同，这里以其中的科学本质教育的进阶矩阵为例进行介绍（图 3-5）。

在示意图中可以看到，纵轴为理解科学本质教育的八个核心概念。横轴将幼儿园到高中分成四大阶段：幼儿园到二年级；三年级到五年级；初中；高中。按此划分的矩阵元（即图中每一格）对每个核心概念在不同阶段的发展水平提出了具体要求。图 3-5 中以省略号代表每个矩阵元内的文字。矩阵元中用文字详细陈述了在该阶段学习结束后，学生对每一个核心概念应有的理解水平。由于文字太多无法全部在图中呈现，此处仅在表 3-4 列出了其中第二条核心概念——“科学知识基于经验证据”的内容，从中可以看到该条核心概念是如何随着学习阶段的延伸进阶发

[1] NGSS Lead States. The next generation science standards（Volume 2：Appendixes）[M]. Washington，D. C.：National Academies Press，2013.

[2] 美国《新一代科学教育标准》中科学本质教育有八个核心概念（见图3-5第一列）。STSE教育有两个核心概念，分别是科学、工程和技术的相互依存，科学、工程和技术对社会和自然世界的影响。实践、学科核心概念、共通概念的核心概念与美国《科学教育框架》中的相同。

展的。与科学本质教育类似，实践、共通概念、学科核心概念和 STSE 教育也构建了各自的进阶矩阵。

核心概念	幼儿园至二年级	三至五年级	初中	高中
科学探究运用多种方法	……	……	……	……
科学知识基于经验证据	……	……	……	……
科学知识可以接受新证据的修正	……	……	……	……
科学模型、定律、机制和理论解释自然现象	……	……	……	……
科学是一种认知方式	……	……	……	……
科学知识假定在自然系统中存在秩序和一致性	……	……	……	……
科学是人类事业	……	……	……	……
科学提出关于自然和物质世界的问题	……	……	……	……

图 3-5　科学本质教育矩阵示意图

表3-4　“科学知识基于经验证据”内容表[1]

核心概念	幼儿园至二年级	三至五年级	初中	高中
科学知识基于经验证据	科学家在观察世界时寻找模式和秩序	科学发现基于认识到的模式； 科学使用工具和技术来进行精确测量和观察	科学知识基于证据和解释间的逻辑与概念联系； 各学科采用一些共同准则来获得和评估经验证据	科学知识基于实验性证据； 各学科采用一些共同的证据准则来评估对自然系统的解释； 科学包括协调证据和当前理论的过程； 当多条证据支持某条解释时，该种观点得到强化

美国《新一代科学教育标准》中工程设计的进阶用进阶关系图来呈现。工程设计是 1996 年的《科学教育标准》中的技术设计的发展，包括三个

[1] NGSS Lead States. The next generation science standards （Volume 2：Appendixes）[M]. Washington，D. C.：National Academies Press，2013.

核心概念[1]:(1)界定和简化工程问题;(2)为工程问题设计解决方案;(3)优化解决方案。采用进阶关系图，可以在展示工程设计内容进阶的同时，以三角循环强调工程设计中各核心概念间的非线性关系，用双向箭头表示各核心概念学习的相互促进。其进阶也分成四大阶段:幼儿园到二年级;三年级到五年级；初中；高中。每个阶段都绘制了一张“工程设计核心概念关系图”(如图3-6，图中用横线代表其中的文字)，关系图展现出了工程设计内容的进阶图景。

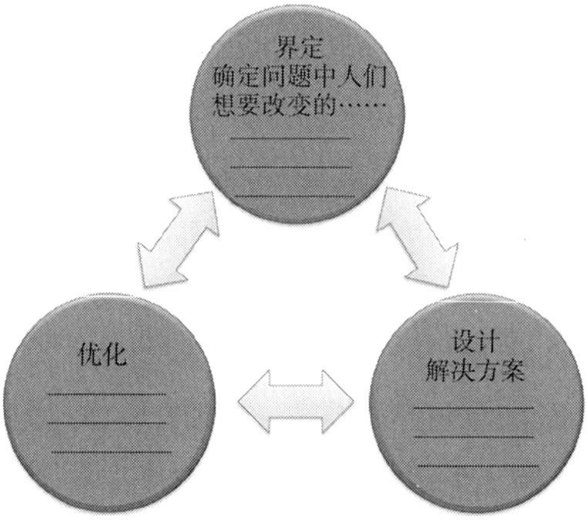

图 3-6 工程设计核心概念关系图[1]

(二)表现期望中的学习进阶

以进阶矩阵和进阶关系图为基础，美国《新一代科学教育标准》将各阶段的相应内容安排到各主题的“基础盒子”中，系统规划表现期望的扩展和深入。这样，由表现期望整合在一起的实践、学科核心概念、共通概念、科学本质教育和STSE教育随之逐级进阶。

表3-5整理了《新一代科学教育标准》中能量主题下的表现期望，以此为例来分析纵向整合的设计。《新一代科学教育标准》中能量主题共出现了三次，分别在四年级、初中和高中。首先，从表3-5中可以看出各阶段对学科核心概念理解的要求是逐级上升的。在四年级以识别不同的能量来源、能量形式和初步了解能量的传递和转化为主(对科学术语不做要求)。初中开始探讨各种形式的能量(动能、势能)的影响因素，

[1] NGSS Lead States. The next generation science standards (Volume 2: Appendixes) [M]. Washington, D.C.: National Academies Press, 2013.

并初步涉及能量的耗散和能量问题的微观解释。高中在更深入地学习上述内容的基础上还加入了热力学第二定律的内容。

表3-5　能量主题下的表现期望[1]

学习阶段	表现期望
四年级	4-PS3-1. 使用证据来建构一个关于物体的速度和能量关系的解释。［测评界限：测评不包括定量测量物体的速度变化，不涉及能量的准确定义和定量描述。］ 4-PS3-2. 观察并提供证据支持“通过声、光、热和电流，能量可以从一个地方传递到另一个地方”。［测评界限：测评不包括能量的定量测量。］ 4-PS3-3. 提出问题并预测当物体碰撞时的能量变化。［细致说明：重点在于当物体相互作用时因为速度变化而导致的能量变化，不重点分析力的因素。］［测评界限：测评不包括能量的定量测量。］ 4-PS3-4. 应用科学理念来设计、检验和改进一个能把一种形式的能量转换到另一种形式的能量的设备。［细致说明：设备可以包括电流把电能转换成小汽车的动能（或光、声等），也可以是一个被动式太阳能加热器把光能转换成热能。］［测评界限：限于那些将动能转换成电能或使用储能致使运动或发声、发光的设备。］ 4-ESS3-1. 获取并综合信息来描述能量和燃料来自自然资源，并且使用它们会对环境产生影响。［细致说明：可再生能源包括风能、水能和太阳能；不可再生能源为化石燃料和核燃料。对环境影响包括由于水电站、露天采矿导致栖息地的丧失，化石燃料的燃烧对空气的污染。］
初中	MS-PS3-1. 建构和解释能展示数据的图表，以描述物体的动能和其质量及速度的关系。［细致说明：重点在于分别描述动能和质量以及动能和速度的关系，可以包括以不同的速度骑自行车，滚下不同尺寸的石头，被棒球砸到和被网球砸到的差别。］ MS-PS3-2. 构建一个模型来描述当相隔一定距离相互作用的物体的位置改变时，储存在系统中的势能的变化。［细致说明：重点不在于势能的计算，而在于势能的相对变化。系统内的在不同距离相互作用的物体可以是地球、在山上不同位置的过山车、架子上不同高度的物品，变换方向（磁性）的磁铁、靠近同学头发的带电球等。模型包括对系统的描绘，图、表和文字描述。］［测评界限：测评限于两个物体的电、磁和重力相互作用。］ MS-PS3-3. 运用科学原理来设计、构造和测试一个能最小化或最大化地转化热能的设备。［细致说明：设备可包括绝热盒、太阳能灶和泡沫聚苯乙烯杯子等。］［测评界限：测评不包括计算总的转化的热能。］

［1］NGSS Lead States. The next generation science standards （Volume 1：The standards）［M］. Washington，D. C.：National Academies Press，2013.

续表

学习阶段	表现期望
初中	MS-PS3-4. 计划一次探究；探究通过温度衡量粒子的平均动能与转化的能量、物质类型、质量的关系。［细致说明：实验可以包括在同体积、同温度的水中放入不同质量的冰，比较融化后的水温。在环境中加热（或冷却）相同质量不同材料的物体时，物体的温度变化。传入一定量的能量时，同种材料不同质量物体的温度变化。］［测评界限：测评不包括计算热能转化的总量。］ MS-PS3-5. 通过辩论来支持这一论断：当物体的动能变化时，能量转化到或来自其他物体。［细致说明：在辩论时可以使用的实证证据包括以温度或物体运动的变化来制作转化前后的能量清单（或其他表征方式）。］［测评界限：测评不包括能量的计算。］
高中	HS-PS3-1. 创建概念性模型来计算：当已知某个组成构件能量变化或有能量流入或流出系统时，系统内其他组成构件的能量变化。［细致说明：重点在于解释模型中的数学表述的意义。］［测评界限：测评限于基本的代数运算，限于有两到三个构件组成的系统，只研究内能、动能以及重力场、磁场和电场中的能量。］ HS-PS3-2. 构建和使用模型来说明：宏观尺度上的能量可以用粒子的运动或场中储能来解释。［细致说明：宏观尺度现象可以包括动能转化为内能，由于被举高而具有储能的物体，两个带电板间的储能。］［测评界限：模型可以包括图表、描绘、描述和计算机模拟。］ HS-PS3-3. 设计、建造和改进一个能在一定限定条件下，把一种形式的能量转化为另一种形式的能量的设备。［细致说明：重点在于定量和定性地评估设备。设备可以包括鲁布·戈德堡机械、风轮机、太阳能电池、太阳能灶及发电机。限定条件可以包括使用可再生形式的能量或达到一定效率。］［测评界限：对设备定量评估限于给定总输入后的总输出。测评限于用学生易得到的材料制作的设备。］ HS-PS3-4. 计划和进行探究以提供证据支持热力学第二定律——一个封闭系统内在不同温度的组成部分间的内能的转化结果是能量在系统内的各部分间均匀分布。［细致说明：重点在于分析来自学生探究的数据和使用数学思维定量和概念性地描述能量的变化。探究可以包括把初温不同的液体混合到水中或把不同温度的物体加进水中。］［测评界限：评估限于基于学生易获得的材料和物体进行的探究。］ HS-PS3-5. 为通过电场或磁场相互作用的两个物体构建模型，并使用该模型阐明这种相互作用的物体间的力及能量的变化。［细致说明：模型可以包括绘图、图表和文本，比如绘出当两相异电荷靠近时发生了什么，并解释物体的能量变化和场的能量变化的关系。］［测评界限：测评限于只有两个物体的系统。］

除了对学科核心概念理解的进阶，实践能力也是在此过程中逐级发展的。以实践中的“构建和使用模型”为例，基础教育阶段对构建和使用模型的要求可大体分为三个层次：(1)用模型来描述；(2)使用模型来进行解释；(3)使用模型来进行预测。表3-5中初中阶段MS-PS3-2和高中阶段HS-PS3-5两条期望都涉及“构建和使用模型”，但对其要求是进阶发展的。初中要求“构建一个模型来描述……”；高中期望学生能“构建和使用模型来阐明……”。可见对构建和使用模型的要求，初中处于基础层次——用模型来描述，而高中已经用到模型的解释功能了。与上面所述的学科核心概念和实践两方面的进阶类似，共通概念、科学本质教育和STSE教育也是随表现期望进阶的。

虽然《新一代科学教育标准》中学习进阶的“颗粒度”还比较粗，但是其已然为“小学—初中—高中”的科学课程衔接提供了参考框架。相关的标准推广和教师培训活动也已经在许多地方开展，其成效值得关注。例如密歇根州在《新一代科学教育标准》颁布后迅速提出了科学教育改革工作日程，基于标准和学习进阶，对州内各学区的教育工作者进行培训（表3-6）。

表3-6　密歇根州科学教育改革工作日程[1]

时间	州教育部和其他合作组织者	地区教育人员
2013年	介绍《框架》和《标准》； 确认需要保留或修改的内容； 支持实践内容的实施	收集信息并组建内容转变的设计团队； 确认正在实行的内容和实践
2014年	支持转变和学习进阶； 确认表现期望的实施； 支持科学概念的整合	继续基于转变设计的教学实验； 构建幼儿园～十二年级的学习进阶、地区课程和资源
2015～2016年	构建州测评系统； 构建支持系统； 开发有效实行标准的资源； 进行实践	开发和实施评估课程； 在学区内对实践状况进行效果数据收集和反思以改进教学

[1] Michigan Department of Education. Big ideas and considerations of NGSS [R]. East Lansing: Michigan Department of Education, 2013.

二、应用学习进阶于测评开发

学习进阶自诞生之日起，就和测评工作紧密联系在一起。一方面，学习进阶的建构基于教育测量获得的学生表现信息；另一方面，基于学习进阶开发的测评能提供高质量的、系统性的学业进展的信息。21 世纪的测评开发具有一个基本假设：所有测评系统的设计都应基于学生的认知模型[1]，其差别无非在于明确指向的或是潜意识的、基于好的模型或不好的模型。好的模型能够表征学生发展的重要方面和重要节点，而且其能提供测评任务设计的线索。基于这些线索，能收集到准确的信息并做出有效的推断[2]。良好的设计并经过实证检验的学习进阶正是一个具有明确指向的好模型。

随着学习进阶研究的影响力不断扩大，许多研究机构和学者以其为基础，进行测评开发和设计。在基于学习进阶的测评开发方面，位于加州大学伯克利分校的伯克利教育评价与评估中心所开发的“BEAR 测评系统”（the BEAR Assessment System）是较有代表性的产品。我们以其为例，介绍学习进阶在测评开发中的应用。

BEAR 中心在原有的测评系统上与学习进阶进行了融合，进一步明确了由四个基础模块组成的测评循环（图 3-7）。在此循环中，包括构造地图（construct map）、任务设计（design of tasks）、结果空间（outcome space）和怀特图（wright map）四个基础模块，这四个基础模块与发展的视角（developmental perspective）、教学与测评的匹配（matching between teaching and assessment）、教师的管理（management by teachers）、高质量的证据（high quality evidence）四条原则相衔接。一个基本的测评循环一般从构造地图开始，基于构造地图开发各类评价任务，设计出任务的结果空间，根据结果空间分析学生表现，从怀特图中读取测试结果。随后根据测试结果调整构造地图，开始新一轮的循环。

---

[1] National Research Council. Knowing what students know: the science and design of educational assessment [M]. Washington, D. C.: National Academies Press, 2001.

[2] BLACK P, WILSON M, YAO S Y. Road maps for learning: A guide to the navigation of learning progressions [J]. Measurement: interdisciplinary research & perspective, 2011, 9 (2-3): 71-123.

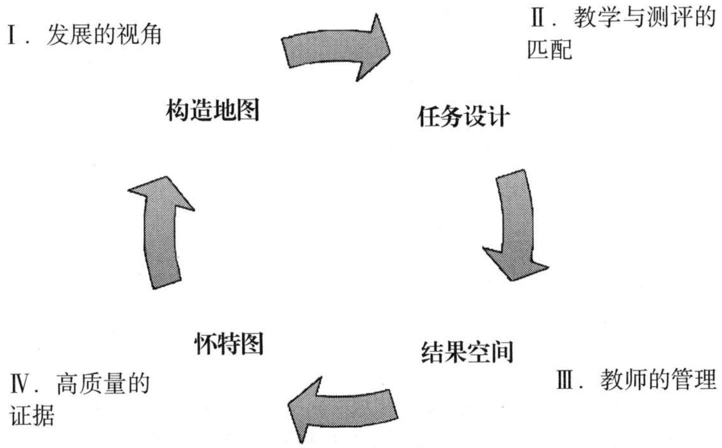

图 3-7　BEAR 测评系统的原则和基础模块[1]

学习进阶就是一个符合其“发展的视角”这一原则的构造地图。基于学习进阶，测试开发者可针对各个进阶层级有指向地开发测试题目。需要注意的是，开发的测试题目不应机械地去与进阶层级进行一一匹配，而应有设计地来给予学生表现的空间，展现他们的科学理解和实践能力，从中推断其学业水平的进展。换句话说，一个进阶层级可能需要许多道试题的结果来共同测查，一道试题也有可能会测查出不同进阶层级的表现[2]。“一个进阶层级可能需要许多道试题的结果来共同测查”很好理解，多年来教师们的测评工作也是照此进行的。故这里只对“一道试题也有可能会测查出不同进阶层级的表现”稍作解释。

一道测试题在设计时一般首先指向某一个具体的进阶层级。然而，一道测试题，特别是开放性试题，往往会使得处于不同进阶层级的学生给出不同的作答。这意味着，在设计该试题的“结果空间”时，应根据试题可能涵盖的进阶层级来分析和规划，从而利用学生提供的不同水平的作答信息，对学生的学业水平进行分析和诊断。图 3-8 展示了一道基于“运动与相互作用的关系”的学习进阶开发的测试题（本章第三节展

[1] BLACK P，WILSON M，YAO S Y. Road maps for learning：a guide to the navigation of learning progressions［J］. Measurement：interdisciplinary research & perspective，2011，9（2-3）：71-123.

[2] National Research Council. Developing assessments for the next generation science standards［M］. Washington，D. C.：National Academies Press，2014.

示了此学习进阶，详见表 3-8），该题假定了“遥远的太空”这一情境，帮助学生简化了巨石和人以外的引力、阻力等作用对分析的影响。这里以这道题的第二问为例来说明其与进阶层级的对应关系。

设想你处在遥远的太空，面前有一个与你相对静止的巨石，你轻轻地推它一下。

（1）请描述在推巨石时，你和这块巨石各自的受力情况，并说明理由。

（2）请预测你和巨石分开后，你和这块巨石各自的受力情况和运动情况，并说明理由。

图 3-8 太空中的人与巨石测试题

在设计时，这是一道指向“运动与相互作用的关系”的学习进阶（表 3-8）中进阶水平 3 的测试题。学生如果能认识到太空中没有阻力，故“我”和巨石分开后，两者均不再受到力的作用，则他们可以判断，两者将保持之前的运动状态——“我”和巨石反向做匀速直线运动。有如上的作答表现，说明学生基本掌握了牛顿第一定律，能对一维运动中力和运动的关系进行初步的合理分析和推断，达到了结果空间中第 3 档的水平（表 3-7）。

表 3-7 “人与巨石”一题的四水平结果空间划分及其与进阶层级的对应关系

水平	与进阶层级的对应关系	作答示例
4	接近进阶层级4	根据牛顿第三定律，我推巨石时我和巨石受力大小相等、方向相反。但巨石质量比我大很多，所以相互作用的时候速度变化小。巨石和我分开后，根据牛顿第一定律，我和巨石的速度不再发生变化，故最终我们朝相反方向做匀速直线运动，我比巨石的速率大
3	对应进阶层级3	因为在太空中我和巨石分开后都不受力，而我们都有惯性，所以我们朝相反方向做匀速直线运动
2	对应进阶层级2或更低层级	因为惯性，巨石和我都向前运动； 巨石和我都将一直加速运动下去，直到遇到其他物体
1	—	无作答

水平更高的学生应该能进一步注意到巨石和“我”质量的差异，运用牛顿第二定律推出“我”受力所产生的加速度比巨石的大，“我”的最终速率也较大，进而根据两者速率变化的情况，对后续运动状态做出更准确的描述。这样的学生已经接近了进阶层级 4。当然，还有一些学生还不能较为准确地推断后续运动状态，这反映出这些学生可能处于进阶层级 2 或者更低的水平。从这个例子中可以清晰地看到，一道试题能激发出不同水平学生不同的作答表现，这就是前面所说的“一道试题也有可能会测查出不同进阶层级的表现”。将这些作答表现与根据学习进阶设计的结果空间进行对比，可对学生的进阶发展水平做出估计。其实，不仅开放性试题能够测出学生不同层级的表现，在本章第一节提到的“分层选择题”也能实现对学生进阶水平的估计[1]。

三、应用学习进阶于教学实践

在微观层面上，多个课题组已经基于进阶研究成果开展教学实验研究。例如科瑞柴克团队在美国国家科学基金会资助下开展了中学能量教学研究[2]，他们结合学习进阶和目标驱动设计模型开发了基于项目学习的能量专题教学单元，期望以真实情境为载体，围绕核心概念组织的教学活动促进学生的整合理解。结果显示：虽然起点相同的控制班学生经历了更多教学课时，但是无论是即时访谈还是一年后的延时测试都表明实验班的学生对能量概念的认识更系统、知识网络更丰富、有更少的迷思概念且更善于解决实际问题。密歇根大学桑格教授所领导的团队从 2008 年起持续关注在生物学习过程中科学解释能力的培养，通过连续 5 年的追踪研究，他们已经基于学习进阶设计了从小学到高中的、融合生态内容学习和科学解释能力的教学序列[3]。

[1] BRIGGS D, ALONZO A, SCHWAB C, et al. Diagnostic assessment with ordered multiple-choice items [J]. Educational assessment, 2006, 11 (1): 33-63.

[2] NORDINE J, KRAJCIK J, FORTUS D. Transforming energy instruction in middle school to support integrated understanding and future learning [J]. Science education, 2011, 95 (4): 670-699.

[3] GOTWALS A W, SONGER N B. Validity evidence for learning progression-based assessment items that fuse core disciplinary ideas and science practices [J]. Journal of research in science teaching, 2013, 50 (5): 597-626.

在国内，除了各高校科学教育团队的研究外，也有一些研究者在尝试应用学习进阶。例如东部一些城市的教研团队组织开展了“儿童科学概念学习进程研究”，他们着眼于小学生的科学概念学习，在“密度”“力的作用与运动”“浮与沉”“分子原子理论”等主题上尝试基于进阶进行教学设计和教学尝试。在开展研究和进行实践的同时，一些项目组还在努力进行市场化推广。

这些微观层面上应用学习进阶开展的教学实验研究为课程开发和教学设计提供了案例，促进了宏观层面上的纲领、标准文件与教学实践的对接。而且，学习进阶在教学上的应用实质上引领着学习进阶研究的新范式——教学导向的学习进阶研究。这类学习进阶研究通过教学实验收集证据检验学习进阶。相比测量导向的传统学习进阶研究，纳入教学变量的研究能更好地描述科学学习的实际，为科学教学的改进提供参照。本书也涉及学习进阶的教学应用及其范式演变问题，我们将在后续章节与读者一同探讨。

第三节　进阶研究的发展变化

从本质上讲，学习进阶就是一个关于学生认知发展的模型，其本身需要不断修正和改进。这意味着，学习进阶研究也会不断发展和提升。近年来，我们也的确关注到，对学习进阶的定义探讨和在假设确立、工具设计和反馈修正等研究过程的不同侧重点，都在促使学习进阶的研究水平不断提升和研究范式日趋成熟，同时也给学习进阶研究带来许多新发展和新变化。

一、进阶变量的发展

学习进阶研究的发展变化集中体现在学习进阶的进阶变量上。进阶变量的选取、设计和检验是学习进阶研究的核心工作。近年来，进阶变量发生着以下变化：从以知识本体为主逐渐变为以能力发展为主，从以课程内容为主逐渐融入各类认知理论和元认知理论，从单一进阶变量逐渐发展为多维度和多变量。

以知识内容本体作为进阶变量在进阶研究早期占主流，这类研究多基于课程分析和对学生迷思概念的研究来划分发展阶段。以“力和运动”的学习进阶为例，研究者们通过对课程文件的分析确立进阶目标，通过综述学生对“力和运动”认识的研究提出进阶起点和中间节点的预设，基于对学生表现的实证测查，建构了此主题的学习进阶[1-3]。此主题的学习进阶一般由“运动”“相互作用”“运动与相互作用的关系”三个子主题的学习进阶构成，表 3-8 展示了其中“运动与相互作用的关系”的学习进阶。从表中可以看到，以知识内容本体作为进阶变量可以清晰地刻

［1］ALONZO A C，STEEDLE J T. Developing and assessing a force and motion learning progression［J］. Science education，2009，93（3）：389–421.

［2］陈佩莹. 中学物理课程中“力和运动”主题的核心概念进阶研究［D］. 北京：北京师范大学，2013.

［3］谢丽璇. 高中生机械运动和力主题的学习进阶研究：以北京市高中生为例［D］. 北京：北京师范大学，2015.

画学生对某一主题理解的认知发展，然而这类进阶研究也不可避免地将学习进阶限定于一个知识主题之内。

表3-8　基础教育阶段“运动与相互作用的关系”的学习进阶[1]

层级	表现期望
5	学生能根据物体在系统中的状态（物体所受的场的作用及与其他物体的相互作用的情况），应用牛顿运动定律推断物体的运动状态；或根据物体的运动情况，结合其他条件，反推物体在系统中所受的相互作用； 学生能了解牛顿运动定律的适用范围，认识经典力学体系的局限性
4	学生能理解并应用力的合成与分解规律，结合物体当下的运动状态，根据牛顿运动定律推测物体随后的运动状态； 学生能根据物体的运动状态，结合其他条件，分析物体的受力情况
3	学生知道惯性的存在以及牛顿第一定律，并据此理解平衡态的概念； 学生能了解并应用力的合成规律，结合物体当下的运动状态，推测物体随后的运动状态； 学生能根据物体的运动状态，推测合外力[1]的方向 （此水平的分析限于一维运动）
2	学生知道力的作用发生在某一特定方向上，并可据此估计物体可能的运动状态，或根据对运动状态的观察初步判断力的作用情况； 学生通过感知与惯性相关的现象，意识到惯性的存在
1	学生认识到力可以推拉物体，推拉物体时，有时可以改变物体运动的方向和快慢，有时不会

现阶段进阶研究中进阶变量的内涵日益丰富。其中一大亮点是以关键能力作为进阶变量的学习进阶。在2010年以前，较为成熟的此类进阶研究有施瓦茨（Schwarz）等对学生科学建模能力进阶发展的研究[2]，博兰德（Berland）和麦克尼尔建构的学生科学论辩能力的进阶[3]等。以科

[1] 张晓红，姚建欣. 基于学习进阶　引导教研整合［J］. 基础教育课程，2016（23）：52-57，86.

[2] SCHWARZ C V，REISER B J，DAVIS E A，et al. Developing a learning progression for scientific modeling：making scientific modeling accessible and meaningful for learners［J］. Journal of research in science teaching，2009，46（6）：632-654.

[3] BERLAND L K，MCNEILL K L. A learning progression for scientific argumentation：understanding student work and designing supportive instructional contexts［J］. Science education，2010，94（5）：765-793.

学建模能力的学习进阶为例，施瓦茨等从“科学模型作为预测和解释的工具”和“模型随着理解的发展而变化”两个维度刻画科学建模能力的发展。以其中的“科学模型作为预测和解释的工具”维度为例（表3-9），学生从只意识到模型可作为一种描述手段，发展到知道模型的解释功能，再到能够通过多元表征和多种模型的分析来比较各模型间的优劣，最终发展为知道模型的预测功能，能够建立模型来预测现象的发生。这类进阶关注科学实践能力的发展，具体刻画了各能力的发展脉络。更重要的是，这类进阶在建构过程中融入了研究者对认知和元认知的思考与探索。

表3-9 “科学模型作为解释和预测的工具”的学习进阶[1]

层级	表现期望
4	学生能在一个领域内自发地建构和应用模型来帮助自己思考； 学生建构和应用模型来生成诸如某现象的存在一类的新问题； 学生能根据不同模型来考虑世界如何运转
3	学生能建构和应用（能解释和预测一组相关现象的各方面）的多重模型； 学生认为模型是能够支持他们关于各类现象的认识的工具；基于对可供选择的模型所具有的优缺点的分析，学生考量可供选择的模型
2	学生能建构和应用（能描述和解释现象是如何发生，并与现象的事实一致）的模型； 学生认为模型是大家交流对于现象理解的手段，而不是支持自身想法的工具
1	学生能建构和应用（能描述单一现象）的模型； 学生不认为模型是产生新知识的工具，但能意识到模型是表征现象的方式

不仅在能力的学习进阶中涉及认知和元认知，在概念的学习进阶中，认知理论和元认知理论等也发挥着越来越重要的作用。以第一节介绍过的知识整合这一认知理论为核心变量，加州大学伯克利分校的李熙石（Lee Hee-Sun）和刘莉迪（Liu Lydia）描述了学习不同课程的学生对能量概念的理解[2]。同样聚焦于能量等核心概念，我们团队在层级复杂度和知

[1] SCHWARZ C V，REISER B J，DAVIS E A，et al. Developing a learning progression for scientific modeling：making scientific modeling accessible and meaningful for learners［J］. Journal of research in science teaching，2009，46（6）：632-654.

[2] LEE H-S，LIU O L. Assessing learning progression of energy concepts across middle school grades：the knowledge integration perspective［J］. Science education，2010，94（4）：665-688.

识整合等认知理论的基础上[1,2]，提出了科学概念理解发展的层级模型（表3-10）。以此模型中的层级为进阶变量，描述了能量、机械运动与力、电与磁等核心概念的各级表现期望，使用大样本测试的方法收集了中学阶段不同年级学生表现的数据，对预设的表现期望进行了实证检验。通过数轮的检验，调整、完善理论预设，为这些核心概念建构了契合我国学生实际的学习进阶[3-7]。

表3-10 科学概念理解发展的层级模型

发展层级	层级描述
经验（experience）	学生具有尚未相互关联的日常经验和零散事实
映射（mapping）	学生能建构事物的具体特征与抽象术语之间的映射关系
关联（relation）	学生能建构抽象术语和事物数个可观测的具体特征间的关系
系统（system）	学生能从系统层面上协调多要素结构中各变量的自变与共变关系
整合（integration）	学生能由核心概念统整对某一科学观念（例如物质观念、能量观念等）的理解，并建构科学观念间和跨学科概念（例如系统、尺度等）之间的联系

二、整合进阶的提出

促进学生科学素养的整合发展是当前科学教育实践和科学教育研究的共同期待[8]。故系统描绘学生科学学习路径的学习进阶也应整合科学核心概念的理解与科学关键能力的发展[9]。朝着这一美好愿景，研究者

[1] COMMONS M L，TRUDEAU E J，STEIN S A，et al. Hierarchical complexity of tasks shows the existence of developmental stages [J]. Developmental review，1998，18（3）：237-278.

[2] LINN M C. The knowledge integration perspective on learning and instruction [M] // SAWYER R K. The Cambridge handbook of the learning sciences. New York：Cambridge University Press，2006：243-264.

[3] YAO J X，GUO Y Y. Inquiry on Students' Understanding of Energy Concept [R]. Seoul：EASE，2014.

[4] 朱宁宁. 高中生静电场主题核心概念的学习进阶研究 [D]. 北京：北京师范大学，2015.

[5] 谢丽璇. 高中生机械运动和力主题的学习进阶研究：以北京市高中生为例 [D]. 北京：北京师范大学，2015.

[6] 张玉峰.高中物理概念学习进阶及其教学应用研究 [D]. 北京：北京师范大学，2016.

[7] 魏昕. 中学物理能量学习进阶研究 [M]. 南宁：广西教育出版社，2016.

[8] 郭玉英. 中学理科课程标准国际比较与研究（物理卷）[M]. 北京：北京师范大学出版社，2014.

[9] 郭玉英，姚建欣. 基于核心素养学习进阶的科学教学设计 [J]. 课程·教材·教法，2016，36（11）：64-70.

们尝试对前面建构的核心概念的学习进阶和关键能力的学习进阶进行整合[1-3]。

以桑格团队在测量开发研究中融合了生态圈的学习进阶与科学解释的学习进阶为例[4]，展示整合两类学习进阶的基本思路（图 3-9）。他们先分别建构生态圈的学习进阶和科学解释的学习进阶，然后抽取生态圈的学习进阶中的节点，将其与科学解释的学习进阶中的特定水平进行组合，生成具体的表现期望作为学习目标。通过一系列整合知识理解和能力培养的表现期望，来促成两者的有机结合。

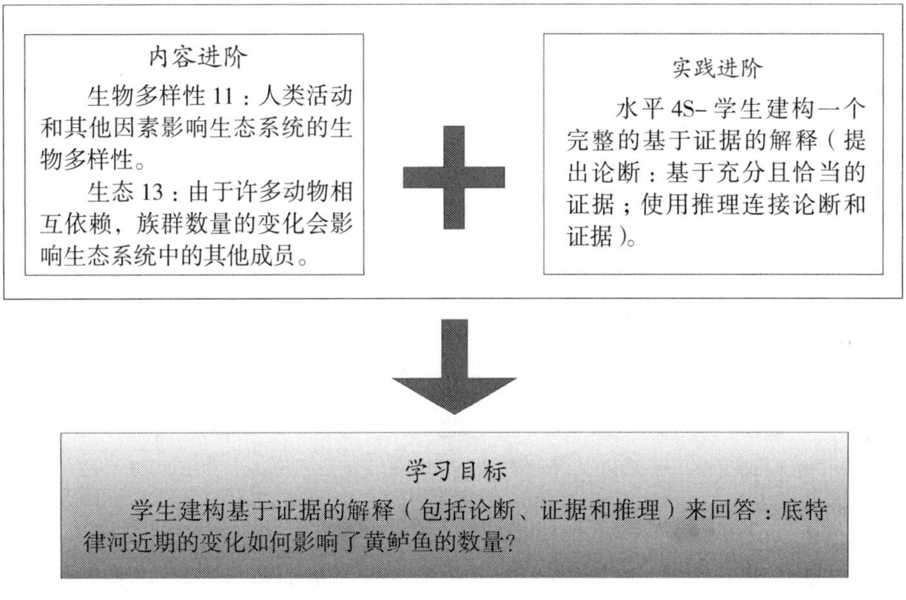

图 3-9　融合生态圈的学习进阶与科学解释的学习进阶[4]

除了测评开发，美国范德堡大学的莱赫（Lehrer）和舒布勒（Schauble）

[1] YAO J X，GUO Y Y，NEUMANN K. Integrated learning progressions advancing synergetic development of energy understanding and scientific explanation ［R］.Washington，D. C.：AERA，2016.

[2] SONGER N B. An intimate intertwining of content and practices：a learning progression for climate change biology ［R］. Orlando：National Association for Research on Science Teaching，2011.

[3] LEHRER R，SCHAUBLE L. Seeding evolutionary thinking by engaging children in modeling its foundations［J］. Science education，2012，96（4）：701–724.

[4] GOTWALS A W，SONGER N B，BULLARD L. Assessing students' progressing abilities to construct scientific explanations ［M］// ALONZO A C，GOTWALS A W. Learning progressions in science. Rotterdam：Sense Publishers，2012：183–210.

还在教学研究中进行了尝试，融合了进化论的学习进阶和科学建模能力的学习进阶[1]。上述研究都对学习进阶的整合进行了积极探索。在此基础上，我们提出“整合学习进阶”这一概念，用以概括这一类同时融合了核心概念和关键能力的进阶发展的认知模型。整合学习进阶是对已开发的学习进阶的统整和系统化，使其更契合科学教育的发展理念，同时也更贴近科学课堂的实际需求。在科学课堂中，理应既没有脱离知识的能力培养，也没有脱离能力的知识理解。所以，整合学习进阶是对真实认知发展的描述和总结，是学习进阶发展的理想形式。

三、对学习进阶研究范式的讨论

回顾已有的学习进阶研究及其应用，发现按进阶的主题尺度（topic scope）可以将其分成教学设计尺度上的进阶和课程规划尺度上的进阶两类。教学设计尺度上的进阶的主题尺度较小，一般为一个单元左右的学习内容。而课程规划尺度上的进阶的主题尺度较大，可以为几年的学习内容。哥伦比亚大学教师学院 2009 年出版的学习进阶专题报告中列举的前两个进阶研究恰好就是这两类进阶的典型示例[2]：第一个“浮力的学习进阶”是典型的教学设计尺度上的进阶，第二个“原子分子论的学习进阶”则是典型的课程规划尺度上的进阶。

教学设计尺度上的进阶和课程规划尺度上的进阶在不同方面的表现有差异的原因不仅在于主题尺度上，方法论的不同可能是更重要的原因。验证（validation），一直是学习进阶研究者，特别是深受实证主义传统影响的西方学习进阶研究者关注的问题。课程规划尺度上的进阶研究在验证上已经形成了一套以测量为中心的方法体系。当尺度比较大时，对测量工具敏感度的要求会相对降低，这样，通过大规模测量对所提出的课程规划尺度上的学习进阶可以进行“验证”，由此可对课程和测量的开发给予指导。反观教学设计尺度上的进阶研究，在测量为主要研究手段时，

[1] LEHRER R，SCHAUBLE L. Seeding evolutionary thinking by engaging children in modeling its foundations [J]. Science education，2012，96（4）：701-724.

[2] CORCORAN T B，MOSHER F A，ROGAT A. Learning progressions in science：an evidence-based approach to reform [J]. Consortium for policy research in education，2009：86.

小尺度的发展很难被充分"验证"。所以教学设计尺度上的进阶研究需通过教学实验并结合质性探讨进行。

这样看来，教学设计尺度上的进阶研究不仅难度较大，而且研究结果也会比较繁复，这导致公开发表的研究论文中，以报告课程规划尺度上的进阶的文章为主，而讨论教学设计尺度上的进阶的文章较少。所以教学设计尺度上的进阶研究往往并不被看好，甚至有相当一部分的学者不承认它是学习进阶，于是大部分研究的注意力都集中在了课程规划尺度上的进阶上[1，2]。课程规划尺度上的进阶研究为大部分核心概念和关键能力提出了进阶模型，通过跨阶段测评的方法进行了初步"验证"。后来更是在美国《新一代科学教育标准》的设计上大显身手，为课程规划做出了贡献。

但是，所有的研究者都提出：学习进阶终将服务于教学实践。然而在教学实践方面，课程规划尺度上的进阶研究的光芒则暗淡了许多[2]。如果追踪课程规划尺度上的进阶研究，能发现在完成对某主题的测量导向的进阶研究后，一些项目没能迅速转向教学导向的进阶研究，他们或是转向其他内容主题甚至研究领域，或是在一段时间内"闭关修炼"。相比之下，教学设计尺度上的进阶在教学实践的推广上却很迅速。例如基于"浮力的学习进阶"的教学改进在包括我国在内的多个国家都已经推进。

两类进阶表现在教学实践方面产生差异的关键在于："验证"思维阻碍了课程规划尺度上的学习进阶在教学实践上的应用研究。在进行教学研究时，教学实践和学习进阶两者间存在中间因素，这使得教学效果和学习进阶合理性之间存在必要不充分关系。具体来讲，常规的研究流程应为教师通过教师培训来尝试理解某一主题的学习进阶，然后根据此学习进阶进行教学设计，最后在教学实践中努力实现其教学设计。可以看到，此过程中影响教师教学最终效果的至少有以下三个中间因素：(1)对学习进阶的理解；(2)教学设计能力；(3)教学实践能力。这三个中间因

[1] CORCORAN T B，MOSHER F A，ROGAT A. Learning progressions in science：an evidence-based approach to reform [J]. Consortium for policy research in education，2009：86.

[2] LEHRER R，SCHAUBLE L. Learning progressions：the whole world is NOT a stage [J]. science education，2015，99(3)：432-437.

素使得学习进阶对最后教师教学效果的影响是必要不充分关系[1]。

这样来看，“通过教学验证学习进阶”的这一提法的实现是有一定难度的。所以一直以“验证”为中心研究导向的课程规划尺度上的学习进阶在向教学实践转化时，比教学设计尺度上的进阶困难了许多。困难的产生不是因为教学实验这种常用的研究方法，而是由于研究者把考虑的焦点围绕在了“验证”上。

其实根据波普尔的科学哲学观，“验证”这一提法本身就存在问题[2]，所以建议弱化“验证”在学习进阶研究中的地位，对学习进阶进行再界定。本书认为：学习进阶是描述在教学影响下的学生在某一领域的认知发展的蓝图。学习进阶的研究对象是学生的学习，研究的内容应为领域具体化的心智构造，而其中的认知发展是教学辅助下的发展。在此定义基础上，我们重新审视学习进阶的验证问题。学习进阶本身是一个蓝图，难以直接验证，但据其产生的产品是可以在一定程度上检验的。这些产品包括开发的测量工具、规划的阶段课程以及具体的教学设计等。

上述观点中的第一条定义尝试在缩小学习进阶的领域范围，把其本体限定在对具体领域认知发展的描述上。第二条对验证问题的观点意图将学习进阶的研究思路“去验证化”，即将学习进阶的相关研究从“验证”的桎梏中解放开来。我们意识到上述观点，特别是第二条观点是相对激进的，所以在之前发表的论文中，仅是借用剑桥大学泰伯教授的观点来初步引出这个问题：“与其倾全力于构想完美贴合认知过程的表征方式，倒不如将研究重点放在能促进学生发展的系统模型，……回答‘如何设计路径促进发展’……”[3]

本书最终将上述观点写了下来，而且在近年来的文献阅读中，发现许多学者也持有类似的观点，其中不乏知名学者，如密歇根大学的桑格

[1] 甚至有的学者认为是既不充分也不必要的关系，他们的理由是有些教师没有学习进阶作参照，也能上出很好的课，取得很好的教学效果。无论持何种观点，大家都认为学习进阶对教学效果的影响是不充分的。

[2] 波普尔. 猜想与反驳：科学知识的增长［M］. 傅季重，纪树立，周昌忠，等译. 上海：上海译文出版社，2001.

[3] 姚建欣，郭玉英. 为学生认知发展建模：学习进阶十年研究回顾及展望［J］. 教育学报，2014，10（5）：35–42.

教授、范德堡大学的莱赫教授等。例如桑格教授等也认为学习进阶本身不能被验证，而可验证的是其衍生产品[1]。2015 年在《科学教学研究》（*Journal of Reaching in Science Teaching*）的特邀评论中，邓肯（Duncan）和歌特沃斯（Gotwals）也提出了通过教学实证对某一学习进阶进行检验的不完备性问题[2]。莱赫教授和舒布勒教授则深度总结了学习进阶，他们指出："尽管这类进阶研究方式[3]对课程和测量的设计有价值，但其在改善当前教学实践上有劣势。"[4]"学习进阶不应该被视为一个等待检验、确证和具体化的静态假设"，而应视为一个"交换区"（trading zone），在其中关于学习的各项事业都能相互启发、相互促进[5]。

根据以上讨论，基于学习进阶的教学实证研究应不再局限于"验证进阶"，而是可以在一定程度上跳出"验证"这一思路，遵照教育实验研究自身的逻辑体系[5, 6]，特别是设计型研究的逻辑体系和研究方法[2, 4]。故本书所呈现的教学研究也没有尝试通过教学实验检验科学解释的学习进阶，而是以学习进阶的产品 1——两份具有良好信效度的问卷为工具，以学习进阶的产品 2——整合的初中物理能量单元的学习过程为核心开展教学实验。通过此教学实验，我们看到了学习进阶对教学改进的价值，也初步探索了利用此"交换区"使研究者和实践者的知识和经验进行沟通交流的方式。

---

[1] SONGER N B, KELCEY B, GOTWALS A W. How and when does complex reasoning occur? Empirically driven development of a learning progression focused on complex reasoning about biodiversity [J]. Journal of research in science teaching, 2009, 46 (6): 610-631.

[2] DUNCAN R G, GOTWALS A W. A tale of two progressions: on the benefits of careful comparisons [J]. Science education, 2015, 99 (3): 410-416.

[3] 这里所指的方式与前文所定义的基于测量的课程规划尺度上的进阶类同。

[4] LEHRER R, SCHAUBLE L. Learning progressions: the whole world is NOT a stage [J]. Science education, 2015, 99 (3): 432-437.

[5] COBB P, CONFREY J, DISESSA A, et al. Design experiments in educational research [J]. Educational researcher, 2003, 32 (1): 9-13.

[6] DAVIS E A, KRAJCIK J S. Designing educative curriculum materials to promote teacher learning [J]. Educational researcher, 2005, 34 (3): 3-14.

第四章　学生科学解释的初步实证分析

本章借鉴国外对科学解释的教育框架和诊断评价方法，对学生的科学解释表现进行初步的现状描述和实证分析。先进行基于CER框架的现状描述，是因为我国对学生科学解释能力的研究还不多，已有研究中尚缺乏多内容、跨年级、大样本的实证研究。然而在此领域，国外学者基于CER框架已经进行了一系列实证研究，对学生的科学解释现状进行了初步的描述与诊断。在此情况下，我们开展基于CER框架的实证分析，一方面希望借此平台对科学解释的培养现状进行跨文化的比较交流，另一方面可以为后面改进框架和基于新框架的实证研究积累资料和经验。

第一节 理论框架

在本书第一章，我们介绍了 CER 框架，即“论断—证据—推理”框架（图 4-1），是按照学生的认知水平对图尔敏的论辩模型[1]简化后提出的一个用于中小学阶段科学解释培养的框架。该框架指出，建构的科学解释应包含三个要素：论断、证据和推理，一个好的解释需基于恰当且充分的证据，并通过推理将证据和论断联系起来[2]。根据该框架的定义：论断是回答原始问题的断言或结论，证据是支持论断的科学资料，推理表明使我们相信证据支持论断的逻辑[2]。

图 4-1 CER 框架

根据此框架，桑多瓦（Sandoval）、科瑞柴克、桑格等学者领导的团队对中小学科学课堂中，学生的科学解释进行了观察和分析。在高中教育阶段，桑多瓦将此框架视作认识论工具（epistemological tool），观察高中生在此工具的辅助下，建构关于演化和自然选择的科学解释的过程。他们发现，学生在努力为观察到的数据寻求合理的因果解释，而且特别关注因果之间的连贯性及其与自然选择理论的一致性。然而，学生往往不能明确地引用数据来支持关键论断。导致这一现象发生的原因，既是由于诠释数据的困难，也是因为学生没有认识到明确的证据对解释的重要意义[3]。当学生逐渐掌握了基于 CER 框架这类认识论工具的探究学习后，学生的表现有明显改善，不仅是建构的解释质量在提高，其认识论

[1] TOULMIN S E. The uses of argument [M] .Cambridge：Cambridge University Press，2003.

[2] MCNEILL K L，LIZOTTE D J，KRAJCIK J，et al. Supporting students' construction of scientific explanations by fading scaffolds in instructional materials [J] . Journal of the learning sciences，2006，15：153-191.

[3] SANDOVAL W A. Conceptual and epistemic aspects of students' scientific explanations [J] . Journal of the learning sciences，2003，12（1）：5-51.

水平也有所上升[1, 2]。

在初中教育阶段，麦克尼尔和科瑞柴克等研究了学生在初中化学学习过程中解释的表现与能力发展[3]。他们发现学生在建构科学解释时有如下困难：（1）学生不能理解什么算作证据，且常发生选择性偏误。学生不是根据证据，而是用个体经验和观点来下结论；学生不是基于自己掌握的资料，而是用其他的知识和信念来解释现象。当资料与其现有理论知识不符时，学生倾向于忽视这些资料；当资料与其预期模式相符时，学生将更多地考虑这些资料。（2）学生不能使用合适的证据。学生往往不能提供足够的证据；学生面临较多的资料时，会产生选择困难；有的学生使用了探究所获得的资料，但其实这并不是合适的资料。（3）缺失科学推理过程或产生错误的推理。许多解释中没有推理过程，而是论断占主导伴随着零星的理由；许多解释中出现了论断和证据，但其中很大一部分的解释没有通过基于科学原理的推理，而直接将论断和证据相连；许多解释中的推理过程有逻辑错误或不完善；许多推理过程或运用的科学原理有误。

麦克尼尔等还关注了教师在科学解释上的专业发展及其对学生学业进展的影响[4]，关于学生对解释、论辩、证据等的认识也做了较为详细的实证调查，并对比了学生在不同的培养策略下的解释能力的发展情况。基于 CER 框架，桑格等还尝试建构了科学解释的学习进阶，并用于测评研究[5]。鉴于 CER 框架得到了很多研究者的初步认同，并得到了广泛应用，本研究也基于此框架，在多个主题内容中考查学生的科学解释表现，对学生的科学解释能力进行初步分析。

---

[1] SANDOVAL W A, REISER B J. Explanation-driven inquiry: integrating conceptual and epistemic scaffolds for scientific inquiry [J]. Science education, 2004, 88 (3): 345-372.

[2] SANDOVAL W A, MILLWOOD K A. The quality of students' use of evidence in written scientific explanations [J]. Cognition and instruction, 2005, 23 (1): 23-55.

[3] MCNEILL K L. Teachers' use of curriculum to support students in writing scientific arguments to explain phenomena [J]. Science education, 2009, 93 (2): 233-268.

[4] MCNEILL K L, LIZOTTE D J, KRAJCIK J, et al. Supporting students' construction of scientific explanations by fading scaffolds in instructional materials [J]. Journal of the learning sciences, 2006, 15: 153-191.

[5] GOTWALS A W, SONGER N B. Validity evidence for learning progression-based assessment items that fuse core disciplinary ideas and science practices [J]. Journal of research in science teaching, 2013, 50 (5): 597-626.

第二节　研究设计

在确立了理论框架后，实证研究依照“开发测试工具—预设分析方法—施测—数据分析”的研究路线开展。按此路线，先在现有研究的基础上开发题库，随后根据理论框架选择和确定数据分析方法。为更好地观察学生科学解释能力的发展，在不同水平学校的多个年级选取样本施测。随后对收集来的数据进行分析，初步了解学生科学解释能力的发展现状。

一、研究工具

本书中从多个主题内容对科学解释能力进行了考查。在多个主题内容中考查并不意味着我们在科学解释能力是“领域普适的能力”还是“领域依赖的能力”上选择了立场，而是为了更全面地反映学生科学解释能力发展的状况。此外，国外的研究发现，选择题不能充分反映学生的科学解释水平[1]。我们在预研究时也发现了类似问题，故我们开发了以简答题等开放性或半开放性试题为主的科学解释进阶测试（Scientific Explanation Progression Assessment，简称 SEPA）作为主要测量工具来检验进阶假设。

以其中一道试题来展示 SEPA 的设计，其他试题及相关指标请见附录 1 科学解释进阶测试。编号 SEPA01 的试题（图 4-2）在日常生活情境下，以物质和能量主题中的知识内容为基础，考查学生建构科学解释的能力。吃火锅是大多数学生都有过的生活经历，学生对题目中的“鸳鸯火锅”应该也不陌生。原始问题情境中可能的影响因素有很多，其因果关系也远比题目设计的复杂。但为了考查的指向性，试题对原始问题情境进行了简化，将现象的产生原因归结为能量耗散的差异，并据此加入了一些限定条

[1] GOTWALS A W，SONGER N B，BULLARD L. Assessing students' progressing abilities to construct scientific explanations [M] //ALONZO A C，GOTWALS A W. Learning progressions in science. Rotterdam：Sense Publishers，2012：183-210.

件（初温相同、火焰相同、红汤有油层而清汤没有、汤内其他成分相同等[1]）。简化后，试题考查的核心知识为能量的转移和转化。进一步解构所需的知识基础，学生是否知道蒸发吸热、蒸发发生在液体表面等都对其能否成功建构解释有影响。除知识基础外，研究更关注的是学生在此问题情境中展现出来的解释能力：学生能不能认识待解释的现象，据此提取相应的证据并进行推理，建构合理的解释。

"鸳鸯火锅"用金属片将锅的内部空间隔成相等的两部分，一边放"清汤"，一边放"红汤"。清汤和红汤的质量、主要成分及初温基本相同，但红汤一侧液面有一层麻辣风味的油，而清汤一侧液面没有油层。在沸腾后，人们根据喜好把食物放入不同的汤料中煮食。小阳同学注意到当使用这种"鸳鸯火锅"吃东西时，总是红汤一侧先沸腾。最初，小阳认为这是由于红汤一侧的火更大些，但观察发现，两边的火焰相同。请解释为什么总是红汤一侧先沸腾。

答：____

____

____

图 4-2 试题 SEPA01 的情境和问题

在考查学生的解释能力时，国外的研究团队在试题形式上有新的发展。例如，测评学生在生态学主题下建构解释的能力时，桑格团队使用了框架辅助简答题[2, 3]。即在设定好问题情境后，提示并要求学生按解释的要素分项回答问题，建构最终的解释。但是桑格团队在施测这样的

[1] 实际上，某些新式火锅清汤上面也会有油层，而且两种汤内的成分也不尽相同。不过，访谈发现，教师对题目中的简化设定没有异议，学生也能够较好地理解题意。

[2] SONGER N B, KELCEY B, GOTWALS A W. How and when does complex reasoning occur? Empirically driven development of a learning progression focused on complex reasoning about biodiversity [J]. Journal of research in science teaching, 2009, 46 (6): 610-631.

[3] GOTWALS A W, SONGER N B, BULLARD L. Assessing students' progressing abilities to construct scientific explanations [M] //ALONZO A C, GOTWALS A W. Learning progressions in science. Rotterdam: Sense Publishers, 2012: 183-210.

试题前，已经在当地的学校推广了配套的课程和教学，学生已经了解并适应这种试题类型的结构和提示语。而考虑到我们的学生并没有受过相关训练，可能并不能理解框架的提示，所以最终采用了传统的简答题形式进行考查。

二、被试及测试安排

研究团队在J市D区和T区按学校水平（市级示范校、区级示范校、普通校）分层随机抽取了4550名八至十二年级的学生作为测试对象。D区经济发展水平位于J市前列（按人均GDP排列），教育水平（按历年中考、高考成绩估算）处于J市的较高水平。T区经济发展水平位于J市中游，教育水平也处于J市中游。在两区考务系统的支持下，学校层次覆盖、参测班级选择等都基本符合分层随机抽样的要求，样本来源有较好的覆盖性和代表性。其中被试女生2254名，占总人数的49.5%，被试男生2234名，占总人数的49.1%（62名学生未填写性别）。

由于计划采用质性分析为主的研究手段，考虑到质性分析的深入性与代表性的平衡问题，并参考已有相关研究的样本量大小[1, 2]，在取得研究数据后，从每个子样本群体中（每道题每个年级为一个子样本群体）进行了随机抽样。每个子样本群体随机抽样30个，这样总共对12道试题780个样本进行了分析。

三、数据分析方法

对言语表现的研究，质性分析是常用的研究方法之一[3]。本轮研究也先采用这种方法对科学解释的进阶假设做尝试性检验。质性分析包含多种研究方法，有学者将质性分析分为四种模式：准统计分析模式（Quasi-Statistical Analysis Style）、模板分析模式（Template Analysis

[1] MCNEILL K L. Teachers' use of curriculum to support students in writing scientific arguments to explain phenomena [J]. Science education, 2009, 93 (2): 233-268.
[2] SONGER N B, GOTWALS A W. Guiding explanation construction by children at the entry points of learning progressions [J]. Journal of research in science teaching, 2012, 49 (2): 141-165.
[3] HATCH J A. Doing qualitative research in education settings [M]. New York: SUNY Press, 2002.

Style）、编辑分析模式（Editing Analysis Style）、融入/结晶分析模式（Immersion/Crystallization Analysis Style）[1]。这四种模式根据预设理论由强到弱等因素对质性研究进行了初步分类。其中，准统计分析模式适用于有结构性较强的理论预设，且研究对象有一定的知识积累，研究目的在于检验或应用理论的研究[2]。而本研究中，CER 框架给予了一个较强的预设理论，故结合本研究的研究目的，基本遵循了准统计分析的研究模式（图 4-3）。

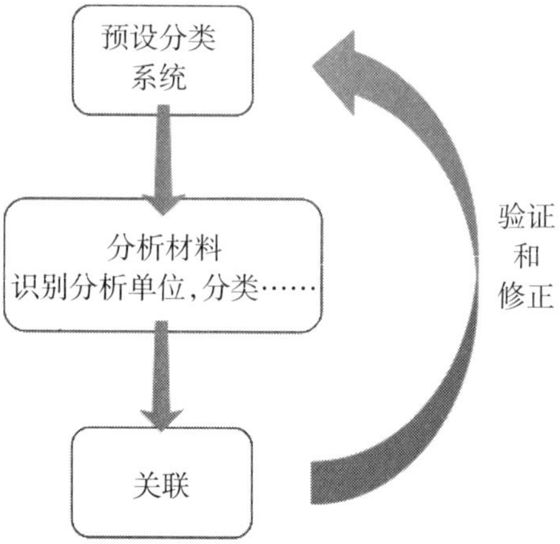

图 4-3 准统计分析的研究模式

按照此模式，研究流程分为以下主要步骤。首先预设分类系统；然后据此对材料进行整理和分析，包括识别分析单位，将材料归类分级等；最后尝试建立材料间、材料和预设系统间的关联，对预设的分类系统进行验证和修正。

（一）预设分类系统

"预设分类系统"即根据所探测的心理构造确定结果空间[2]。本研究以科学解释的 CER 框架作为分类依据，对学生的可能表现预设分类，作

[1] CRABTREE B F，MILLER W L. Doing qualitative research in primary care：multiple strategies [M]. 2nd ed. Thousand Oaks，CA：Sage Publications，1999.

[2] WILSON M. Measuring progressions：assessment structures underlying a learning progression [J]. Journal of research in science teaching，2009，46（6）：716–730.

为结果空间[1,2]。结果空间包括理想作答预设和其他实际作答预设两部分，理想作答预设即常规测试中的“标准答案”，其他实际作答预设为对未能达到理想水平的被试的各种表现情况的估计[3]。

仍以编号 SEPA01 的试题为例分析结果空间的确定。表 4-1 展示了整体解释和按 CER 框架的分要素的理想作答预设。待解释的现象是红汤一侧先沸腾。除此之外还需注意到两条证据：红汤液面上有一层油，清汤没有；其他条件（质量、初温和成分）基本相同。所需进行的推理：系统吸收一定量的能量才能沸腾，而系统内能的改变等于传入的能量减去耗散的能量。在此情境中除了锅体散热外还有水蒸发吸热，而红汤液面上的油能阻碍水蒸发从而减少蒸发所带走的热量，所以相比之下，红汤热量耗散少，先沸腾。

表4-1　理想作答预设

—	理想作答表现
解释示例	因为红汤液面上有一层油，这层油阻碍水蒸发从而减少了热量耗散，所以当其他条件（质量、初温和成分）基本相同，且火焰也相同时（传入的热量相同），红汤热量耗散少，先沸腾
证据	（1）红汤液面上有一层油，清汤没有； （2）其他条件（质量、初温和成分）基本相同
推理	系统内能的改变等于传入的能量减去耗散的能量。在此情境中除了锅体散热外还有水蒸发吸热，而红汤液面上的油能阻碍水蒸发从而减少蒸发所带走的热量，所以相比之下，红汤热量耗散少，先沸腾
论断	题设已经给出

实际作答预设应根据 CER 框架的初级水平确定。因为题设已经将论断作为问题给出，所以差异在于：在证据要素上，学生能否在题干中获取“红汤液面上有一层油，清汤没有”和“其他条件（质量、初温和成分）基本相同”这两个证据；在推理要素上，学生有可能没有建立起现象中

[1] MCNEILL K L. Teachers' use of curriculum to support students in writing scientific arguments to explain phenomena [J]. science education，2009，93（2）：233-268.

[2] SONGER N B，GOTWALS A W. Guiding explanation construction by children at the entry points of learning progressions [J]. Journal of research in science teaching，2012，49（2）：141-165.

[3] WILSON M. Measuring progressions：assessment structures underlying a learning progression [J]. Journal of research in science teaching，2009，46（6）：716-730.

的关键变量与相应科学理论的联系，根据经验想当然地选择了其他科学理论来建构解释，也有的学生选择对了相应理论，但基于此理论进行推理时思维过程不准确（表 4–2）。

表4–2 实际作答预设

—	典型问题表现
整体解释	（1）没能建构油层变量与能量耗散间的联系； （2）仅从比热容的角度来解释现象； （3）其他错误的解释
资料	（1）缺失表4–1中的证据（1）； （2）缺失表4–1中的证据（2）； （3）两者都缺失
推理	（1）根据经验或错误证据选择了其他的原理； （2）选择了合适的原理但对原理的理解和应用不正确； （3）忽视存在多个变量（如只考虑了吸热因素）

（二）分析作答表现——识别分析单位

本研究中，既要按传统的评价方法对整体解释作答进行分析，也要按 CER 框架分要素地分析学生的解释表现。分要素的作答表现的分析始于识别分析单位。仍以鸳鸯火锅这道题为例来阐述分析单位的识别过程。本题中，论断要素已经在题设中给出，所以不需要学生再做讨论。先分析一份较为完整的作答，图 4–4 是编号为 03011411172 的学生作答。证据要素方面，该学生注意到了“红汤一侧上有一层油”“而水却与另一侧同样吸热”这两项资料。推理要素方面，该学生选择了能量耗散并基于此作解释，“……水吸热后，热传递再放热到空气中”“由此，油便减缓了水之后的放热”，并在推理时有意识地考虑了其他变量“而水却与另一侧同样吸热”。由上，可以识别该学生在这道题的解释表现的各要素。

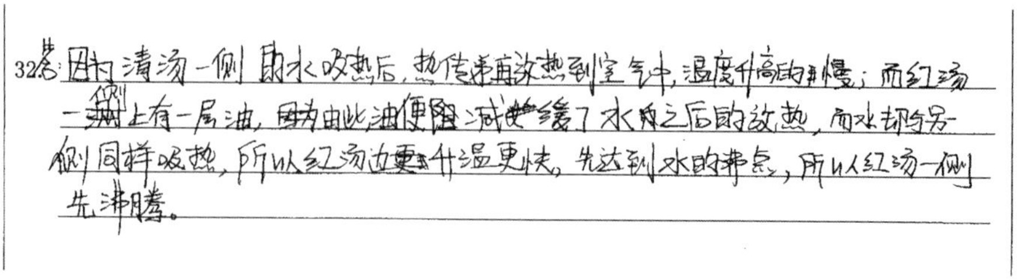
32答 因为清汤一侧 由水吸热后，热传递再放热到空气中，温度升高的相慢；而红汤一侧上有一层油，由此油便减缓了水之后的放热，而水却与另一侧同样吸热，所以红汤升温更快，先达到水的沸点，所以红汤一侧先沸腾。

图 4–4 学生作答示例一

（三）分析作答表现——归类分级

根据之前对科学解释的测量研究，可初步将整体解释和各要素的表现分为基本正确、缺陷（错误）和缺失三类[1, 2]。以图 4-4 的学生作答为第一个例子，该作答整体解释属于“基本正确”一类。分要素来看，该学生作答中各要素齐全，也达到了“基本正确”的水平。

再分析图 4-5 中编号为 02911405241 的学生作答，可以发现该学生证据选择是正确的，但这名学生选择了错误的科学原理来进行推理和解释。该作答整体解释属于“缺陷”一类。分要素来看，其证据属于“基本正确”一类，推理属于“缺陷”一类。

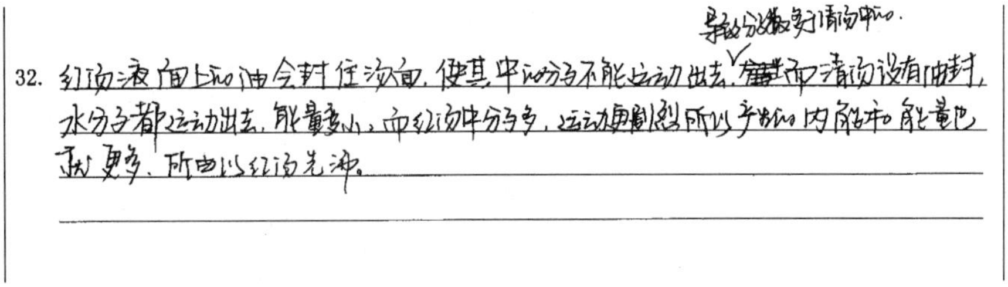

图 4-5　学生作答示例二

再分析图 4-6 中编号为 00711503112 的学生作答，这份答案中对证据的提取不恰当，没有关注到与建构解释相关的资料，仅提取了一些无关特征（辣），也没有进行真正的科学推理。综合分析，这份答案证据属于“错误”一类，推理属于“缺失”一类，整体解释属于“错误”一类。

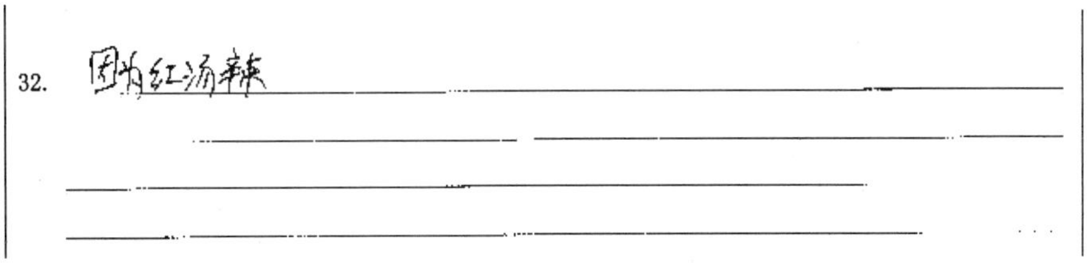

图 4-6　学生作答示例三

以上的三个例子说明了此轮研究中归类分级的方式。其他题目的学生作答情况也都按上述类别和归类分级方式进行分析。

---

[1] MCNEILL K L. Teachers’ use of curriculum to support students in writing scientific arguments to explain phenomena [J]. Science education，2009，93（2）：233–268.

[2] SONGER N B，GOTWALS A W. Guiding explanation construction by children at the entry points of learning progressions [J]. Journal of research in science teaching，2012，49（2）：141–165.

（四）分析作答表现——整理归纳

根据上述数据获取和分析方法，先对各道题所抽取的学生作答进行逐一分析，然后进行初步的统计归纳。仍以鸳鸯火锅这道题为例介绍所使用的具体方法。在八年级和九年级各随机抽取了 30 名学生作答该试题。其中八年级有 9 名学生未作答，占该年级样本的 30.00%（9/30），九年级有 4 名学生未作答，占该年级样本的 13.33%（4/30）。八年级有 2 名学生的作答可归为“可接受解释”，占作答人数的 9.52%（2/21），九年级有 6 名学生的作答可归为“可接受解释”，占作答人数的 23.08%（6/26）。其他要素的作答情况比例也同上求得，所有数据汇总于表 4-3。

表4-3 试题SEPA01作答归类

—	可接受解释	无证据	无推理	证据缺陷	推理缺陷	未作答
八年级	9.52%	23.81%	9.52%	9.52%	76.19%	30.00%
九年级	23.08%	30.77%	3.85%	0.00%	69.23%	13.33%
总计	17.02%	27.66%	6.38%	4.26%	72.34%	21.67%

第三节　结果与启示

依照上一小节介绍的数据获取和分析方法，对各道题所抽取的学生作答情况进行了定性分析和初步统计整理。根据统计结果，分析学生的科学解释能力现状，并讨论此轮研究对后续研究的启示。

一、数据分析结果

限于篇幅，这里仅列举最终定量统计的结果并做简要描述。

（一）SEPA01鸳鸯火锅

SEPA01 鸳鸯火锅这道题的作答情况如上一小节的表 4–3 所示。整体来看，九年级学生建构起"可接受解释"的比例高于八年级学生。分要素来看，九年级学生在推理要素和证据要素上的表现也优于八年级学生。

（二）SEPA02a山中小车水平路段

SEPA02a 山中小车水平路段这道题的作答情况如表 4–4 所示。整体来看，九年级学生建构起"可接受解释"的比例明显高于八年级学生。分要素来看，在推理要素上，九年级学生的表现优于八年级学生，大部分九年级学生能开展推理而且推理正确的比例也高于八年级学生；在证据要素上，总的来看九年级的样本比八年级的样本表现好（"无证据"+"证据缺陷"的总和更小），但是不调用证据（无证据）的学生比例在九年级却更高。

表4–4　试题SEPA02a作答归类

—	可接受解释	无证据	无推理	论断缺陷	证据缺陷	推理缺陷	未作答
八年级	7.14%	32.14%	28.57%	78.57%	14.29%	64.29%	7.14%
九年级	43.33%	36.67%	10.00%	43.33%	0.00%	36.67%	0.00%
总计	25.86%	34.48%	18.97%	60.34%	6.90%	50.00%	3.45%

（三）SEPA02b山中小车下坡路段

SEPA02b 山中小车下坡路段这道题的作答情况如表 4–5 所示。整体来看，九年级学生建构起"可接受解释"的比例明显高于八年级学生。

分要素来看，在推理要素上，九年级学生的表现优于八年级学生，大部分九年级学生能开展推理而且推理正确的比例也高于八年级学生；在证据要素上，总的来看九年级的样本比八年级的样本表现好（“无证据”+“证据缺陷”的总和更小），但是不调用证据的学生比例在九年级却更高。

表4-5 试题SEPA02b作答归类

—	可接受解释	无证据	无推理	论断缺陷	证据缺陷	推理缺陷	未作答
八年级	7.14%	28.57%	17.86%	42.86%	28.57%	75.00%	7.14%
九年级	50.00%	33.33%	10.00%	43.33%	0.00%	33.33%	0.00%
总计	29.31%	31.03%	13.79%	43.10%	13.79%	53.45%	3.45%

（四）SEPA03太空巨石

SEPA03太空巨石这道题的作答情况如表4-6所示。整体来看，三个年级建构起“可接受解释”的比例随年级升高，不过八年级和十年级的学生表现都不太理想。分要素来看，推理要素和论断要素的表现都随年级提升；在证据要素上，总的来看十二年级的样本比八年级和十年级的样本表现好（“无证据”+“证据缺陷”的总和更小），但不调用证据的比例也在随年级升高而增加。

表4-6 试题SEPA03作答归类

—	可接受解释	无论断	无证据	无推理	论断缺陷	证据缺陷	推理缺陷	未作答
八年级	3.57%	0.00%	35.71%	3.57%	89.29%	35.71%	85.71%	6.67%
十年级	9.09%	4.55%	50.00%	27.27%	72.73%	27.27%	63.64%	26.67%
十二年级	30.43%	0.00%	52.17%	30.43%	60.87%	8.70%	43.48%	23.33%
总计	13.70%	1.37%	45.21%	19.18%	75.34%	24.66%	65.75%	23.29%

（五）SEPA04再沸腾

SEPA04再沸腾这道题的作答情况如表4-7所示。整体来看，虽然十一年级能给出较合理解释的学生比例只是略高于八年级的，但其实八年级有超过1/3的学生没有作答，即能给出较合理解释的学生在绝对数量上，十一年级高于八年级。分要素来看，在证据要素上，总的来看十一年级的样本比八年级的样本表现好（“无证据”+“证据缺陷”的总和更小），但是不调用证据的学生比例在十一年级却更高；十一年级学生在推理要素的表现略好于八年级学生。

表4-7 试题SEPA04作答归类

—	可接受解释	无证据	无推理	证据缺陷	推理缺陷	未作答
八年级	31.58%	47.37%	0.00%	36.84%	68.42%	36.67%
十一年级	34.48%	58.62%	6.90%	0.00%	51.72%	3.33%
总计	33.33%	54.17%	4.17%	14.58%	58.33%	20.00%

（六）SEPA05a爆米花

SEPA05a 爆米花这道题的作答情况如表 4-8 所示。整体来看，能给出较合理解释的学生比例十一年级略高。分要素来看，在证据要素上，十年级的学生尝试调用证据的比例较高，但错误调用证据的比例也较高；在推理要素上，十一年级学生的表现略好于十年级学生。

表4-8 试题SEPA05a作答归类

—	可接受解释	无证据	无推理	证据缺陷	推理缺陷	未作答
十年级	35.00%	30.00%	0.00%	25.00%	65.00%	33.33%
十一年级	45.45%	54.55%	0.00%	18.18%	54.55%	26.67%
总计	40.48%	42.86%	0.00%	21.43%	57.14%	30.00%

（七）SEPA05b爆米花

SEPA05b 爆米花这道题的作答情况如表 4-9 所示。整体来看，能给出较合理解释的学生比例两个年级差异不大。所有学生都尝试给出了论断，能得出正确论断的比例，两个年级也差不多。分要素来看，在推理要素上，两个年级的学生表现也相差不大；在证据要素上，九年级的学生尝试调用证据的比例更高，但调用错误证据的比例也更高。

表4-9 试题SEPA05b作答归类

—	可接受解释	无论断	无证据	无推理	论断缺陷	证据缺陷	推理缺陷	未作答
九年级	23.81%	0.00%	61.90%	28.57%	57.14%	28.57%	42.86%	30.00%
十年级	25.93%	0.00%	74.07%	29.63%	62.96%	14.81%	44.44%	10.00%
总计	25.00%	0.00%	68.75%	29.17%	60.42%	20.83%	45.83%	20.00%

（八）SEPA06海水降温

SEPA06 海水降温这道题的作答情况如表 4-10 所示。整体来看，两个年级的作答表现都不理想。分要素来看，近 90% 的十一年级学生和超过一半的十年级学生能给出正确论断，可是两个年级能进行推理并建构合理解释的学生比例很低。

表4-10 试题SEPA06作答归类

—	可接受解释	无论断	无推理	论断缺陷	推理缺陷	未作答
十年级	0.00%	0.00%	26.67%	33.33%	73.33%	50.00%
十一年级	11.11%	0.00%	55.56%	11.11%	37.04%	10.00%
总计	6.06%	0.00%	45.45%	18.18%	50.00%	26.67%

（九）SEPA07气球上升

SEPA07 气球上升这道题的作答情况如表 4-11 所示。整体来看，能给出较合理解释学生的比例十一年级略高。分要素来看，十一年级能给出正确论断的比例高于十年级；在证据要素上，十年级的学生尝试去调用证据的比例较高，但错误调用证据的比例也较高；在推理要素上，十一年级学生的表现略优于十年级学生。

表4-11 试题SEPA07作答归类

—	可接受解释	无论断	无证据	无推理	论断缺陷	证据缺陷	推理缺陷	未作答
十年级	21.74%	8.70%	43.48%	34.78%	26.09%	26.69%	43.48%	23.33%
十一年级	33.33%	7.41%	51.85%	22.22%	7.41%	18.52%	37.04%	10.00%
总计	28.00%	8.00%	48.00%	28.00%	16.00%	22.00%	40.00%	11.11%

（十）SEPA08墨水扩散

SEPA08 墨水扩散这道题的作答情况如表 4-12 所示。整体来看，三个年级建构起“可接受解释”的比例随年级升高。分要素来看，在证据要素上，三个年级表现都不错，大部分学生都正确地识别了证据；在推理要素上，十二年级学生的表现好于其他两个年级学生，具体差异主要在于十二年级学生推理错误的比例较其他年级低。

表4-12 试题SEPA08作答归类

—	可接受解释	无证据	无推理	证据缺陷	推理缺陷	未作答
十年级	65.00%	15.00%	0.00%	0.00%	35.00%	33.33%
十一年级	65.52%	17.24%	6.90%	3.45%	27.59%	3.33%
十二年级	80.77%	11.54%	0.00%	0.00%	15.38%	13.33%
总计	70.67%	14.67%	2.67%	1.33%	25.33%	16.67%

（十一）SEPA09轮胎打气

SEPA09 轮胎打气这道题的作答情况如表 4-13 所示。整体来看，十二年级学生建构起“可接受解释”的比例明显高于十年级学生。分要素来看，在证据要素上，十二年级的学生比十年级的学生表现得略好；在推理要素上，十二年级学生的表现优于十年级学生。在对此题建构解释时，十二年级学生都有进行推理的意识，而且推理正确的比例也高于十年级学生。

表4-13　试题SEPA09作答归类

—	可接受解释	无证据	无推理	证据缺陷	推理缺陷	未作答
十年级	3.57%	82.14%	7.14%	0.00%	89.29%	6.67%
十二年级	23.33%	73.33%	0.00%	0.00%	73.33%	0.00%
总计	13.79%	77.59%	3.45%	0.00%	81.03%	3.33%

（十二）SEPA10磁铁下落

SEPA10 磁铁下落这道题的作答情况如表 4-14 所示。整体来看，十二年级学生建构起“可接受解释”的比例高于十一年级学生。分要素来看，十二年级学生在论断要素的表现整体上优于十一年级学生（“无论断 + 论断缺陷”比例更小）；十二年级学生在推理要素的表现略优于十一年级学生；然而在证据要素上，十二年级学生的表现却不如十一年级学生的表现好。

表4-14　试题SEPA10 作答分类

—	可接受解释	无论断	无证据	无推理	论断缺陷	证据缺陷	推理缺陷	未作答
十一年级	5.00%	20.00%	40.00%	50.00%	35.00%	5.00%	45.00%	50.00%
十二年级	15.38%	15.38%	65.38%	42.31%	3.85%	0.00%	42.31%	15.38%
总计	10.87%	17.39%	54.35%	45.65%	17.39%	2.17%	43.48%	30.43%

二、讨论与启示

从前面的数据分析结果可以看到，学生的解释表现是相当复杂的。

学生的解释表现与问题情境、考察内容、受教育时间等多方面都有关[1]。为了研究学生的解释表现随受教育时间的变化，编排试题时有意识地让每道试题，都有两个或更多的年级的被试学生来作答。由此，可以初步观察学生的解释表现与时间变量的关系。

（一）对整体解释正确率变化的分析与讨论

从整体解释来看，如果以比例相差超过 10% 为有较明显差异的标准，学生在大部分试题（8 道）上的表现都是随年级在提升的。剩余的 2 道题中，高年级学生表现也比低年级好，不过差异不太明显。如果比较能给出较好解释的绝对人数，这一变化的趋势会更加明显[2]。即对解释表现从整体上的分析显示，学生建构科学解释能力随年级在上升，这种随年级的变化趋势与桑格团队在底特律的研究结果相同[3]。如果对这种变化做更进一步的论断，可认为学生建构科学解释能力随着受教育时间的增长而增强，这一结果与之前两个研究团队的结果也是一致的[4, 5]。

（二）对各要素正确率变化的分析与讨论

分析了整体解释随年级的变化趋势后，接着分析各要素随年级的变化趋势，并讨论整体解释的变化与各要素的变化的关系。仍以 10% 作为有较明显差异的标准。在论断要素上，高年级学生在 70% 的试题上表现更好，在其余试题上与低年级学生差异不大；在证据要素上，高年级学生在 55% 的试题上表现更好，在其余试题上与低年级学生差异不大；在

[1] 限于研究重点和研究成本，在进行试题开发时没有对问题情境和考察内容这两方面进行有针对性的研究设计，所以数量有限的试题在问题情境和考察内容这两方面不具有足够的代表性，故本书不再对这两方面做进一步讨论。

[2] 比例计算时排除了未作答的学生，而低年级的学生未作答的人数基本上都高于高年级（桑格团队的研究中也发现了这一现象，见Songer & Gotwals，2012）。本研究进行讨论时主要依据相对比例，因为未作答的原因可能是多样的。但是，其中的重要原因之一是学生不会作答，我们巡考时，在学生交卷后与学生交流，几位学生也都表示“对于有些题目，完全不知道如何下手”。如果这样，随年级的变化情况有可能比文中反映的更显著。

[3] SONGER N B，GOTWALS A W. Guiding explanation construction by children at the entry points of learning progressions［J］. Journal of research in science teaching，2012，49（2）：141-165.

[4] MCNEILL K L，LIZOTTE D J，KRAJCIK J，et al. Supporting students’ construction of scientific explanations by fading scaffolds in instructional materials［J］. Journal of the learning sciences，2006，15（2）：153-191.

[5] SONGER N B，KELCEY B，GOTWALS A W. How and when does complex reasoning occur? Empirically driven development of a learning progression focused on complex reasoning about biodiversity［J］. Journal of research in science teaching，2009，46（6）：610-631.

推理要素上，高年级学生在67%的试题上表现更好，在其余试题上与低年级学生差异不大。

综合考量前面整体分析的结果和这里分要素分析的结果可以发现，学生解释能力整体上的表现提升和学生在各要素上的表现提升是一致的。做进一步推断，学生在各个要素上的表现水平的进步是使学生解释能力整体上提升的重要原因。

（三）对解释中语言结构完善性的分析与讨论

桑格等的研究中将科学解释的语言结构完善性作为整体科学解释进步的重要因素。她们的学生在经历科学解释的教学后，所建构的解释的语言结构越发完善，且依论断、证据、推理的次序变化。反映在数据上，即随着年级升高，要素缺失的比例会降低[1]，在同一道试题中，总是论断的缺失比例最低，证据的其次，推理的缺失比例最高。为检验此假设，比较每道试题上各要素的缺失比例，并考查要素缺失比例随年级的变化。

比较所有试题上各要素的缺失比例，都是证据要素缺失比例最高，推理要素其次，论断要素最低。接下来分析各要素的缺失比例随年级的变化。在证据要素上，共有11道题涉及了证据要素的提取。如果仍以比例相差超过10%为有较明显差异的标准，在其中6道题上，高年级学生和低年级学生差异不大，在其余5道题上高年级学生不调用证据的比例高于低年级学生。12道试题都涉及推理要素。仍以比例相差超过10%为有较明显差异的标准，在8道题上，高年级学生和低年级学生差异不大，在其余4道题中，有2道题高年级学生缺失推理要素的比例低于低年级学生，另2道题高年级学生缺失推理要素的比例高于低年级学生。

上述分析结果显示：（1）证据要素缺失比例最高，推理要素缺失比例其次，论断要素缺失比例最低。（2）随着年级升高，要素缺失的比例并没有降低，甚至在证据要素上反而是低年级的学生表现得更好。与已有研究比较，此研究结果与桑格团队的研究结果不同，在她们2012年的研究中，要素缺失的情况在高年级的比例比低年级低。但与桑多瓦研究

[1] SONGER N B，GOTWALS A W. Guiding explanation construction by children at the entry points of learning progressions［J］. Journal of research in science teaching，2012，49（2）：141-165.

发现的高年级学生在科学解释时的证据要素上表现不佳一致[1]。在比较这几项研究的结果时，有三点值得注意：（1）桑格团队2012年的研究是教学干预下的变化研究，其年级间的变化受到了基于CER框架辅助的解释教学的干预影响。而我们的研究是对传统的解释教学结果的直接描述。（2）桑格团队2012年的研究的测试题中含有对各要素的答题提示，我们的测试题是传统的开放式简答题。（3）高年级学生理论知识水平更强，他们有时会进行纯理论的"解释"。

对比本研究的结果与国外研究的结果发现：在我国当前的科学解释培养模式下，学生在科学解释中纳入某些要素的意识并没有随着受传统的科学解释培养时间的增长而变强，而且在证据要素上，高年级学生依据证据做解释的意识更弱。各要素缺失的比例对比显示，证据要素缺失比例最高，推理要素缺失比例其次，论断要素缺失比例最低。

（四）对各要素难度的比较与讨论

国外的研究发现，学生建构各要素的难度是不相同的，建构推理要素难于证据要素，证据要素又难于论断要素[2, 3]。为检验此假设，比较解释中包含各要素的比例。

比较推理要素和证据要素，在同时涉及这两个要素的11道题中，6道题合理调用证据（即排除无证据、证据缺陷的作答）的学生比例高于进行合理推理（即排除无推理、推理缺陷的作答）的学生比例，其余5道题两者相差不大。比较论断要素和证据要素，在同时涉及这两个要素的6道题中，4道题给出正确论断的学生比例高于合理调用证据的学生比例，其余2道题差异不明显。比较论断要素和推理要素，在同时涉及这两个要素的7道题中，6道题给出正确论断的学生比例高于进行合理推理的学生比例，其余1道题差异不明显。在比较中还发现，学生在各要素上的表现之间存在一定的相关性，即如果学生在某道题的解释表现不佳

[1] SANDOVAL W A. Conceptual and epistemic aspects of students' scientific explanations [J]. The journal of the learning sciences，2003，12（1）：5–51.

[2] MCNEILL K L. Teachers' use of curriculum to support students in writing scientific arguments to explain phenomena [J]. Science education，2009，93（2）：233–268.

[3] SONGER N B，GOTWALS A W. Guiding explanation construction by children at the entry points of learning progressions [J]. Journal of research in science teaching，2012，49（2）：141–165.

时，各要素的正确比例都会比较低，而如果学生在某道题上的解释比较好时，各要素的正确比例都会比较高。

上述分析结果显示：在建构科学解释时，三个要素的表现存在一定的相关性。虽然相关，但在推理要素上的难度仍高于证据要素和论断要素，而证据要素又比论断要素要困难。这种要素间的难度差异与国外两个团队的研究结果一致[1, 2]。而且，麦克尼尔团队的研究在化学教育情境中，桑格团队的研究在生物教育情境中，我们的研究在物理教育情境中，三个教育情境出现了相同的研究结果，从而更加验证了结论的普遍性。

（五）对后续研究的启示

上述研究结果反映，我国学生随年级升高科学解释能力有所发展，不过在语言结构上的变化不大（各要素缺失情况无显著提升），主要的发展在解释的内容水平上（各要素的正确率有较显著提升）。这表明，除了桑格团队提出的语言结构的完善这一进阶变量外，在各要素的表现水平上的提升也是影响科学解释能力发展的重要因素。从而支持了理论探讨中提出的科学解释学习进阶的二维模型。

除了整体的趋势外，我们还关注到各要素在每道试题上的正确率是有高有低的，据此认为每道题有可能考查了各要素的不同水平，而这些要素水平的不同要求导致了学生回答时的难度不同，反映在卷面上就是上文观察到的正确率的差异。所以在后续研究中将进一步划分各要素的表现层级，从而更好地刻画科学解释学习进阶的要素水平维度。特别是对于推理要素，其在三个要素中正确率最低，而目前对此要素表现的解析还很不充分。对于语言结构完善这一维度，此轮研究的缺失率参数没有支持桑格等提出的进阶假设。所以是否要依据“论断—证据—推理”的逐要素增加的进阶方式，还需要在建构进阶假设时加以考虑。

对于数据分析方法，此轮研究借鉴了国外研究的分要素评分方式并验证了其可行性。试题是评价所需的“量尺”，本研究为适切样本学生的

[1] MCNEILL K L. Teachers' use of curriculum to support students in writing scientific arguments to explain phenomena [J]. Science education, 2009, 93 (2): 233-268.

[2] SONGER N B, GOTWALS A W. Guiding explanation construction by children at the entry points of learning progressions [J]. Journal of research in science teaching, 2012, 49 (2): 141-165.

答题经验，采用了比较传统的量尺——开放式简答题。但此轮研究发现，在不改变量尺的情况下，依据系统的质性分析方法，通过对测量结果的读取和分析的改进，也能对学生的解释表现进行细致描述。然而由于经典测量模型的局限，此轮研究中每道题的作答结果不能放在一起进行比较。好在试题开发和施测时已经考虑到应用项目反应理论的条件，这样可以在后续的研究中使用基于 Rasch 模型的分析更系统的进阶分析。

第五章 科学解释的学习进阶

本章通过理论探讨和实证检验，逐步建构科学解释的学习进阶。通过理论探讨，提出“面向科学解释培养的PTDR框架”。基于此框架，建构科学解释的进阶假设，进行实证检验。根据理论探讨和实证检验的结果，最终提出科学解释的学习进阶。

第一节　理论探讨

在本书前几章中，除了综述学习进阶研究的一般范式外，面向科学解释的学习进阶研究，还分别综述了科学教育领域和科学哲学领域有关科学解释的研究。根据上述研究，本节先进行理论探讨，分析科学解释培养框架的改进思路，逐步厘定科学解释的概念本体并提出科学解释的进阶模式。

一、CER框架的“两朵乌云”

自牛津大学的所罗门（Solomon）教授反思传统教学在解释能力培养上的缺失[1]至今，科学教育界努力对此问题做出回应并取得了进步。在CER框架辅助下的显化教学初步指明了科学解释这种高级思维言语能力的培养机制。通过引介哲学家图尔敏的模型，对科学解释的概念解构初现端倪。面对CER框架即将一统科学解释培养研究的局面，有的科学教育研究者感到：在21世纪初，科学解释的培养体系已经建成。然而，犹如20世纪初，经典物理学大厦建成之际出现了“两朵乌云”，2011年的权威期刊《科学教育》（*Science Education*）上的两篇理论文章所提出的问题也为CER框架的统一带来了阻碍[2, 3]。在此，提出基于CER框架开展科学解释培养的“两朵乌云”，借此引出后续研究的改进思路。

（一）科学解释的概念本体

第一朵乌云起源于奥斯本等学者对CER框架所在的“解释即论辩”这一立场的质疑。奥斯本等在《科学教育》上发文质疑CER框架对解释和论辩的概念混淆[2]。追本溯源，CER框架由图尔敏的论辩模型简化而来，但在科学哲学领域，先于图尔敏的论辩模型，解释和论辩已在向各自的

[1] SOLOMON J. Children's explanations [J]. Oxford review of education，1986，12（1）：41-51.

[2] OSBORNE J，PATTERSON A. Scientific argument and explanation：a necessary distinction？[J]. Science education，2011，95（4）：627-638.

[3] BRAATEN M，WINDSCHITL M. Working toward a stronger conceptualization of scientific explanation for science education [J]. Science education，2011，95（4）：639-669.

逻辑框架演变[1, 2]。所以，CER 框架“基于论辩模式来解释”的立场是否站得住，需要在一定程度上引入科学哲学的理论来进行讨论。

（二）科学解释模型的精致化挑战

对科学解释模型的精致化是研究者需要回应的第二个问题（第二朵乌云）。最为明显的需求是各要素描述亟待进一步细化[3]。基于 CER 框架的学习进阶以各要素的有无作为重要的进阶变量。然而，解释的水平不仅取决于要素的有无,还取决于每个要素的表现水平。以推理要素为例，从较基础的归纳概括到较复杂的组合推理，应用的推理模式不同，所建构的解释水平也不同。再比如，基于单一的证据做出解释和综合几方面证据做出解释，解释的合理性也会有所差异。CER 框架的要素描述最突出的问题就是原框架中的推理要素过于笼统，没能继承从皮亚杰开始的几代学者在科学推理上的研究所取得的成就。这种培养框架的不明晰或许就是导致他们的学生一直反馈难以掌握推理要素的原因之一。

正如物理学的研究范式革新从对基本假定的重新审视开始，前面的章节引介了哲学中的科学解释模型，在此帮助下，探讨科学解释的概念本体和精致化路径。

二、厘定科学解释的概念本体

首先，尝试结合科学哲学和科学教育的研究，初步厘定科学解释的概念本体，为基础教育阶段的科学解释给出较清晰的概念界定，以回应第一朵乌云——“科学解释的概念本体”问题。从整个科学言语能力的显化培养开始谈起，列明两派观点及其主要论点，再基于科学哲学的理论进行研讨，最终提出基础教育阶段科学解释的定义。

（一）问题源起

对科学言语（包括科学描述、科学解释和科学论辩等）能力的显化

[1] HEMPEL C G，OPPENHEIM P. Studies in the logic of explanation [J]. Philosophy of science，1948，15（2）：135-175.

[2] TOULMIN S E. The uses of argument [M]. Cambridge：Cambridge University Press，2003.

[3] BRAATEN M，WINDSCHITL M. Working toward a stronger conceptualization of scientific explanation for science education [J]. Science education，2011，95（4）：639-669.

培养的系统研究始于20世纪末的英国。奥斯本和德瑞弗教授等将哲学家图尔敏的论辩模型引入了科学教育[1]，奠定了当前科学论辩的培养模式[2, 3]。随后，美国研究者跟进了这一领域，在继续研究科学论辩培养的同时，还将图尔敏的论辩模型（即CER框架）简化后，用于科学解释的显化培养[4, 5]。然而，奥斯本等对培养解释时使用论辩的框架是有疑虑的，他们认为解释与论辩不同，混用框架会导致解释和论辩的概念混淆[6]。由此，围绕"科学解释的概念本体"这一议题，在科学教育领域分成了"重新界定"（质疑CER框架用于解释培养一方）和"类比界定"（维护CER框架用于解释培养一方）两派。

（二）观点争鸣

由于科学解释在科学教育中的重要性和概念本体问题的根本性，本领域的权威期刊《科学教育》（*Science Education*）在96卷第5期上提供版面供两派进行讨论[7, 8]。在刊物上的论辩以及后续的讨论对此后的科学解释培养的理论建构和实践有着重要影响。所以这里结合文献研究和与两派学者的直接交流，列举双方的观点。讨论主要围绕以下三个方面：（1）哲学基础；（2）理论模型与儿童认知的适切；（3）理论模型与现有课程的衔接。

第一，在哲学基础方面，质疑一方指出：科学哲学的主流观点认为

[1] DRIVER R，NEWTON P，OSBORNE J. Establishing the norms of scientific argumentation in classrooms [J]. Science education，2000，84（3）：287-312.

[2] ERDURAN S，JIMÉNEZ-ALEIXANDRE M P. Argumentation in science education：perspectives from classroom-based research [M]. New York：Springer，2007.

[3] KHINE M S. Perspectives on scientific argumentation [M]. Heidelberg：Springer，2012.

[4] SANDOVAL W A. Conceptual and epistemic aspects of students' scientific explanations [J]. Journal of the learning sciences，2003，12（1）：5-51.

[5] MCNEILL K L，LIZOTTE D J，KRAJCIK J，et al. Supporting students' construction of scientific explanations by fading scaffolds in instructional materials [J]. Journal of the learning sciences，2006，15（2）：153-191.

[6] OSBORNE J，PATTERSON A. Scientific argument and explanation：a necessary distinction？ [J]. Science education，2011，95（4）：627-638.

[7] BERLAND L K，MCNEILL K L. For whom is argument and explanation a necessary distinction？ A response to Osborne and Patterson [J]. Science education，2012，96（5）：808-813.

[8] OSBORNE J，PATTERSON A. Authors' response to "For whom is argument and explanation a necessary distinction? A response to Osborne and Patterson" by Berland and McNeill [J]. Science education，2012，96（5）：814-817.

解释和论辩不同，而且超过半个世纪的哲学研究提供了严谨而丰富的科学解释的模型和理论以资借鉴。舍弃科学解释自身的理论模型去援引图尔敏的论辩模型，既有碍于概念的清晰性，又忽视了重要的研究基础。对这方面的质疑，CER 框架的支持者们是基本认可的[1]。

第二，关于理论模型与儿童认知的适切性。质疑一方认为，清晰的概念分析及相对应的培养策略能更好地帮助儿童建构起更明确的元认知图景，实现解释、论辩等能力的发展。然而，从 CER 框架支持一方的文章题目《对谁而言论辩和解释需明确区分？》就能看到，在适切性这一方面，支持 CER 框架的一方并不认可质疑者的观点。他们认为儿童并不能很好地区分论辩和解释，如果过分强调两者的差异，反而会给儿童的认知过程带来额外的负担[1]。

第三，关于理论模型与现有课程的衔接，在美国许多州原先的课程设计下，CER 框架与原有的教师培训具有较好的衔接性。例如，密歇根州传统的学区教师培训要求用因果关系联接证据与被解释的内容[2]。这样看来，CER 框架对现有体系是完善性的而不是颠覆性的。这有利于教师接受并用于教学实践，而且教学实验的结果表明，基于 CER 框架的教学效果好于传统教学[2, 3]。在当时，质疑一方尚未拿出替代方案。

（三）争鸣的后续发展

对于讨论的第一方面（哲学基础），双方已经达成初步的一致。在面对面交流中，两派的学者曾分析造成解释培养的哲学框架基于论辩的哲学模型的原因。首先是因为各类科学言语之间有一定程度的相似性。其次是因为科学哲学的成就在科学教育的影响远小于预期，大量的研究成果并不为科学教育领域的研究者所熟悉[4]。例如，图尔敏的论辩框架提

[1] BERLAND L K，MCNEILL K L. For whom is argument and explanation a necessary distinction? A response to Osborne and Patterson［J］. Science education，2012，96（5）：808–813.

[2] MCNEILL K L，KRAJCIK J. Scientific explanations：characterizing and evaluating the effects of teachers' instructional practices on student learning［J］. Journal of research in science teaching，2008，45（1）：53–78.

[3] SONGER N B，KELCEY B，GOTWALS A W. How and when does complex reasoning occur? Empirically driven development of a learning progression focused on complex reasoning about biodiversity［J］. Journal of research in science teaching，2009，46（6）：610–631.

[4] TABER K S. Progressing science education［M］. Dordrecht：Springer，2009.

出于20世纪50年代，被科学教育界所熟知则到了21世纪。但在彼时，德国哲学家亨普尔等对科学解释的研究仍没有得到科学教育界的广泛注意。在原有培养框架非常粗糙的情况下，类比借鉴同属科学言语的论辩框架也是一种进步。尽管承认其进步性，但是从现在的视角来看，CER框架后来遇到的问题，其中相当一部分也来自这种类比借鉴的局限。所以现在双方都认为，如果能基于科学哲学领域对科学解释的思辨，会进一步促进此研究内容的发展。

对于讨论的第二方面（理论模型与儿童认知的适切性），科学哲学领域内的思辨很大程度上是专家图式的集中展现，而科学教育领域对新手图式，即关于儿童的解释认识的调查研究，是回答这一问题的关键。不过之前的研究主要都集中在揭示解释的困难上，目前只有麦克尼尔[1]对儿童如何看待"描述""解释""预测""论辩"等概念及这些概念间的关系进行了较系统的研究。麦克尼尔的研究结论并不支持她自己原先的观点：低年龄段的儿童，虽然并不清楚解释和论辩的确切含义，但也没有将两者关联起来[1]。虽然麦克尼尔是最早将CER框架用于科学解释培养的研究者之一，但是受实证研究的结果影响，她在后来也逐渐转变了观点，将CER框架用在论辩的教师培训之中[2, 3]，以促进科学论辩能力的培养，而较少地提及解释的问题。从现有研究结果来看，解释和论辩两个概念在学习之前并不是自发混淆的，这为培养过程中厘清两个概念提供了空间。

对于讨论的第三方面（理论模型与现有课程的衔接），随着美国新一轮科学教育改革的进程，CER框架在衔接上的优势在减小。从第二章综述的内容可以看到，美国《科学教育框架》的编制和继之而出的美国《新

[1] MCNEILL K L. Elementary students' views of explanation, argumentation, and evidence, and their abilities to construct arguments over the school year [J]. Journal of research in science teaching, 2011, 48 (7): 793-823.

[2] MCNEILL K L, KNIGHT A M. Teachers' pedagogical content knowledge of scientific argumentation: the impact of professional development on K-12 teachers [J]. Science education, 2013, 97 (6): 936-972.

[3] MCNEILL K L, González-Howard M, MARíA G H, et al. Pedagogical content knowledge of argumentation: using classroom contexts to assess high-quality PCK rather than pseudoargumentation [J]. Journal of research in science teaching, 2016, 53 (2): 261-290.

一代科学教育标准》在是否参照 CER 框架上采取了非常谨慎的态度。首先，在科学实践维度中将解释和论辩各单列为一项。其次，尽管能找到两者有相同或相似的成分，但其差异在美国《新一代科学教育标准》中也得到了清晰的展现。我国《普通高中物理课程标准（2017 年版）》将论证归在科学思维中，将解释归在科学探究中，也体现了对两者的差异化设计。在中、美课程标准和教育标准文件影响力与日俱增的情况下，预测后续开发的新课程中将会对两个言语实践活动做差异设计。

（四）讨论

回顾哲学家们在科学解释议题上半个多世纪的思辨，对此概念本体的认识是在不断发展的。解释与描述、解释与预测、解释与论辩等言语行为直接的关系都历经探讨[1]。对于解释与描述，虽然有时也会混淆，但“解释不是描述”对于教师和研究者来说都是较易接受和理解的。对于解释与预测，在亨普尔时代曾被视作是等同的[2]，即解释与预测的对称性——能解释就能预测。但随着对亨普尔 D-N 模型的批判，解释不等同于预测已经成为哲学领域的共识[1, 3, 4]。当前科学教育研究者对“解释是不是论辩”的争论，也是教育领域对此概念的认识在发展的反映。

在科学哲学领域，从逻辑实证主义盛行的时期起，解释和论辩已在向各自的逻辑框架演变[5, 6]。到了 20 世纪后半段，“解释是某种特殊的论辩”这一可追溯到亚里士多德时期的观点已经得到了哲学界的充分批

[1] SALMON W C. Four decades of scientific explanation [M]. Pittsburgh: University of Pittsburgh Press, 1989.

[2] HEMPEL C G. Aspects of scientific explanation and other essays in the philosophy of science [M]. New York: The Free Press, 1965.

[3] 以“旗杆反例”来阐释两者的不对称关系：通过太阳照射的角度和旗杆的高度，我们可以解释并预测影子的长度；然而，虽然我们通过影子的长度和旗杆的高度可以预测太阳的照射角度，但这不能称之为一个解释。因为我们都知道太阳的照射角度是由黄赤交角即太阳与地球的相对位置关系决定的，而不是由旗杆和影子决定的。这是一个能预测但不能解释的例子，社会科学还存在许多能解释但不能预测的例子，这里不再一一列举。

[4] WOODWARD J. Scientific explanation [EB/OL] // [2014-03-05]. http://plato.stanford.edu/archives/win2011/entries/scientific explanation.

[5] HEMPEL C G, OPPENHEIM P. Studies in the logic of explanation [J]. Philosophy of science, 1948, 15 (2): 135-175.

[6] TOULMIN S E. The uses of argument [M]. Cambridge: Cambridge University Press, 2003.

判[1-4]，正如美国哲学家萨尔蒙所说："将科学解释视为论辩是实证主义的第三项教条，须受到全盘否定。"[2]

不过，正如儿童的科学认知过程不是科学发现历程的简单重演一样，学生的元认知发展过程也不应是哲学思辨历程的简单重现。科学教育应借鉴而不是照搬科学哲学的理论，即科学教育在建构培养框架时在何时及什么程度上基于科学哲学的模型应基于实证研究和审慎分析。

例如，前面所讨论的"解释和预测的不对称"这一问题，在学生对科学解释、科学预测等有了一定理解之后与学生探讨此问题，学生会注意到其中的细微差别，这样可能会有助于培养学生逻辑的缜密性。但是在学生刚开始学习科学解释、科学预测时就引入此问题，就可能会"揠苗助长"了。在科学教育中，常见的一类问题情境是设定一些条件让学生做出预测并解释为什么。这类问题本质上是考察"基于解释的预测（explanation-based prediction）"，目的是评判学生的解释能力从而更好地对其进行培养。如果为了哲学概念上的准确性，把大量的此类问题情境从解释的培养中剔除，会得不偿失。同理，对待 CER 框架和基于 CER 框架的科学解释研究，虽然最终要反思、批判它并加以改进，但也要看到它的可取之处。要通过文献分析来精进理论、通过实证分析来积累证据，才能有理有据地对其进行扬弃。

（五）对科学解释的概念界定

虽然本研究基于 CER 框架开展了第一轮的实证研究，但是我们的立场是应对科学解释做出尽量清晰的概念界定。因为综合前面的三方面讨论来看，在科学哲学中的科学解释理论为科学教育界所熟悉后，"区分解释和论辩"这一观点不仅在哲学基础上更具竞争力，而且也有潜力逐渐与现有课程衔接并适切儿童的认知发展。所以，对面向培养的科学解释

[1] JEFFREY R C. Statistical explanation vs. statistical inference［M］//RESCHER N. Essays in honor of Carl G. Hempel. Heidelberg：Springer，1969：104–113.

[2] KITCHER P，SALMON W C. Scientific explanation［M］. Minneapolis：University of Minnesota Press，1989.

[3] RUBEN D H. Explaining explanation［M］. New York：Routledge，1990.

[4] WOODWARD J. Making things happen：a theory of causal explanation［M］. Oxford：Oxford University Press，2003.

的概念内涵应有相对清晰的界定：科学解释是在尊重证据的前提下，根据理论或创设理论对自然世界进行理性解构和联接搭建的活动。在此过程中对演绎、证据评估、假设检验等科学思维的应用保证其逻辑基础，而相对充分、准确和客观的证据保证解释的实证基础[1-4]。此界定是本书对科学解释的培养进行讨论的基准。

三、科学解释的精致化路径

在对科学解释进行概念界定的同时，我们还关注并梳理了与科学解释学习进阶相关的各类文献，从中寻找精致科学解释的培养模型、建构科学解释的学习进阶的可行路径。梳理文献发现，我国和美国的科学教育纲领性文件都对科学解释的学业进展提出了明确要求，国外也有一些学者初步建构了科学解释的学习进阶。本节综述这些文献，据此提出科学解释的进阶模式。

（一）教育纲领性文件对科学解释的学习期望

教育纲领性文件的学习期望，对设定学习进阶的"锚点"有重要参考价值。通过国际比较研究发现[5]，我国的《义务教育科学课程标准》、美国的 NGSS 和国际的 PISA 的总体框架都对科学解释提出了较为明确的培养要求。

《义务教育初中科学课程标准（2011 年版）》中要求七至九年级学生"能将事实与科学知识建立联系，能注意与预想结果不一致的现象，尝试做出合理的解释……能从多种渠道获得信息资料，并与自己的探究进行比较……认识科学解释需要基于经验事实、懂得运用科学知识和科学推

[1] BRAATEN M, WINDSCHITL M. Working toward a stronger conceptualization of scientific explanation for science education [J]. Science education, 2011, 95 (4): 639-669.

[2] HEMPEL C G, OPPENHEIM P. Studies in the logic of explanation [J]. Philosophy of science, 1948, 15 (2): 135-175.

[3] KITCHER P, SALMON W C. Scientific explanation [M]. Minneapolis: University of Minnesota Press, 1989.

[4] WOODWARD J. Scientific explanation [EB/OL] // [2014-03-05]. http://plato.stanford.edu/archives/win2011/entries/scientific explanation.

[5] 郭玉英.中学理科课程标准国际比较与研究（物理卷）[M]. 北京：北京师范大学出版社，2014.

理”。PISA 的框架从内容知识(content knowledge)、过程知识(procedural knowledge ）和认识论知识（ epistemic knowledge ）三个维度对科学解释进行了解构[1]，期望 15 岁的学生能基于科学中的关键解释性观点（内容知识）建构对现象的解释，除此之外，还能理解这些解释性知识的来源过程和置信程度，以及这些知识和过程在解释过程中扮演的角色。NGSS 更是用进阶矩阵呈现了对各学习阶段的解释能力的学业要求（表 5–1）。

表5–1 NGSS中“建构解释”相关内容的进阶矩阵[2]

幼儿园至二年级	三至五年级	六至八年级	九至十二年级
在先前经验和进展的基础上，使用证据和想法来解释自然现象	在幼儿园至二年级的经验和进展的基础上，使用证据建构解释。建构的解释能描述指定变量的现状并预测其发展	在幼儿园至五年级的经验和进展的基础上，建构与科学概念、原则以及理论一致的解释，并搜集多种来源的证据支持	在幼儿园至八年级的经验和进展的基础上，建构与科学概念、原则以及理论一致的解释，并由学生独立搜集证据支持
进行观察（亲自或从媒体）来对自然现象建构基于证据的说明	对观察到的关系建构解释	建构包括变量间定性或定量关系的解释来预测和描述现象	对自变量和因变量间的定量和定性关系做出论断
—	使用证据（测量结果、观察到的模式等）来建构解释或支持解释； 识别支持解释中某观点的证据	使用模型或表征建构解释； 基于有效和可靠的证据源（学生探究实验）建构科学的解释； 基于假说（理论和定律对自然世界运行的描述，它们在过去、现在、未来具有一致性）建构解释	基于有效和可靠的证据源（学生探究实验、理论、相似性和同行评议）建构科学的解释； 基于假说（理论和定律对自然世界运行的描述，它们在过去、现在、未来具有一致性）建构解释

[1] OECD. Assessing scientific, reading and mathematical literacy: a framework for PISA 2013 [M]. Paris: OECD Publications, 2015.

[2] NGSS Lead States. The next generation science standards: for states, by states [M]. Washington, D. C.: National Academies Press, 2013.

续表

幼儿园至二年级	三至五年级	六至八年级	九至十二年级
—	—	应用科学概念、原理和证据来建构、修正解释； 将科学解释应用于真实世界的现象、例子和事件	应用科学概念、原理和证据来为真实世界的现象、例子和事件提供解释，需要考虑到潜在的未预测到的现象
—	—	应用科学推理来说明为什么所得数据和证据对所提出的解释或结论是充分的	应用科学推理、理论和模型将证据和论断联系起来，以检验推理和证据在何种程度上支持解释或结论

由于课程标准等纲领性文件对学生期望的表述实际上反映着专家团队对适切基础教育阶段的科学解释模型的认识和学生能达到的解释水平的估计，我们可以尝试通过梳理归纳能力期望来勾画出科学解释的轮廓，并分析其进阶脉络。

首先是能力要素。在上述文件中可以看到，“现象”“科学理论（知识）”“科学推理”都被直接且反复提及。“证据”是美国标准文件中反复强调的，虽然使用的术语不同，但我国标准中的“经验事实”和“信息资料”与此概念是对应的。美国标准文件中对论断、变量及变量间关系、科学假定和解释的评价的要求是我国标准文件中解释部分未提及的。不过这几个要素中有些在一定程度上是可以包含在其他要素中的，例如，变量及变量间关系是对现象的描述和抽象的产物，科学假定和科学理论在解释活动中具有相同的作用等。总的来看，“现象（论断）”“证据（资料）”“科学理论（知识）”“科学推理”是四个最核心的要素。

其次是要素间的关系。从整体上看，科学理论是“被建构来提供解释的”，其被接受与否是由其解释力决定的[1]。但具体到每一个实际问题

[1] National Research Council. A framework for K–12 science education: practices, crosscutting concepts, and core ideas [M]. Washington, D. C.: National Academies Press, 2012.

或现象，“解释假说是要基于相关的现有理论来建构的”[1]。即既要基于理论建构解释，也要摆出证据支持解释。故《幼儿园至十二年级科学教育框架》认为“科学解释连接科学理论和具体的观测或现象”[1]。综合来看，教育纲领性文件勾绘出的科学课程中的解释与前文对科学解释的概念界定有很高的契合度，而且学习进阶的脉络已经隐含其中。其中我国的义务教育科学课程标准和国际的 PISA 的框架是从整体上对科学解释提出了要求，为进阶设计时划定阶段的“上位锚点”提供了参考。美国的 NGSS 不仅从整体上提出了要求，还分阶段预设了发展水平，这对“上位锚点”“下位锚点”和中间层级的划分都有重要的参考价值。而且，NGSS 提供的科学解释的进阶矩阵从要素的数量和要素的水平两个维度上逐级发展，对科学解释的进阶模式有重要启迪作用。

（二）已有的解释进阶研究

对科学解释的学习进阶，密歇根大学桑格教授所领导的团队进行了前沿性的探索。她们率先在 CER 框架的基础上构想出了科学解释的学习进阶[2]。随后，桑格团队根据此进阶模型先后开展了测量研究、课程研究和教师专业发展研究，不断对其进行修正和完善[3-5]。

该团队的研究主题可以概括为小学阶段生物学习中基于证据的解释（evidence-based explanation）的能力培养。桑格团队在多年前开始对

[1] National Research Council. A framework for K-12 science education: practices, crosscutting concepts, and core ideas [M]. Washington, D. C.: National Academies Press, 2012.

[2] SONGER N B, KELCEY B, GOTWALS A W. How and when does complex reasoning occur? Empirically driven development of a learning progression focused on complex reasoning about biodiversity [J]. Journal of research in science teaching, 2009, 46 (6): 610-631.

[3] GOTWALS A W, SONGER N B. Validity evidence for learning progression-based assessment items that fuse core disciplinary ideas and science practices [J]. Journal of research in science teaching, 2013, 50 (5): 597-626.

[4] GOTWALS A W, SONGER N B, BULLARD L. Assessing students' progressing abilities to construct scientific explanations [M] //ALONZO A C, GOTWALS A W. Learning progressions in science. Rotterdam: Sense Publishers, 2012: 183-210.

[5] SONGER N B, GOTWALS A W. Guiding explanation construction by children at the entry points of learning progressions [J]. Journal of research in science teaching, 2012, 49 (2): 141-165.

科学探究中表征因素展开研究[1]，并持续开发课程、积累实证[2]。2009年，在研究四至六年级的学生在生物多样性主题上的推理发展时[3]，该团队提出了“建构基于证据的解释的探究推理进阶（inquiry reasoning progression for building evidence-based explanations）”，本文将此进阶框架简称为“建构解释的进阶”。这是最早的科学解释的学习进阶蓝图，其主体结构如表5-2所示，整个框架分为三级：基本水平、中间层级和复杂推理。从表中可以看到“建构解释的进阶”基于CER框架，但额外加入了随着能力进阶而逐步提高的对内容理解的要求，而且辅助（scaffolding）也被首次纳为进阶变量。

表5-2 建构基于证据的解释的探究推理进阶[2]

基本水平	中间层级	复杂推理
学生能将证据匹配给定的论断	学生能在辅助下建构简单解释（包括提出论断或使用相关证据），例如，在提示词的提醒下补充已部分完成的解释	学生能自主建构一个由论断、证据和推理构成的科学解释
不要求额外的内容知识	建构过程需基于中等数量的内容知识	建构过程需基于相当多的内容知识，用来区分无关证据，通过推理支持论断等

经过课程实验和前、后测积累的资料，他们对“建构解释的进阶”进行了反思和调整。改进后的解释进阶框架如图5-1所示。对比前后两个框架，核心的变化在于辅助在进阶中的作用增强和循环式的发展进程。在原有框架中，辅助在中间层级出现，但作用既不明显也不系统。调整后，辅助已经成为重要的进阶变量，系统地影响对学生进阶层级的判断。循环式的发展进程是指，能力的培养过程要在不同的内容情境下经历多轮循环进阶。例如，在四年级学习时（第一轮）经历从水平1s、水平2s、

[1] LEE H-S. Scaffolding elementary students' authentic inquiry through a written science curriculum [D]. Ann Arbor: University of Michigan, 2003.

[2] SONGER N B. BioKIDS: An animated conversation on the development of curricular activity structures for inquiry science [M] // SAWYER R K. The Cambridge Handbook of the Learning Sciences. Cambridge: Cambridge University Press, 2006: 355-370.

[3] SONGER N B, KELCEY B, GOTWALS A W. How and when does complex reasoning occur? Empirically driven development of a learning progression focused on complex reasoning about biodiversity [J]. Journal of research in science teaching, 2009, 46 (6): 610-631.

水平 3s 到水平 4s 的循环，然后在五年级学习时（第二轮）经历从水平 1、水平 2、水平 3s 到水平 4s 的循环，在具备一定基础后，六年级学习时（第三轮）经历从水平 1、水平 2、水平 3 到水平 4 的循环。

水平4	学生建构一个完整的基于证据的解释（没有辅助）
水平4s	学生建构一个完整的基于证据的解释（在辅助下）
水平3	学生能做出论断，并用合适且充分的证据支撑它，但没有用推理将两者联系起来（没有辅助）
水平3s	学生能做出论断，并用合适且充分的证据支撑它，但没有用推理将两者联系起来（在辅助下）
水平2	学生能做出论断，并用合适但尚不充分的证据支撑它（没有辅助）
水平2s	学生能做出论断，并用合适但尚不充分的证据支撑它（在辅助下）
水平1	学生能做出论断（没有辅助）
水平1s	学生能做出论断（在辅助下）

图 5-1　基于证据的解释的多轮循环进阶[1]

围绕上述进阶框架，桑格团队又进行了课程研究[2]和测量研究[3,4]。在这些研究中，他们将辅助直接嵌入了工作单和试题中，从而将教学材料和测验问题结构化。在教学中，教师根据这些结构化的问题指导学生参与探究，可以让学生逐步熟悉科学解释的语言结构，培养解释能力[2]。在测评中，整体来看，为试题增添这种结构化的辅助降低了试题难度，并且能促使学生进行更多思考和作答尝试，从而提供了更多可以诊断的信息[3]。研究还发现，辅助对高水平学生和低水平学生影响较小，但对

[1] SONGER N B，KELCEY B，GOTWALS A W. How and when does complex reasoning occur? Empirically driven development of a learning progression focused on complex reasoning about biodiversity [J]. Journal of research in science teaching，2009，46（6）：610-631.

[2] SONGER N B，GOTWALS A W. Guiding explanation construction by children at the entry points of learning progressions [J]. Journal of research in science teaching，2012，49（2）：141-165.

[3] GOTWALS A W，SONGER N B，BULLARD L. Assessing students' progressing abilities to construct scientific explanations [M] //ALONZO A C，GOTWALS A W.Learning progressions in science. Rotterdam：Sense Publishers，2012：183-210.

[4] GOTWALS A W，SONGER N B. Validity evidence for learning progression-based assessment items that fuse core disciplinary ideas and science practices [J]. Journal of research in science teaching，2013，50（5）：597-626.

中间水平学生有显著影响[1]。另外，也有案例表明辅助没能帮助学生解决问题，甚至使作答变得更加困难，因为有的学生不关注辅助信息，有的学生不能按提示在相应区域答题，或者虽然答在相应区域，但表述模棱两可，难以归类分析[1]。

随着对研究中暴露出的问题的思索，桑格团队不断完善进阶框架、改进研究方法。表 5-3 是他们在 2013 年的文章[2]所呈现的进阶版本。根据辅助和解释要素两个变量，此进阶模型共区分了 7 个水平。相比他们在 2009 年提出的“建构解释的进阶”（表 5-2），最明显的变化是辅助的精细化。辅助分为三个层次：第一级辅助提示核心理念、论断、证据和推理，第二级辅助只提示核心理念，第三级辅助则没有任何提示。第二点变化在于，2009 年提出的“建构解释的进阶”中单列的知识内容维度在 2013 年的文章中不再单列，而是被纳入辅助的变化范畴。

表5-3 桑格团队调整后的科学解释的学习进阶

水平	水平描述
水平7	向学生提出一个科学问题，学生建构科学解释（包括论断、证据和推理）（此过程没有辅助）
水平6	向学生提出一个科学问题，学生建构科学解释（包括论断、证据和推理）（此过程给予学生辅助——对核心理念的提示）
水平5	向学生提出一个科学问题，学生建构科学解释（包括论断、证据和推理）（此过程给予学生辅助——对核心理念、论断、证据和推理的提示）
水平4	向学生提出一个科学问题，学生提出一个论断并通过证据支持它（此过程没有辅助）
水平3	向学生提出一个科学问题，学生提出一个论断并通过证据支持它（此过程给予学生辅助——对核心理念的提示）

[1] GOTWALS A W，SONGER N B，BULLARD L. Assessing students' progressing abilities to construct scientific explanations [M] //ALONZO A C，GOTWALS A W.Learning progressions in science. Rotterdam：Sense Publishers，2012：183-210.

[2] GOTWALS A W，SONGER N B. Validity evidence for learning progression-based assessment items that fuse core disciplinary ideas and science practices [J] . Journal of research in science teaching，2013，50（5）：597-626.

续表

水平	水平描述
水平2	向学生提出一个科学问题，学生提出一个论断并通过证据支持它（此过程给予学生辅助——对核心理念、论断和证据的提示）
水平1	向学生提供证据后，学生选择合适的论断；或向学生提供论断后，学生选择合适的证据

虽然这里只综述了其科学解释的进阶模型，然而如前所述，要想能够建构科学解释，内容理解和解释方法两者缺一不可。桑格团队的基本出发点也是解释能力与内容理解紧密联系、共同进阶。在他们的研究中，总是预设出科学解释和生态学等概念的进阶框架，然后将两个框架进行整合，作为测评设计和课程开发的蓝图。这不仅是研究思路的问题，也是从更深层级上反映了该团队在“是否存在独立于内容理解的解释能力”这一问题上的基本立场。所以即便桑格团队的科学解释进阶框架随后还要和内容再次融合，其框架中仍在一定程度上保留了内容理解的成分（即表 5-3 中的核心理念）。另外，在桑格团队的解释进阶中，辅助的地位也独具特色。传统上学习进阶中的变量都处于该核心主题的本体范畴，把辅助视为教学策略中的一种，一般不将辅助纳入进阶变量。而在桑格团队的学习进阶中，辅助作为变量出现，是一个非常值得讨论的新尝试。桑格团队的研究成果影响了美国科学教育标准的修订和当地的课程、教学设计，同时引领着学习进阶研究和科学解释培养研究的范式发展。此外，哈佛大学的伯金斯（Perkins）等，波士顿学院的麦克尼尔等的相关研究也对进阶层级的划定有重要参考价值[1, 2]。

（三）科学解释的进阶模式

根据对上述资料的综合分析，学生科学解释能力的发展整体上呈现

[1] PERKINS D N，GROTZER T A. Dimensions of causal understanding：the role of complex causal models in students' understanding of science［J］. Studies in science education，2005，41（1）：117-165.

[2] BERLAND L K，MCNEILL K L. A learning progression for scientific argumentation：understanding student work and designing supportive instructional contexts［J］. Science education，2010，94（5）：765-793.

了从较简单解释到较复杂或较深刻解释的进阶模式[1-4]。更细分一步，本研究预设进阶变量有两大方面：一方面是语言结构的完善，另一方面是要素水平的提升（图 5-2）。

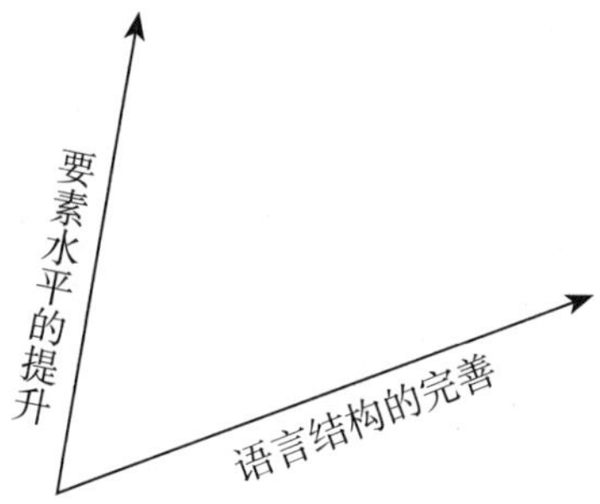

图 5-2 科学解释的进阶模式

语言结构的完善主要受桑格团队的研究和 NGSS 的启发。两者在设计解释的进阶发展时，都提出了期望学生先从某一要素入手、逐渐增添要素以建构更加复杂的解释的进阶发展脉络[2, 5]。例如，NGSS 在第一阶段只要求"基于观察来对自然现象建构基于证据的说明"[2]，其中只涉及了资料证据要素。当到了更高年级，除了要基于资料证据之外，NGSS 还期望学生"基于假说（理论和定律对自然世界运行的描述）建构解释"[2]，按照我们的框架来看，定律要素被添加了进来。同样，桑格团队设计的解释的学习进阶也明显地预设了"论断""论断 + 证据""论断 + 证据 + 推理"的要素增添过程。

[1] BERLAND L K，MCNEILL K L. A learning progression for scientific argumentation：understanding student work and designing supportive instructional contexts［J］. Science education，2010，94（5）：765–793.

[2] NGSS Lead States. The next generation science standards：for states，by states［M］. Washington，D. C.：National Academies Press，2013.

[3] GROTZER T A. Dimensions of causal understanding：the role of complex causal models in students' understanding of science［J］. Studies in science education，2005，41（1）：117–165.

[4] SONGER N B，KELCEY B，GOTWALS A W. How and when does complex reasoning occur? Empirically driven development of a learning progression focused on complex reasoning about biodiversity［J］. Journal of research in science teaching，2009，46（6）：610–631.

[5] SONGER N B，GOTWALS A W. Guiding explanation construction by children at the entry points of learning progressions［J］. Journal of research in science teaching，2012，49（2）：141–165.

要素水平的提升主要受NGSS和其他能力的进阶发展研究的启发[1-3]。以证据要素为例，NGSS在幼儿园至二年级阶段时只要求“进行观察（亲自或从媒体）”，并没有提出更具体的要求。到了三至五年级时已经加入了“测量结果、观察到的模式”等具体要求。到了更高年级（六至八年级和九至十二年级）时，对证据来源的“有效性和可靠性”提出了要求，并强调了学生探究实验等在证据获取中的重要性。在伯金斯等的研究中，也提出其他要素同样存在类似证据要素的由简单到复杂的进阶层级[2, 3]。例如，对于解释中的推理，伯金斯等将其划分成机制（mechanism）、交互模式（interaction pattern）、概率（probability）和使动者（agency）四类。对于其中的机制，他们按从同层次的概括到更深层次的机制进行分级，其他三类也都总结出了内部的层级[2]。

[1] NGSS Lead States. The next generation science standards: for states, by states [M]. Washington, D. C.: National Academies Press, 2013.

[2] PERKINS D N, GROTZER T A. Dimensions of causal understanding: the role of complex causal models in students' understanding of science [J]. Studies in science education, 2005, 41 (1): 117-165.

[3] BERLAND L K, MCNEILL K L. A learning progression for scientific argumentation: understanding student work and designing supportive instructional contexts [J]. Science education, 2010, 94 (5): 765-793.

第二节　PTDR框架及其进阶假设

根据上一节的理论探讨，本书从哲学中的科学解释模型出发，重新审视并建构科学解释的培养框架，并基于新提出的框架和前文确定的进阶模式，提出科学解释学习进阶的进阶假设。

一、科学解释培养的PTDR框架

“科学解释培养的 PTDR 框架”（以下简称 PTDR 框架）是本书关于科学解释培养理论的核心。随后的科学解释的学习进阶及培养方案的教学研讨等均围绕此框架展开。P、T、D、R 四个英文字母分别代表了框架的四个要素：待解释现象、理论、资料和推理。前面加“科学解释培养”进行限定，指出此模型的适用范围——科学与培养，以便与哲学上对科学解释的本质进行讨论时所提出的各类模型有所区别。

PTDR 框架是对密歇根学派的 CER 框架等的批判和继承。其与之前的框架最本质的不同在于其哲学基础上，PTDR 框架的句法结构基于亨普尔的“涵盖定律”模型[1-3]，语义上基于“因果 - 机制”模型[4-6]，语用上则参考了范·弗拉森等的语用观[7, 8]。可见，科学哲学领域中科学解释的模型对于 PTDR 框架有重要影响。

[1] HEMPEL C G，OPPENHEIM P. Studies in the logic of explanation [J]. Philosophy of science，1948，15 (2)：135-175.

[2] HEMPEL C G. Deductive-nomological vs. statistical explanation [M] // FEIGL H. Minnesota studies in the philosophy of science. Minneapolis：University of Minnesota Press，1962：98-169.

[3] HEMPEL C G. Aspects of scientific explanation and other essays in the philosophy of science [M]. New York：The Free Press，1965.

[4] SALMON W C. Scientific explanation and the causal structure of the world [M]. Princeton，NJ：Princeton University Press，1984.

[5] SALMON W C. Four decades of scientific explanation [M]. Pittsburgh：University of Pittsburgh Press，1989.

[6] WOODWARD J. The causal mechanical model of explanation [M] // KITCHER P，SALMON W C. Scientific Explanation. Minneapolis：University of Minnesota Press，1989.

[7] ACHINSTEIN P. The nature of explanation [M]. Oxford：Oxford University Press，1983.

[8] VAN FRAASSEN B C. The scientific image [M]. Oxford：Oxford University Press，1980.

（一）要素的确定

要素的选择和确定首先基于亨普尔的“涵盖定律”模型的句法结构，但同时考虑了“因果－机制”模型对科学解释提出的要求。待解释项要素、定律要素和资料要素都是“涵盖定律”模型中所强调的，在PTDR框架中都沿承了下来（图5-3）。

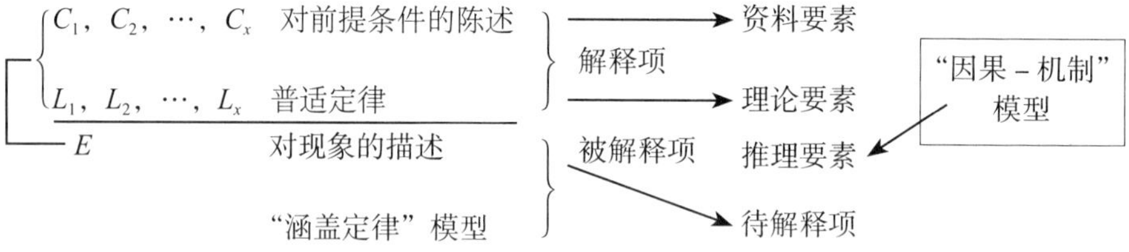

图5-3 各要素的科学哲学基础

此外，从科学哲学界对亨普尔理论的批判中，我们了解到“涵盖定律”模型对建构意义时的语义推理的重视程度不够：科学解释不是科学理论和科学资料的堆砌或任意组合，而是符合人类语义思维的结合理论和资料的推理过程。而且，科学教育界对科学解释的研究发现，推理是学生建构科学解释的难点[1]。所以，我们的框架中还有推理要素，这样可以弥补只采用“涵盖定律”模型可能带来的哲学上的不完备，也便于更好地描述、诊断学生的科学解释能力。

（二）要素的内涵

确定了要素后，我们进一步论述PTDR框架中各要素的内涵。熟悉CER框架的读者肯定已经发现，PTDR框架和CER框架有一些相似之处。然而，对比CER框架，虽然两者都是要素模型，但要素数量、要素内涵和模型结构都有差异。特别是在要素内涵上，即便相同的要素，其在PTDR框架中较CER框架又有所发展。故这里通过与CER框架的要素内涵做对比的方式，按P、T、D、R的顺序逐一介绍PTDR框架中各要素的内涵。

PTDR框架以“待解释现象”这一要素为起点。此要素来自亨普尔的科学解释理论，“涵盖定律”模型中的“被解释项（explanandum）”——

[1] MCNEILL K L，LIZOTTE D J，KRAJCIK J，et al. Supporting students' construction of scientific explanations by fading scaffolds in instructional materials [J]. Journal of the learning sciences，2006，15（2）：153-191.

描述待解释的现象的句子[1]。在科学教育中，常见的待解释项有两类：已发生的自然现象（phenomenon）和对可能发生现象的预测（prediction）。考虑到explanandum这个拉丁语单词在哲学和语言学外已经很少有人使用，对学生而言则更是陌生。为了提高在教学实践推广时的易接受性，此要素的英文翻译选用了较为通俗的“phenomenon/prediction”（现象/预测），这也是PTDR框架的缩写首字母是“P”的原因。相比CER框架中来自于图尔敏的论辩模式的论断要素，尽管两个要素在内涵上有一定的相似性，然而，论断的英文原词claim带有更强的主观性、抽象性和不确定性，相比之下，待解释项一词则更具有客观性、具体性和确定性。所以“对待解释现象的描述”更符合科学解释的基本内涵，也更适于帮助学生从较为具体和确定的现象入手，进而开展科学解释活动。按照对科学解释的经典诠释，科学解释起源于对“被解释项”的认识，被解释项确定了整个解释活动的中心目的[1, 2]。故在PTDR框架中，以待解释现象作为解释活动的起点。

两个框架虽然都有推理要素，但PTDR框架对CER框架中推理要素的内涵做出了调整，将理论从推理中分离了出来。这样调整的原因有以下三方面。第一，CER框架面临“精致化挑战”，其中最突出的就是推理要素的笼统和模糊。而培养框架本身的笼统很有可能是启用新培养策略后，学生反馈在推理上存在最大困难的原因。根据科瑞柴克团队的定义，“推理表明使我们相信证据支持论断的逻辑，其中往往包含科学原理”[3]。可见原推理要素包含两个层面的问题：逻辑和原理。但是“推理失败”是由于逻辑不清还是由于原理不明，根据CER框架并不能进行甄别。第二，访谈中很多专家及有经验的教师都常将“不良解释”的成因指向理论应用问题（其中包括理论的错误选择和对理论的错误理解两个方面）。所以有必要对学生的理论选择能力和学生对理论的理解能力进行更细致

[1] HEMPEL C G, OPPENHEIM P. Studies in the logic of explanation [J]. Philosophy of science, 1948, 15 (2): 135–175.

[2] SALMON W C. Causality and explanation [M]. Oxford: Oxford University Press, 1998.

[3] MCNEILL K L, LIZOTTE D J, KRAJCIK J, et al. Supporting students' construction of scientific explanations by fading scaffolds in instructional materials [J]. Journal of the learning sciences, 2006, 15 (2): 153–191.

的分析，而使用CER框架并不能很好地进行这些分析。第三，从科学哲学范畴看待此问题,无论是亨普尔的“涵盖定律模型”还是后来的“因果-机制模型”“统整观”,都承认理论是解释的核心要素[1-3]。综合以上三点，PTDR框架将解释所需的理论单列为一个要素，包括科学解释所需的普适定律或似律句（law-like statement）[4]。其内涵包括对理论的选择和对理论的理解两个方面。这样一方面便于在测量时进行考察分析，另一方面也便于在培养中进行强调。

由此，将科学理论从推理要素中分离出来后，PTDR框架中的推理要素的内涵接近于认知科学视域下对科学推理的讨论范畴——内容普适的科学推理能力（domain-general approach to scientific reasoning）。按照劳森（Lawson）等学者对皮亚杰的形式运算阶段的思维能力的具体化，科学推理能力包括以下维度：分离和控制变量、组合推理、相关推理、概率推理和比例推理等[5,6]。然而,通过对科学推理的综述可以发现,劳森对科学推理的内涵的表述是相对传统的[7]。大卫·克拉（D.Klahr）等学者从信息加工的角度[8]，狄安娜·库恩（D.Kuhn）等从认识论的角度[9]，以及奥斯本等从论辩的角度[10]都曾对科学推理的内涵提出过不同的认识，而且这些认识推动着当前对科学推理研究的发展。但是从教学

[1] HEMPEL C G. Aspects of scientific explanation and other essays in the philosophy of science [M]. New York: The Free Press, 1965.
[2] KITCHER P. Explanatory unification [J]. Philosophy of science, 1981, 48 (4): 507.
[3] SALMON W C. Four decades of scientific explanation [M]. Pittsburgh: University of Pittsburgh Press, 1989.
[4] 似律句放宽了对定律的定义，以更好地适贴低年级学生的知识背景。
[5] LAWSON A E. The development and validation of a classroom test of formal reasoning [J]. Journal of research in science teaching, 1978, 15 (1): 11–24.
[6] LAWSON A E. Basic inferences of scientific reasoning, argumentation, and discovery [J]. Science education, 2010, 94 (2): 336–364.
[7] HOLYOAK K J, MORRISON R G. The Oxford handbook of thinking and reasoning [M]. Oxford: Oxford University Press, 2012.
[8] KLAHR D, DUNBAR K. Dual space search during scientific reasoning [J]. Cognitive science, 1988, 12 (1): 1–48.
[9] KUHN D, IORDANOU K, PEASE M, et al. Beyond control of variables: what needs to develop to achieve skilled scientific thinking? [J]. Cognitive development, 2008, 23 (4): 435–451.
[10] OSBORNE J. The 21st century challenge for science education: assessing scientific reasoning [J]. Thinking skills and creativity, 2013, 10: 265–279.

实践角度来考量，劳森的内涵表述对于我国的理科教师群体来说更为熟悉，也得到了一定程度的认可。本研究最终是面向教学实践，所以主要基于劳森对科学推理内涵的解读。

用资料要素替换证据要素是基于哲学上对资料和证据的区分。在CER框架中，“证据是用来支持论断的科学资料”[1]。然而，从哲学上来看，无论资料还是证据都是中性的，“与命题的真假无关”，而是“全部与命题相关的信息的集合”[2]。从科学本质来看，资料（或证据）也应是相对客观且中性的，因为科学理论的发展正是基于对相对客观且中性的资料的不同组织和诠释方式[3]。可见，CER框架的证据只强调资料和证据的支持作用。这种“简化”在学生刚开始学习时可能是有必要的，但是过于强化其支持作用对学生在未来更高层次的发展是一种局限。因为按照波普尔的理论，推动科学向前发展的要素中，核心之一是基于资料的反驳[4]。而且考虑到在中文惯用语中“证据”一词也多强调其支持作用，更有可能会加深学生“要获取的信息是用来支持解释的”这一想法。综上，我们认为有必要用更中性的“资料”一词,并且逐步在教学中帮助学生树立起“基于资料精进解释”“基于资料质疑解释”“基于资料重构解释”的意识。

（三）框架的结构

前文介绍了要素的选择及各要素的内涵，在此基础上本研究初步设定了PTDR框架的大致结构。如图5-4所示，解释的主干由理论和资料组成，通过推理将两者进行串联，整个解释活动指向待解释现象。

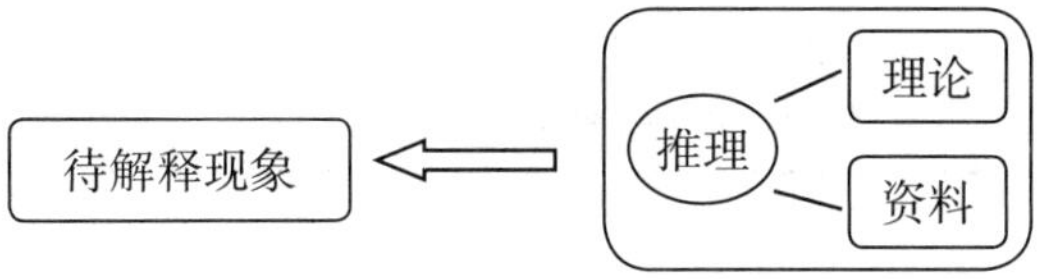

图5-4 科学解释的PTDR框架的结构

[1] MCNEILL K L, LIZOTTE D J, KRAJCIK J, et al. Supporting students' construction of scientific explanations by fading scaffolds in instructional materials [J]. Journal of the learning sciences, 2006, 15 (2): 153-191.

[2] AUDI R. The Cambridge dictionary of philosophy [M]. Cambridge: Cambridge University Press, 1999.

[3] TABER K S. Progressing science education [M]. Dordrecht: Springer, 2009.

[4] 卡尔·波普尔. 猜想与反驳：科学知识的增长 [M]. 傅季重，纪树立，周昌忠，等译. 上海：上海译文出版社，2001.

对比PTDR框架和原有的CER框架，PTDR框架在要素构成、要素内涵和框架结构上都有所发展。在要素构成上，相同点在于两个框架都含有R（推理）要素，但明显的不同在于PTDR模型增添了T（理论）要素，用P（现象）要素替代了C（论断）要素，用D（资料）要素替代了E（证据）要素。在要素内涵上，无论是相同的要素还是更新的要素，其内涵更切合解释任务的本质特征。在模型结构上，PTDR框架较CER框架更加立体化和系统化。

二、基于PTDR框架的进阶假设

从前文对科学解释进阶模式的分析中可以看到，学生科学解释能力的发展整体上应呈现从较简单解释到较复杂或较深刻解释的进阶脉络，其中既有要素数量的增添，也有要素水平的提升[1-4]。基于PTDR框架，我们可以进一步细化科学解释的学习进阶。细化上文提出的两个进阶维度，并考虑其可能存在的若干进阶发展可能，我们提出基于PTDR框架的科学解释的学习进阶假设（表5-4）。从表5-4中可以看到，科学解释学习进阶的整体水平由要素数量和要素水平两个进阶变量共同决定。

表5-4 科学解释的学习进阶假设

水平	语言结构	要素水平
水平1	包含某一解释要素	要素处于较低水平
水平2	包含两个解释要素	要素处于较低水平
水平3	包含两个解释要素	要素处于较高水平
水平4	包含三个解释要素	要素处于较低水平

[1] BERLAND L K, MCNEILL K L. A learning progression for scientific argumentation: understanding student work and designing supportive instructional contexts [J]. Science education, 2010, 94 (5): 765-793.

[2] NGSS Lead States. The next generation science standards: for states, by states [M]. Washington, D. C.: National Academies Press, 2013.

[3] PERKINS D N, GROTZER T A. Dimensions of causal understanding: the role of complex causal models in students' understanding of science [J]. Studies in science education, 2005, 41 (1): 117-165.

[4] SONGER N B, KELCEY B, GOTWALS A W. How and when does complex reasoning occur? Empirically driven development of a learning progression focused on complex reasoning about biodiversity [J]. Journal of research in science teaching, 2009, 46 (6): 610-631.

续表

水平	语言结构	要素水平
水平5	包含三个解释要素	要素处于较高水平
水平6	包含完整的解释要素	要素处于较低水平
水平7	包含完整的解释要素	要素处于较高水平

在要素数量维度上，从只有“待解释项”“资料”“理论”“推理”四个要素中的某一要素，到逐渐具备了四者中的部分要素，最终到完全具备四个要素[1]。要素数量的增添主要受桑格团队的研究和NGSS的启发。两者在设计解释的进阶发展时，都提出了期望学生先从某一要素入手、逐渐增添要素以建构更加复杂的解释这一进阶的发展脉络[1, 2]。例如，NGSS在第一阶段只要求“基于观察来对自然现象建构基于证据的说明”[2]，其中只涉及了资料证据要素。当到了更高年级，除了要基于资料证据之外，NGSS还期望学生“基于假说（理论和定律对自然世界运行的描述）建构解释”[2]，按照我们的框架来看，定律要素被添加了进来。同样，桑格团队设计的解释的学习进阶也明显地预设了“论断”“论断+证据”“论断+证据+推理”的要素增添过程[3]。由此，基于本研究的PTDR框架，我们也预设进阶中包含语言结构的逐渐完善过程。

在要素水平维度上，我们根据理论研究对各要素初步划定了若干要素水平（表5-4），据此预设了学生在要素表现上从较低水平到较高水平的发展脉络。要素水平的提升主要受NGSS和其他能力的进阶发展研究的启发[2, 4, 5]。以下我们分要素逐一进行论述。

[1] SONGER N B, GOTWALS A W. Guiding explanation construction by children at the entry points of learning progressions [J]. Journal of research in science teaching, 2012, 49 (2): 141–165.

[2] Ngss Lead States. The next generation science standards: for states, by states [M]. Washington, D. C.: National Academies Press, 2013.

[3] SONGER N B, KELCEY B, GOTWALS A W. How and when does complex reasoning occur? Empirically driven development of a learning progression focused on complex reasoning about biodiversity [J]. Journal of research in science teaching, 2009, 46 (6): 610–631.

[4] GROTZER T A. Dimensions of causal understanding: the role of complex causal models in students' understanding of science [J]. Studies in science education, 2005, 41 (1): 117–165.

[5] BERLAND L K, MCNEILL K L. A learning progression for scientific argumentation: understanding student work and designing supportive instructional contexts [J]. Science education, 2010, 94 (5): 765–793.

在待解释项（现象）要素中，分为两个要素水平（表5-5）。较低水平的表现是能确认并描述待解释的现象或预测。待解释的现象或预测是明确的，其中要素较单一，要素间关系简单，要素的变化模式与日常经验相符。在较高水平，学生需要从真实的问题情境中抽象出待解释的现象或预测，然后进行科学表征。待解释的现象或预测往往有多个要素，要素间的关系较为复杂，要素的变化模式与日常经验也不一定相符。

表5-5 待解释项要素的要素水平

待解释项	较低水平 ——→ 较高水平	
	确认并描述待解释的现象/预测（待解释的现象/预测是明确的，其中的要素是比较单一的，要素间关系是简单的，要素的变化与日常经验相符）	抽象并表征待解释的现象/预测（待解释的现象/预测需从真实情境中抽象而来，其中往往有多个要素，要素间关系较为复杂，要素的变化与日常经验不一定相符）

规律要素的进阶设定分"如何调用规律"和"规律的解释水平"两个方面。需考查学生"如何调用规律"，因为许多研究都发现，学生在习得概念、规律后有时却不能在问题情境中调用[1-3]。在桑格团队的进阶研究中发现，在提示下调用规律比学生自主调用要容易[4]，而且同是自主调用，根据关注到的单一或少量关键变量直接选择规律比从复杂的变化情境中通过分析、建模来选择规律更容易。

在"规律的解释水平"方面，科学哲学和认知心理学都对规律的水平有所区分。在科学哲学上，基切尔等的统整观指出，像牛顿的万有引力定律比之前的天体间、地面物体间的相互作用规律有更强的普适性和统整性一样，基于此的科学解释也具有更强的解释力[5]。认知心理学研

[1] DRIVER R，WARRINGTON L. Students' use of the principle of energy conservation in problem situations [J]. Physics education，1985，20（4）：171-176.

[2] MCDERMOTT L C. Students' conceptions and problem solving in mechanics [C] // TIBERGHIEN A，JOSSEM E L，BAROJAS J. Connecting research in physics education with teacher education. Paris：The International Commission on Physics Education，1997.

[3] TABER K S. Shifting sands：a case study of conceptual development as competition between alternative conceptions [J]. International journal of science education，2001，23（7）：731-753.

[4] GOTWALS A W，SONGER N B. Validity evidence for learning progression-based assessment items that fuse core disciplinary ideas and science practices [J]. Journal of research in science teaching，2013，50（5）：597-626.

[5] KITCHER P，SALMON W C. Scientific explanation [M]. Minneapolis：University of Minnesota Press，1989.

究指出，新手解决问题时多基于“具体理论（specific theories）”，这些具体理论实质上是由个体经验小结而成的非普适的、不稳定的零散信念；而专家则会基于更具统整性和逻辑一致性的理论解决问题[1-3]。可见，解释所基于的理论是理解层次的反映，深刻地影响着人们的解释能力[4]。

综上，对理论要素进行如下划分（表 5-6）：在前理论水平，学生在指导、提示下调用事实经验建构解释；在较低水平，学生能以问题中的关键变量为线索，选择处于映射水平的科学概念、定律、原理或理论，据此建构解释；在较高水平，学生对待解释情境进行分析，从而选择处于关系层级甚至系统层级的科学概念、原理、理论或模型。

表5-6　理论要素的要素水平

	较低水平 ——→ 较高水平	
理论要素	以关键变量为线索选择（直接的自主选择）科学概念、定律、原理或理论（处于映射层级）	根据对待解释情境的分析选择（基于分析的自主选择）科学概念、原理、理论或模型（处于关系或系统层级）

在资料要素上，NGSS 在幼儿园至二年级阶段时只要求“进行观察（亲自或从媒体）”，并没有提出更具体的要求。到了三至五年级时已经加入了“测量结果、观察到的模式”等具体要求。到了更高年级（六至八年级和九至十二年级）时，对资料来源的“有效性和可靠性”提出了要求，并强调了学生探究实验等在资料获取中的重要性。博兰德和麦克尼尔分“资料集的大小”和“资料集的限定程度”两个方面探讨了资料要素的进阶[5]。随着进阶发展，资料集会越来越大，而且逐渐不再限定于恰当信息，

[1] CHI M T H，FELTOVICH P J，GLASER R. Categorization and representation of physics problems by experts and novices [J]. Cognitive science，1981，5（2）：121-152.

[2] DRIVER R，LEACH J，MILLAR R，et al. Young people's images of science [M]. Buckingham：Open University Press，1996.

[3] VOSNIADOU S. International handbook of research on conceptual change [M]. 2nd ed. New York：Routledge，2013.

[4] FRIEDMAN M. Explanation and scientific understanding [J]. The journal of philosophy，1974，71（1）：5-19.

[5] BERLAND L K，MCNEILL K L. A learning progression for scientific argumentation：understanding student work and designing supportive instructional contexts [J]. Science education，2010，94（5）：765-793.

而是学生能从不恰当、不相关的信息中进行筛选。综合上述分析，本研究从“资料广度”“资料相关性”“资料获取方式”三个维度衡量资料要素的进阶变化（表 5–7）。

表5–7　资料要素的要素水平

<table>
<tr><td rowspan="4">资料要素</td><td colspan="4">较低水平 ——→ 较高水平</td></tr>
<tr><td>广度</td><td>资料集小</td><td>资料集大</td><td>需定义资料集</td></tr>
<tr><td>相关性</td><td>资料集限于合适资料</td><td colspan="2">资料集包含不合适、不相关资料</td></tr>
<tr><td>获取方式</td><td>资料可直接获取</td><td>需通过直接观察、测量等获取资料</td><td>需通过开展探究实验进行间接观察、测量等获取资料</td></tr>
</table>

在推理要素上，本研究综述了认知心理学和发展心理学对科学推理的研究，据此划分水平（表 5–8）。前两个水平主要基于劳森等对科学推理的内涵分析和发展研究[1-3]以及伯金斯等对学生解释科学问题时的因果推理的解构分层[4]，第三个水平参考了狄安娜 · 库恩等对更高水平的科学推理的研究[5]。在较低水平，学生的推理过程主要是通过对少量变量进行概括、归纳或简单因果推理来建构资料、理论与待解释项的联系。在此基础上，希望学生能厘清多个变量间的共变关系，建构因果链来联接资料、理论与待解释项或能对应、推断表观现象和内在机制。更进一步，学生能逐渐理解共变不等于因果，能在推理时基于资料进行批判性反思。

[1] LAWSON A E. A review of research on formal reasoning and science teaching [J]. Journal of research in science teaching, 1985, 22 (7): 569–617.

[2] KWON Y J, LAWSON A E. Linking brain growth with the development of scientific reasoning ability and conceptual change during adolescence [J]. Journal of research in science teaching, 2000, 37 (1): 44–62.

[3] LAWSON A E, CLARK B, CRAMER–MELDRUM E, et al. Development of scientific reasoning in college biology: do two levels of general hypothesis–testing skills exist? [J]. Journal of research in science teaching, 2000, 37 (1): 81–101.

[4] PERKINS D N, GROTZER T A. Dimensions of causal understanding: the role of complex causal models in students' understanding of science [J]. Studies in science education, 2005, 41 (1): 117–165.

[5] KUHN D, IORDANOU K, PEASE M, et al. Beyond control of variables: what needs to develop to achieve skilled scientific thinking? [J]. Cognitive development, 2008, 23 (4): 435–451.

表5-8　推理要素的要素水平

	较低水平 ——→ 较高水平		
推理要素	通过对少量变量的概括、归纳、对比或简单因果推理建构资料、理论与待解释项的联系	厘清多个变量间的共变关系； 建构因果链或阐明机制来联接资料、理论与待解释项（此过程中可能会应用假设演绎、守恒定律、比例推理、变量控制、概率推理、相关性推理等）	厘清多个变量间的共变关系，理解共变不一定是因果； 建构因果链或阐明机制来联接资料、理论与待解释项（此过程中可能会应用假设演绎、守恒定律、比例推理、变量控制、概率推理、相关性推理等）； 由异类数据反思解释的推理、理论的选择甚至理论本身

三、基于进阶假设的研究预设

根据上一小节提出的进阶假设（表 5-4），本小节进一步明确研究预设以供实证研究检验。科学教育对学生科学解释能力的发展应该有正向作用，所以首先提出预设（1）：随着受科学教育时间的增长，学生建构科学解释的能力从整体均值来看是增强的。更进一步地解构科学解释能力，根据 PTDR 框架显化的四个核心要素，研究提出预设（2）：学生在各要素的表现与解释的整体表现相关并能做出有效估计。在预设（2）成立的前提下，则可以利用 PTDR 框架及基于 PTDR 框架的进阶假设更具体地分析解释水平的进阶。此进阶体现在语言结构的完善和要素水平的提升两个方面，故提出预设（3）和预设（4）。其中预设（3）：语言结构的完善度能提供衡量学生解释表现的信息，且不同的完善度对应不同的难度水平。预设（4）：要素水平的不同会使项目有显著的难度差异。此外，之前的研究还发现学生建构各要素的难度是不相同的[1]，故本研究还将检验预设（5）：各类要素之间的平均难度有差异。

[1] MCNEILL K L, LIZOTTE D J, KRAJCIK J, et al. Supporting students' construction of scientific explanations by fading scaffolds in instructional materials [J]. Journal of the learning sciences, 2006, 15 (2): 153-191.

第三节　解释进阶的实证测评

上一节提出了科学解释的进阶假设，本节采用跨年级测评的方法检验研究预设，据此对进阶假设进行讨论，建构科学解释的学习进阶。

一、研究设计

研究设计路线依照“开发测试工具—事前分析—施测—数据分析”进行。先在现有研究工具的基础上开发题库，随后根据进阶框架对每道试题进行事前分析（ex ante analysis），将试题与进阶框架进行对应匹配。事前分析先由研究者根据进阶假设标定每道试题的二维属性（复杂度层级和概念方面），再邀请学科教育专家、教研员和教师对试题与框架的对应性进行讨论，再次确认试题属性。基于预研究的结果进行试题编排，施测后进行数据分析。

（一）测试工具

研究仍使用科学解释进阶测试作为测量工具来收集资料。但与上一轮研究不同的是，本轮研究根据之前的分析和进阶模型对 SEPA 进行了精细化。精细化是根据进阶模型进一步细化上一轮分析时的结果空间，划分得分档来更准确地刻画学生的表现水平。

仍以试题 SEPA01（见附录 1）来展示评分档的划分。对试题 SEPA01 的基本介绍与前面相同，这里不再介绍。重要的变化在于评判方式和对结果空间的精细化。结果空间包括“理想作答预设”和“其他实际作答预设”两部分[1]：理想作答预设即常规测试中的“标准答案”，其他实际作答预设为对未能达到理想水平的被试的各种表现情况的估计。

在此轮研究中，评分者需要对试题进行两轮评判，两轮评判分别独立进行。第一轮评判与问答题的常规评判方式相同，通过对解释的整体分析，对学生的解释表现进行评估，预设的结果空间如表 5-9 所示。编

[1] WILSON M. Measuring progressions: assessment structures underlying a learning progression [J]. Journal of research in science teaching, 2009, 46 (6): 716-730.

码 2 所列举的表现为“理想作答预设”，编码 1、编码 0 和编码 M 为“其他实际作答预设”。

表5-9 整体解释编码示例

整体解释	【编码2】因为红汤液面上有一层油，这层油阻碍水蒸发从而减少了热量耗散，所以当其他条件（质量、初温和成分）基本相同，且火焰也相同（传入的热量相同）时，红汤热量耗散少，先沸腾； 【编码1】知道从能量角度思考问题，但是回答不完整或不完全正确（例如用比热容进行解释，没能建构油层变量与能量耗散间的联系）； 【编码0】错误的解释； 【编码M】无解释

第二轮评判基于科学解释的 PTDR 框架作为分类系统，并参考各要素的进阶水平作为预设结果空间的依据。表 5-10 展示了 SEPA01 考察的相应进阶水平的理想作答预设。对资料要素，在建构解释时需注意：(1) 红汤液面上有一层油，清汤没有；(2) 其他条件（质量、初温和成分）基本相同。另外，需调用的理论为：(1) 系统吸收一定量的能量才能沸腾（与初温、质量和比热容有关），系统内能的改变 = 传入的能量 - 耗散的能量；(2) 水蒸发吸热，液面上的油能阻碍水蒸发，从而减少热量耗散。涉及的推理包括因果推理（系统的内能变化与吸热、放热的关系，减少蒸发能减少散热等）与变量控制（根据只有油层不同，其他条件相同来进行推断）。

表5-10 试题SEPA01分要素的理想作答预设

—	进阶水平	具体指标
资料	资料集小，资料可直接获取，资料与解释相关	(1) 红汤液面上有一层油，清汤没有； (2) 其他条件（质量、初温和成分）基本相同
理论	以关键变量为线索选择（直接的自主选择）科学概念、定律、原理或理论（处于关系层级）	(1) 系统吸收一定量的能量才能沸腾（与初温、质量和比热容有关），系统内能的改变=传入的能量-耗散的能量； (2) 水蒸发吸热，液面上的油层能阻碍水蒸发，从而减少能量耗散
推理	通过对少量变量的概括、归纳、对比或简单因果推理建构资料、理论与待解释项的联系	(1) 因果推理； (2) 变量控制或差异对比

续表

—	进阶水平	具体指标
待解释项	试题已经给出	试题已经给出

随后再确定 SEPA01 的“其他实际作答预设”。相较于理想作答预设，学生有若干典型问题表现（表 5-11）。在资料要素上，学生能否在题干中获取：（1）红汤液面上有一层油，清汤没有；（2）其他条件（质量、初温和成分）基本相同。在理论要素上，有的学生可能没有建立起现象中的关键变量与相应科学理论的联系，而是根据经验想当然地选择了其他知识来建构解释；也有的学生选择对了相应理论，但对此理论的理解和应用不正确。在推理要素上，学生在分析因果关系和进行差异对比时都有可能出现问题。

表5-11 试题SEPA01分要素的典型问题表现

—	典型问题表现
资料	1.缺失现象（1）； 2.缺失现象（2）； 3.两者都缺失
理论	1.根据经验选择了其他原理； 2.选择了合适的原理但对原理的理解和应用不正确
推理	1.忽视了差异或进行了错误的差异对比； 2.错误的因果推理

综合上述分析，SEPA01 的第二轮评判时的结果空间如表 5-12 所示。各要素中的编码 2 为“理想作答预设”，其他编码为“其他实际作答预设”。

表5-12 试题SEPA01的结果空间

—	编码
资料	【编码2】（1）红汤液面上有一层油，清汤没有；（2）其他条件（质量、初温和成分）基本相同； 【编码1】缺失其中之一； 【编码0】选择了其他资料； 【编码M】未提及资料

续表

—	编码
定律	【编码2】（1）系统吸收一定量的能量才能沸腾（与初温、质量和比热容有关），系统内能的改变=传入的能量-耗散的能量；（2）水蒸发吸热，液面上的油层能阻碍水蒸发，从而减少热量耗散； 【编码1】不完全的理论（只有上述两者之一）； 【编码0】调用了错误的理论或对理论的认识错误； 【编码M】未调用理论
推理	【编码2】因果推理，差异对比或变量控制； 【编码1】不完备的推理方式； 【编码0】错误的推理； 【编码M】无推理
待解释项	试题已经给出

其他试题的结果空间也按照上述步骤确定。随后6位评分者依据结果空间对被试作答进行编码。在评分前先对评分者进行了培训，使评分者之间的一致性系数在0.8以上后开始评分。编码过程中区分了要素缺失和要素错误，因此本研究可以用要素完整度指标（应具备的要素数—缺失的要素数）来衡量学生解释语言结构的完善度。垂直链接的题组编排使研究可利用项目反映理论进行指标估计[1]，从而可进行各类比较分析。

（二）被试及测试安排

待分析的原始数据与第四章相同，即分层随机抽取的来自J市D区和T区的4550名八至十二年级的学生。不同在于，本章的数据分析是对采集到数据的全样本进行分析。

二、数据分析

数据分析基于项目反映理论中的Rasch模型。在本书第二章曾介绍过，项目反应理论将项目（item）作为测量被试能力水平的基本单位，通过估计项目参数来描述项目的属性，继而反映被试的特征和能力水平，其最明显的优势是所估计的被试能力参数与项目参数具有稳定性和可比

[1] BOND T G, FOX C M. Applying the Rasch model: fundamental measurement in the human sciences [M]. New York: Routledge, 2006.

性[1]。Rasch 模型是其中一类特殊的单参数模型，在教育与心理测量，特别是科学和数学教育研究中得到了广泛的应用[2,3]。根据研究需要，通过 Winsteps（版本 3.72）运用多级计分 Rasch 模型进行参数估计（原始结果见附录 1）。

（一）测试工具的质量监控

除了前面讨论的评分者信度外，本研究还使用 Winsteps 计算了区分度信度：被试信度（person reliability）为 0.88，试题信度（item reliability）为 0.99，这两个信度指标的值均大于 0.80，表明测试工具的区分度良好，能准确地评估学生的能力和试题的难度。“标准化残差变异数表”显示，模型（第一个维度）可解释的方差占比为 63.5%，最大的潜在维度能解释的方差占比为 6.6%。表明任务解决过程中只有一个主心理构造在起作用，符合使用单维项目反应模型的要求。模型拟合度指标方面，本轮研究中绝大部分项目 MNSQ 值在 0.8 ～ 1.2。考虑到试题类型为问答题并严格按照评标分类计分，与选择题的筛选指标不同，试题项目编码后的分布接近理想模型是可能的，所以试题项目的 MNSQ 值筛选范围应向上述范围内（0.8 ～ 1.2）左端平移[2]。与之相反，完整度项目的 MNSQ 值筛选指标向上述范围内右端平移。经审查，有 6 个项目的 MNSQ 值不符合此标准而被剔除，故最后进入分析的项目为 59 个。另外，试题难度平均值为系统默认值 $M_{\text{item}}=0$，被试能力平均值为 $M_{\text{people}}=-1.18$，考虑到学生能力分布较广（-4.9，4.2），所以从整体来看试题略微偏难，但也基本适合学生水平。

（二）样本的统计描述

本节先分组描述被试，将五个年级分为初中物理组（八年级和九年级）、必修物理组（十年级和十一年级）和选修物理组（十二年级）三个组，分别简记为 M、H 和 A。图 5-5 为三组被试的能力均值线图，图中用误

[1] LINDEN W J，HAMBLETON R K. Handbook of modern item response theory［M］. New York：Springer，1997.

[2] BOND T G，FOX C M. Applying the Rasch model：fundamental measurement in the human sciences［M］. New York：Routledge，2006.

[3] LIU X F，BOONE W J. Applications of Rasch measurement in science education［M］. Maple Grove，MN：JAM Press，2006.

差棒标出了平均值的 95% 置信区间，并用虚线来表征变化趋势。通过绘图确认了大致变化趋势后，运用统计描述详细刻画。

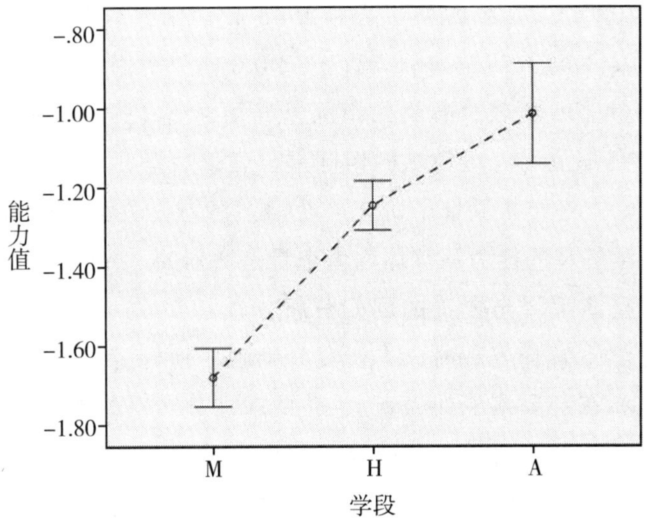

图 5-5　各学段学生的平均解释能力

表 5-13 中显示的是各年级及总样本的描述性统计参数，从第二列数据可以看到学生能力水平随学段的逐级发展。

表5-13　各年级与总样本的描述性统计参数

—	样本数	平均值	平均标准误差	标准差
M（八至九年级）	1800	-1.68	0.04	1.59
H（十至十一年级）	2020	-1.25	0.03	1.42
A（十二年级）	734	-1.01	0.06	1.75
总样本	4554	-1.38	0.02	1.57

用 SPSS（版本 20.0）进行 K-S 分布的拟合优度检验（Kolmogorov-Smirnov test）（表 5-14）发现，三组被试的样本分布呈偏态，不符合正态分布（$p < 0.05$）。故本书结合使用非参数检验和方差分析以求得到更准确的结果。

表5-14　三组被试的K-S检验（正态分布）结果

—	D	df	p
M（八至九年级）	4.77	1800	<0.001
H（十至十一年级）	3.19	2020	<0.001
A（十二年级）	2.14	734	<0.001

使用 Kruskal-Wallis 单因子方差分析检验各组间的差异情况。结果显示，χ^2（2）=121.18，$p < 0.001$，M 组的秩均值为 2018.42；H 组的秩均值为 2408.65；A 组的秩均值为 2548.47。用 ANOVA 再次讨论组间差异，得到 F（2，4552）=61.68，$p < 0.001$。使用 Bonferroni 校正后的两两之间的多重比较，各组的组间差异均显著（$p < 0.001$）。综上所述，两个检测都显示三组被试的组间差异显著，学生能力平均值随年级升高而上升。上述结果验证了研究预设(1):随着受科学教育时间的增长，学生建构科学解释的能力从整体均值来看是增强的。

（三）整体解释与要素的回归分析

在描述学生解释表现时，本研究分别独立地标定了两个指标（解释的整体表现和在各要素上的表现），并要求评分者对试题进行两轮评判。由此，研究将通过多元回归分析检验学生在各要素上的表现对整体解释表现的预测能力。本研究涉及的变量中，整体表现记为 F，待解释项要素记为 P，理论要素记为 T，资料要素记为 D，推理要素记为 R。

先进行变量间的相关分析，使用 SPSS（版本 20.0）计算变量间的斯皮尔曼等级相关系数（Spearman's rank correlation coefficient），整体表现（F）与在四个要素上的表现均显著相关 $r_s > 0.50$，$p < 0.01$。四个要素间的表现也存在显著相关，但相关系数远小于变量共线的警戒标准，故可进行回归分析。

以待解释项（P）、理论（T）、资料（D）和推理（R）作为自变量，整体表现（F）作为因变量，通过 SPSS（版本 20.0）用进入法（enter regression procedure）进行多元回归分析。从计算的结果（表 5-15）可以看到：四个自变量均被纳入了回归模型（$p < 0.001$），且此模型具有较好的预测力（R^2=0.790，F（4，4566）=4728.83，$p < 0.001$）。

表5-15 线性回归模型

—	*B*	*SE B*	*β*
常数	-0.210	0.017	—
P	0.269	0.011	0.193***
T	0.339	0.011	0.330***
D	0.044	0.009	0.044***
R	0.394	0.010	0.394***

注：*** $p < 0.001$。

对变量的回归分析为 PTDR 框架的有效性提供了证据支持。特别是模型的拟合优度接近 0.8，说明四个要素的变化能解释绝大部分解释表现的变化。故上述分析检验了预设（2）：学生在各要素的表现与解释的整体表现相关并能做出有效估计。更具体地分析，标准化系数的不同表明各要素对解释表现的影响大小是不同的。从现在的统计结果来看，理论（T）和推理（R）要素影响较大，待解释项（P）和资料（D）要素影响较小。

（四）基于怀特图的项目分析

前面的分析结果使研究可以利用 PTDR 框架及基于 PTDR 的进阶假设更具体地分析解释水平的进阶。而更细致的进阶分析涉及两个方面多个层次，故先绘制怀特图用以初步观察项目难度的变化趋势。对 Winsteps 输出的怀特图，在保持项目的水平高度（难度系数）不变的情况下，对项目进行了平移聚类，得到加工后的怀特图（图 5-6）。怀特图的中间是能力（难度）标尺，怀特图的左边显示被试的整体分布，右边显示项目的分布。在被试分布一侧，每个“#”号代表 30 名被试。在项目分布一侧，前四列是衡量科学解释的语言结构完善度的项目，编码方法为“题号 +N+ 要素数量”。从左到右依次是含有一个要素（XXN.1）、含有两个要素（XXN.2）、含有三个要素（XXN.3）和含有全部要素（XXN.4）。第五列到第八列依次是衡量“待解释项（P）”“资料（D）”“推理（R）”和“理论（T）”的项目，编码方法为“题号 + 要素代码 + 要素水平”。最后一列是衡量整合解释的项目，编码方法为“题号 +F”。

从图 5-6 中前四列的变化趋势可以看到，第一，要素数量的增加伴随着项目难度参数的增加，此变化趋势符合预设（3）的预测。第二，观察第五列到第八列可以看到，待解释项（P）要素的项目整体难度水平最低，资料（D）要素其次，而推理（R）和理论（T）要素的项目整体难度较高，此变化趋势与预设（5）相关。第三，较高要素水平的项目难度一般高于较低要素水平的项目难度。此变化趋势与预设（4）相符。此外，怀特图上还反映了要素数量与各要素不同水平的对应关系。随后，本研究将通过统计检验来分析从怀特图中观察到的趋势，讨论、检验预设（3）、预设（4）和预设（5）。

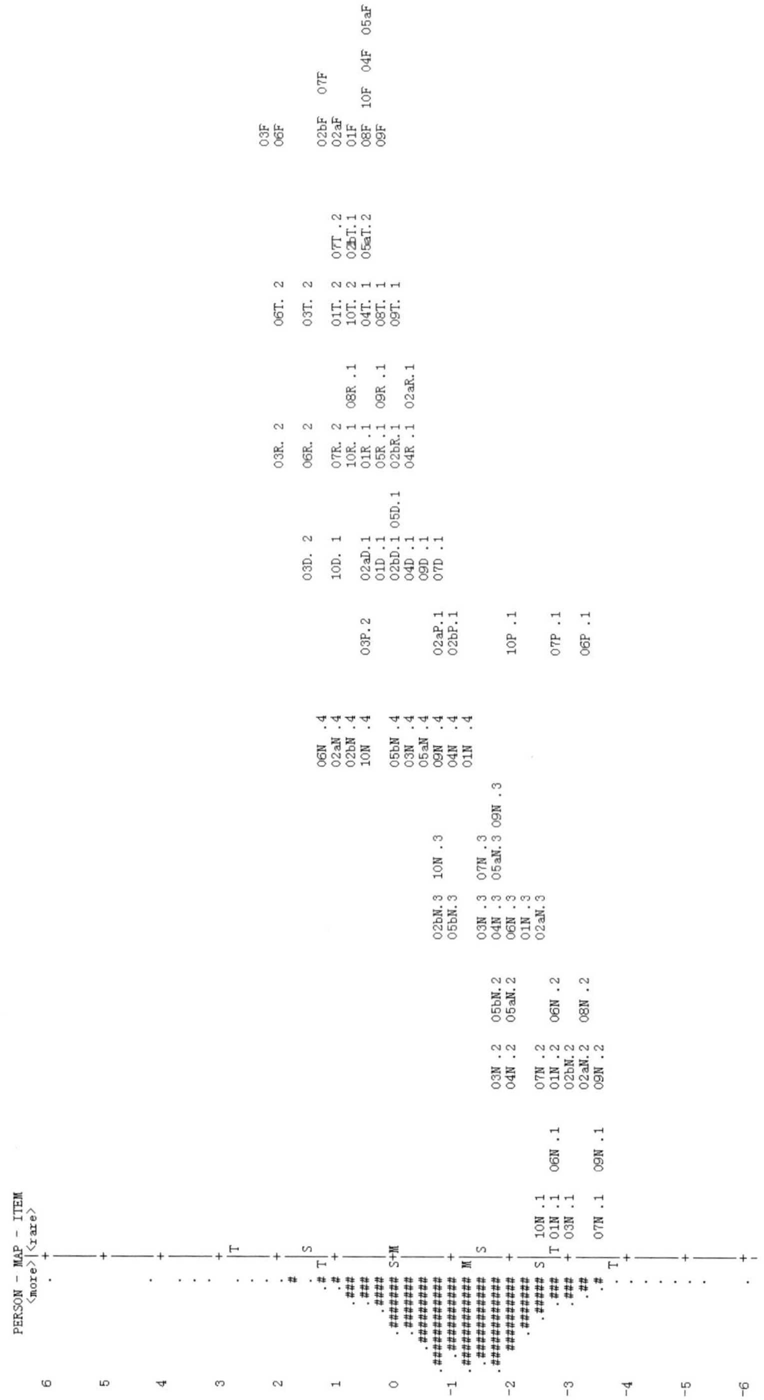

图 5-6 科学解释测试的怀特图

（五）语言结构的完善度的进阶

根据 PTDR 框架，本研究将语言结构完善度作为科学解释进阶的重要方面之一，并按要素数量划分了若干水平。此进阶假设的成立应包含两重检验：第一，语言结构完善度作为衡量指标能对学生进行区分和描述；第二，用以区分学生的若干水平之间有差异。以下就这两个方面分别进行检验和讨论。

对于检验一，研究考察了语言结构完善度项目的项目信息曲线（item information curve）。项目信息曲线的 X 轴是能力 / 难度值，Y 轴是信息量，信息量根据信息函数（information function）绘制。项目信息曲线表征了项目在何种程度上能够区分被试，从而提供对被试的描述信息。本研究先利用软件分别绘制各道题的语言结构完善度项目的项目信息曲线，然后将其合并到同一坐标系中（图 5-7）。从图 5-7 中可以看到，这 12 个项目有较广的覆盖范围，特别是在（–3，2）的范围内能提供较多信息。联系到怀特图中的被试分布，被试的主体分布在（–3.5，1）的范围内。所以此类项目能较充分地区分样本学生，且能提供较充分的测试信息。

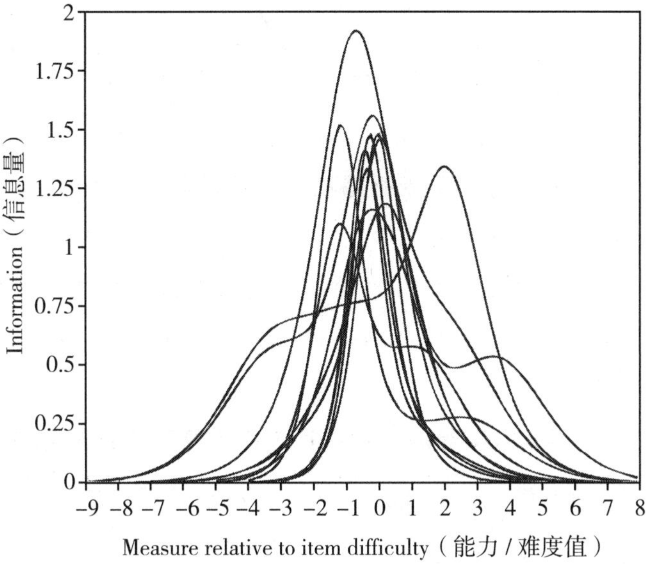

图 5-7　要素数量项目的项目信息曲线

对于检验二，前面的怀特图给予了比较直观的支持性资料。整体来看，虽然有一定重叠，但较多的要素数量对应其难度指标也较高。除此之外，研究还考查了语言结构完善度项目的项目类别曲线（item category curve，简称 ICC）。以其中一道试题为例，图 5-8 是软件提供的试题 SEPA02b（见附录 1）的语言结构完善度项目的 ICC。从左至右的曲线依次表征了在某一能力值上有 0 个、1 个、2 个、3 个和完整要素的概率。从图 5-8 中可以看到，各类别的曲线分布均匀且都能有占主导的区间（但该试题中要素数量为 3 的一类区间较小）。可见要素数量可以作为合理的分类指标。

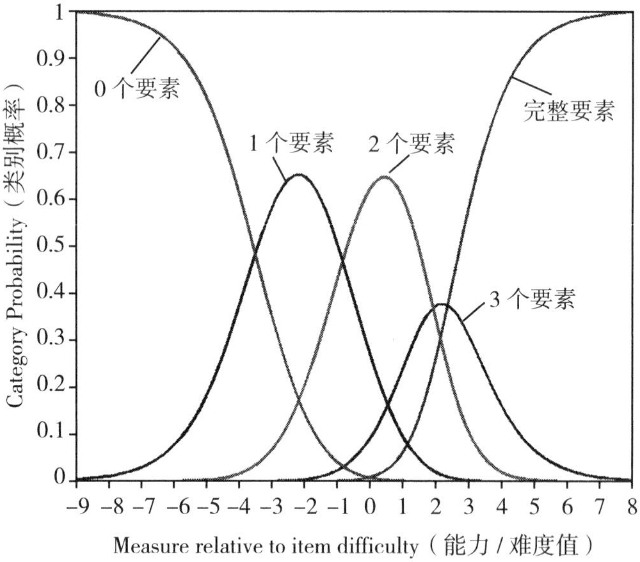

图 5-8 要素数量项目的项目类别曲线

更进一步，还可以利用软件提供的处于各类别的被试的能力值进行统计检验。选择要素数量作为因素，对应的被试平均能力值作为变量，使用 SPSS（版本 20.0）检验各组分布符合正态分布后（表 5-16），进行单因素方差分析。

表5-16 各要素数量组的描述统计与K-S检验（正态分布）结果

要素数量	平均值	标准误差	D	df	p
0个要素	−3.88	0.29	0.757	12	0.615
1个要素	−2.29	0.17	0.627	12	0.827
2个要素	−1.57	0.11	0.638	12	0.810
3个要素	−1.08	0.11	0.752	12	0.624
4个要素	−0.21	0.09	0.467	12	0.981

单因素方差分析结果显示，组间差异显著，$F(4, 55)=62.28$，$p<0.001$。方差齐性检验(homogeneily of variance test)发现方差非齐性，$F(4, 55)=5.50$，$p=0.001$，故使用对应方差非齐性的Games-Howell检验进行两两之间的多重比较。检验结果发现各组之间的组间差异均显著（$p<0.05$）。

上述分析验证了观察怀特图所发现的趋势，表明以语言结构的完善度作为衡量指标能提供较充分的信息用以区分、描述学生的表现水平，而且各水平之间的学生能力值差异显著。故预设（3）成立，语言结构的完善度能提供衡量学生解释表现的信息且不同的完善度对应不同的难度水平。

（六）各要素间与要素内层级的差异分析

具体到要素间和要素内的进阶，本研究仍沿用能量学习进阶研究中的检验方法进行探讨。对要素的研究涉及要素水平（X_1）、要素类别（X_2）和项目难度值（Y）三个变量。两个自变量间的斯皮尔曼等级相关系数分析显示 $r_s=0.270$，$p=0.10$，表明两个自变量不相关，不会出现共线问题。而因变量和两个自变量均显著相关（$p<0.01$），其中要素水平和项目难度值的相关系数（$r_s=0.655$）大于四个要素类别和试题难度值的相关系数（$r=0.464$）。相关分析的结果符合进行线性回归的基本假定。

以要素水平（X_1）和要素类别（X_2）作为自变量，项目难度值（Y）作为因变量，通过SPSS（版本20.0）用逐步回归法（stepwise regression procedure）进行回归分析。从计算的结果（表5-17）可以看到，以要素水平（X_1）为自变量、项目难度值（Y）作为因变量的模型一（Step 1）可决系数 $R^2=0.323$，调整后的可决系数adjusted $R^2=0.304$。增加要素类别（X_2）变量能显著提升模型二（Step 2）的预测能力（$\Delta R^2=0.162$，$p=0.002$）及可决系数（$R^2=0.484$）。

表5-17　要素项目的项目难度影响因素的回归分析

—	B	$SE\ B$	β
Step 1	—	—	—
常数	−1.851	0.508	—
要素水平	1.423	0.344	0.568***

续表

—	*B*	*SE B*	*β*
Step 2	—	—	—
常数	-2.773	0.529	—
要素水平	1.136	0.316	0.453**
要素类别	0.488	0.147	0.418**

注：Step 1 R^2=0.323，Step 2 R^2=0.484（ΔR^2=0.162，p=0.002）.

** $p < 0.01$；*** $p < 0.001$

上述结果表明，利用要素水平和要素类别作为变量能在一定程度上估计项目难度值，即回归分析对预设（4）和预设（5）给予了一定支持。接下来进一步检验这两个预设。测试中仅涉及了两个要素水平，故将直接进行两个独立样本的 t 检验来探讨预设（4）。而要素类别有四个（P、T、D、R），故将通过单因素方差分析对预设（5）进行探讨。

用 SPSS（版本 20.0）对两个要素水平的项目难度值进行 t 检验，两个样本方差齐性，t=-4.14，$p < 0.001$，d=1.15，表明要素水平较高的项目的平均难度值（M=0.996，SD=0.58）显著高于要素水平较低的项目的平均难度值（M=-0.427，SD=1.24）。此结果验证了预设（4）——要素水平不同会使项目有显著的难度差异。用 SPSS（版本 20.0）检验样本分布的正态性后对各要素类别的项目难度进行单因素方差分析（表 5-18）。计算发现，要素类别显著影响项目的难度值 F（3，34）=7.89，$p < 0.001$，ω=0.35。Levene 检验显示 p=0.133，说明方差齐性。使用以方差齐性为前提的带 Bonferroni 校正的两两比较发现：待解释项要素（P）显著低于其他三个要素（其中与资料要素的差异显著性在 0.1 水平，与理论和推理要素的差异显著性在 0.01 水平），资料要素（D）、理论要素（T）和推理要素（R）两两之间的差异不显著。

表5-18 各要素类别的统计描述和K-S检验（正态分布）结果

类别	*N*	*M*（*SE*）	*D*	*p*
待解释项（P）	6	-1.46（0.57）	0.334	0.999
资料（D）	10	-0.15（0.42）	0.812	0.525
理论（T）	11	0.84（0.17）	0.457	0.985
推理（R）	11	0.55（0.22）	0.638	0.811

上述结果部分验证了预设（5），即不同的要素类别会对项目难度有显著的影响。但是两两对比各要素间的差异关系，除待解释项要素（P）显著低于其他三个要素外，其他要素间难度有差异但不显著。

三、讨论与启示

本节以基于PTDR框架的进阶假设为蓝图，借助项目反应理论再次分析了样本学生的解释表现。面向理论研究提出的五个预设：对被试的方差分析表明，随着接受科学教育时间的增长，学生建构科学解释的能力从整体均值来看在增强，验证了研究预设（1）。对整体解释和各要素间关系的相关分析和回归分析发现，学生在各要素的表现与解释的整体表现相关，且学生在各要素的表现能很好地预测其科学解释的整体表现，此结果支持了研究预设（2）并初步验证了PTDR框架的有效性。对要素数量项目的指标分析表明，语言结构的完善度指标能区分学生的解释表现水平且有相当清晰的区分度，支持了研究预设（3）。对测验中涉及的各要素水平之间的均值差异检验表明，要素水平不同会使项目有显著的难度差异，支持了研究预设（4）。对各类要素之间的方差分析表明，要素类别的不同对项目难度有显著的影响，但根据本研究的结果不能就四个要素间排出线性关系，所以研究预设（5）不完全成立。

预设（5）的研究结果与国外相关研究的结果有所不同。本研究发现待解释项最容易，资料、推理和理论的难度水平差异不太大，但国外一些团队发现存在从论断（接近于本研究的待解释项）到证据（接近于本研究的资料）再到推理的难度是递进的过程[1, 2]。其中最主要的不同点在于资料要素是否会比理论和推理要素更容易。对此不同的研究结果，可以有两种解读。第一种解读是对预设（5）的检验结果反映了解释各要素间的难度关系，从而在一定程度上否定之前的研究结果。第二种解读

[1] MCNEILL K L, LIZOTTE D J, KRAJCIK J, et al. Supporting students' construction of scientific explanations by fading scaffolds in instructional materials [J]. Journal of the learning sciences, 2006, 15 (2): 153-191.

[2] SONGER N B, KELCEY B, GOTWALS A W. How and when does complex reasoning occur? Empirically driven development of a learning progression focused on complex reasoning about biodiversity [J]. Journal of research in science teaching, 2009, 46 (6): 610-631.

是研究结果的不同反映的是中国、美国被试学生在资料要素上的表现差异，即由于我国学生在资料要素上表现欠佳，导致考察资料项目的得分率低，所以这些项目的难度值上升，产生了上述对预设（5）的检验结果。

结合第一轮的质性研究，认为第二种解读可能性更大。因为第一轮质性研究曾分别归纳了要素的缺失率和错误率。资料要素的缺失率最高，但在不缺失的情况下，错误率的归纳符合国外研究团队的论断（待解释项）最容易（错误率最低）、证据（资料）其次（错误率次之）、推理最难（错误率最高）的次序。而对预设（5）的检验结果反映的是包含缺失和错误在内的全部表现情况，故有可能是我国学生在建构解释时调用资料的意识较差，导致考察资料项目的得分率低，所以拟合后这些项目的难度指标较高，使得资料要素比预想的要难，达到了和理论要素及推理要素接近的水平。当然，对此差异到底哪种解读更确切，需要收集更多资料来进一步分析。

无论对研究结果如何解读，本研究认为当前我国的科学教育实践低估了资料的重要性。尊重、基于实证资料不仅是科学有别于其他形而上的学科的核心特质之一，而且是人类理性认识世界的重要基础。对于学生对资料的反应和评估，琛（C. A. Chinn）等学者进行了细致的观察研究，特别是他们在《认知与教学》（*Cognition & Instruction*）上发表的研究报告及其后续的研究，在心理学界和科学教育界都引起了重要反响[1, 2]。而我国对此系统的研究较少，导致对教育实践的指导不多。而且在教师培训时与教研员、教师的沟通发现，我国教师在培养学生科学解释时对获取资料的强调极少。所以无论是资料要素确实比较难，还是我国学生在资料要素上表现欠佳，都启示研究者和教育实践者应在科学教育和科学教育研究中重视资料的重要地位。

根据进阶假设提出一系列的研究预设及对研究预设的检验和讨论是为了更好地分析、组织所收集到的资料，从而能用来调整、完善进阶假设。根据语言结构的完善度和各要素的水平这两个方面的内在层级，原

[1] CHINN C A，BREWER W F. An empirical test of a taxonomy of responses to anomalous data in science [J]. Journal of research in science teaching，1998，35（6）：623-654.

[2] CHINN C A，BREWER W F. Models of data：a theory of how people evaluate data [J]. Cognition and instruction，2001，19（3）：323-393.

进阶假设结合两者为科学解释的学习进阶预设了七个可能的进阶水平（表5-4）。上述统计分析中对预设（3）和预设（4）的检验分别验证了两个方面内在层级的有效性。对于两个方面内在层级如何结合，怀特图（图5-6）也给出了线索。

从怀特图（图5-6）可以看到，当学生的解释中只包含两个到三个要素时，其要素的水平达到较高水平的概率很低。所以原进阶假设中的水平3和水平5是不符合学生实际表现的。此外，在检验预设（5）时发现，待解释项要素的难度水平最低。综合此结果与怀特图可以看到，当学生的解释中只包含一个到两个要素时，学生基本上也只是在现象要素上能达到较低水平，而在其他要素上仍尚未达到较低水平。所以原进阶假设的水平1和水平2的要素水平可以具体化到待解释项要素的表现。综上所述，基于实证结果调整后的科学解释的学习进阶如表5-19所示。

表5-19　科学解释的学习进阶

水平	表现期望
水平1	能确认并描述待解释的现象/预测（待解释的现象/预测是明确的，其中的要素是较单一的，要素间关系是简单的，要素的变化与日常经验相符）
水平2	能确认并描述待解释的现象/预测（待解释的现象/预测是明确的，其中的要素是较单一的，要素间关系是简单的，要素的变化与日常经验相符），并尝试对待解释项提供支持
水平3	能确认并描述待解释的现象/预测（待解释的现象/预测是明确的，其中的要素是较单一的，要素间关系是简单的，要素的变化与日常经验相符），并能以关键变量为线索选择科学概念、定律、原理或理论，结合小范围内的相关资料，通过对少量变量的概括、归纳、对比或简单因果推理，建构资料、理论与待解释项的联系。但上述过程中某一环节有缺失或错误
水平4	能确认并描述待解释的现象/预测（待解释的现象/预测是明确的，其中的要素是较单一的，要素间关系是简单的，要素的变化与日常经验相符），并能以关键变量为线索选择科学概念、定律、原理或理论，结合小范围内的相关资料，通过对少量变量的概括、归纳、对比或简单因果推理，建构资料、理论与待解释项的联系
水平5	能抽象并表征待解释的现象/预测（待解释的现象/预测需从真实情境中抽象而来，其中往往有多个要素，要素间关系是较为复杂的，要素的变化与日常经验不一定相符），根据对待解释情境的分析选择科学概念、原理、理论或模型，在较广的资料集中筛选资料，厘清多个变量间的共变关系，建构因果链或阐明机制来联接资料、理论与待解释项

在建构要素水平的进阶层级时，研究注意到了西方科学教育语境下的科学解释和我国当前科学教育语境下的科学解释的差异。在西方科学教育中，科学解释植根于科学探究活动中，是科学实践的关键要素。其强调在真实情境中，根据在探究中收集到的证据，调用相关科学理论进行推理来尝试建构科学解释。与之不同，尽管我国的课程标准在探究要素中强调了联系事实与知识建构解释，但是在当前的科学教育实践中，课堂和练习中的解释主要是在抽象的问题情境中，以题设条件为线索基于科学知识和原理进行解释性推断。

本研究在测试工具的开发时也没能完全跳出我国的科学教育语境下对科学解释的认识。这导致虽然开发了一系列开放式问答题，但是测试题的形式和结构仍比较传统，没有给学生留出充分的探究空间。这一局限使得对各要素的较高水平考查较少，学生在解决问题时自主建构解释的余地也较小。这启示我们在后续研究中应继续收集好的试题情境，思考题设形式和结构的创新，使问题的解决过程更具有建构性和自主性，更好地考查作为科学实践要素的科学解释。

然而，尽管本轮测试对各要素的较高水平考查较少，即对科学解释的测试比较基础，但学生的解释表现仍不甚理想。对于这一批以考查较低水平解释能力为主的试题，全样本的平均能力值仍比试题平均难度值低了 1.18，换算成综合信任概率只有 P_M=0.235，距离基本掌握的基准线（P=0.50）尚有一定差距[1,2]。具体到各年级的表现，虽然在检验预设（1）的时候发现随着年级的增长，学生的解释能力在增强，但仍存在较大的进步空间。

[1] BOND T G，FOX C M. Applying the Rasch model：fundamental measurement in the human sciences [M]. New York：Routledge，2006.

[2] LIU X F，MCKEOUGH A. Developmental growth in students' concept of energy：analysis of selected items from the TIMSS database [J]. Journal of research in science teaching，2005，42（5）：493-517.

第六章 基于进阶的教学研究

整合发展的理念提示我们，在儿童的科学学习过程中，概念理解、实践能力、共通概念等维度是交织发展的。倡导融合科学概念理解与科学实践能力，开展科学学习的设计和实践，是践行整合发展理念的关键一步。故本章基于整合发展的理念，尝试将“能量理解的学习进阶”和“科学解释的学习进阶”两项研究成果进行整合，开展基于进阶的教学研究。[1]

[1] 在进行科学解释学习进阶研究之前，笔者自2013年起开展了能量学习进阶的研究，本章的教学研究基于两者的研究成果，对能量学习进阶进行研究，感兴趣的读者可参阅*Refining a learning progression of energy*（Yao & Guo，2018）.

第一节 教学预备

“能量理解的学习进阶”和“科学解释的学习进阶”为学生在能量理解和科学解释上的发展勾画了蓝图。本节先介绍整个教学预备的流程，随后详细说明如何通过表现期望（performance expectation）整合“能量理解的学习进阶”和“科学解释的学习进阶”的研究成果，设计教学过程。

一、教学预备的整体流程

教学预备的流程基于教学系统设计的相关理论。在初步了解了教学设计的发展起源后[1,2]，首先对理论普适的设计理论[3-9]进行了整理和分析。在整理过程中，我们意识到“认知测量—进阶蓝图—学习轨迹—教学设计—教学实践”的流程，在一定程度上继承了从马杰（Mager）和布鲁姆（Bloom）的行为目标标准化以及格拉萨（Glaser）和克隆巴赫（Cronbach）

[1] REISER R A. A history of instructional design and technology: part II: a history of instructional design [J]. Educational technology research and development, 2001, 49 (2): 57-67.

[2] 高文. 教学设计研究的昨天、今天和明天 [M] //赖格卢斯.教学设计的理论与模型：教学设计的新范式（第2卷）. 北京：教育科学出版社，2011：1-27.

[3] DICK W, CAREY L, CAREY J O. The systematic design of instruction [M]. 7th ed. Upper Saddle River, NJ: Pearson Education, 2009.

[4] JONASSEN D. Designing constructivist learning environments [M] // REIGELUTH C M. Instructional design theories and models: a new paradigm of instructional theory. New York: Routledge, 2009: 215-239.

[5] MAYER R E. Designing instruction for constructivist learning [M] // REIGELUTH C M. Instructional design theories and models: a new paradigm of instructional theory. New York: Routledge, 2009: 215-239.

[6] MORRISON G R, ROSS S M, KEMP J E. 设计有效教学 [M]. 严玉萍，译. 北京：中国轻工业出版社，2007.

[7] PERKINS D N, UNGER C. Teaching and learning for understanding [M] // REIGELUTH C M. Instructional-design theories and models: a new paradigm of instructional theory. New York: Routledge, 2009: 91-114.

[8] SCHWARTZ D L, LIN X, BROPHY S, et al. Toward the development of flexibly adaptive instructional designs [M] // REIGELUTH C M. Instructional-design theories and models: a new paradigm of instructional theory. New York: Routledge, 2009: 183-213.

[9] 加涅，布里格斯，韦杰.教学设计原理 [M]. 皮连生，庞维国，译. 上海：华东师范大学出版社，1999.

的设计目标参照化的教育系统设计理念。而且注意到，一些面向科学学习的设计理论也与上述理念一脉相承且能给予科学学习的设计更为具体的指导。例如，科瑞柴克等提出的学习目标驱动设计模型（learning-goals-driven design model）、佩莱格里诺（Pellegrno）提出的构造中心设计模型（construct-centered design model）等[1-3]，以学科普适的教学系统设计模型和前面的两个面向科学的教学系统设计模型为蓝本，本研究明确学习进阶在系统设计时的功能，开发了基于学习进阶的教学系统设计模型（图 6-1）。

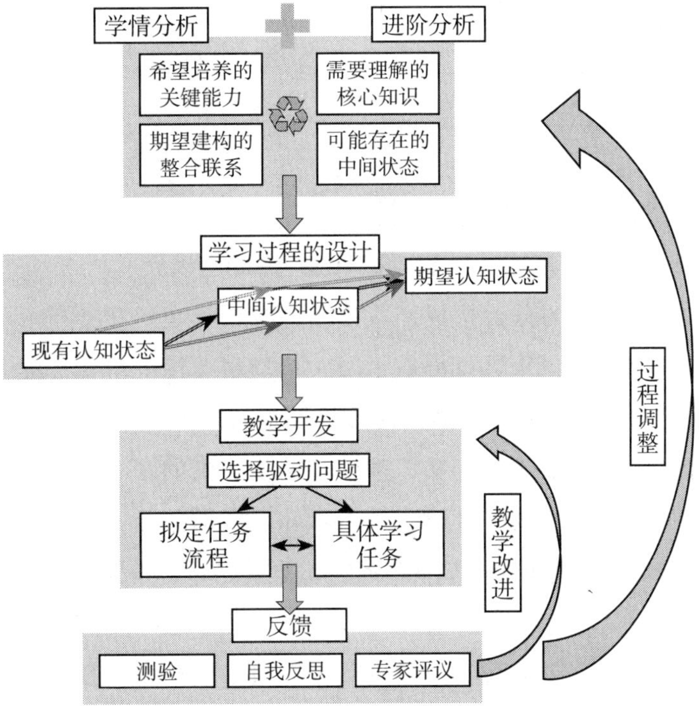

图 6-1　基于学习进阶的教学系统设计模型

[1] KRAJCIK J, MCNEILL K L, REISER B J. Learning-goals-driven design model: developing curriculum materials that align with national standards and incorporate project-based pedagogy [J]. Science education, 2008, 92 (1): 1-32.

[2] PELLEGRINO J, KRAJCIK J, STEVENS S, et al. Using construct-centered design to align curriculum, instruction, and assessment development in emerging science [R] // International Society of the Learning Sciences. International Conference on International Conference for the Learning Sciences. Utrecht: The Netherlands, 2008.

[3] SHIN N, STEVENS S Y, KRAJCIK J. Tracking student learning over time using Construct-Centered Design [M] // ROUTLEDGE S. Using analytical frameworks for classroom research: collecting data and analysing narrative. London: Taylor & Francis, 2010: 38-58.

教育技术界多认为ADDIE模式（图6-2）是教学系统设计理论的基本范式[1,2]。即将教学系统的设计分为分析、设计、开发、执行和评估五个模块。基于学习进阶的教学系统设计模型也遵照了这一经典范式，故后文按ADDIE模式的五个模块对基于学习进阶的教学系统设计模型进行诠释。

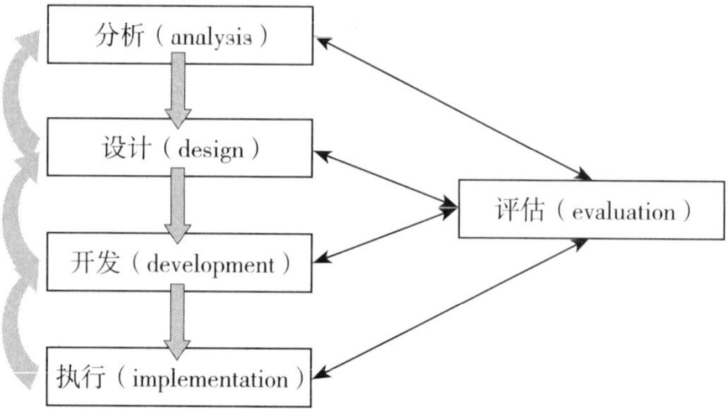

图6-2 教学设计的ADDIE模式

对学情和进阶的分析构成了本模型的分析模块。在此模块中应带着以下四个方面的问题来进行分析：（1）希望培养的关键能力是什么，学生的原有能力基础和期望达到的能力目标是怎样的？（2）希望促进的内容理解有哪些，学生的原有知识基础和期望达到的理解目标是怎样的？（3）希望帮助学生建构哪些整合（包括知识间的整合、能力间的整合和知识与能力的整合）联系？（4）学生在学习过程中可能存在哪些中间认知状态？

传统的分析模块中的目标分析已考虑通过对标准文件的分析，确定最终期望达到的能力标准和理解标准。但通过与一线教师的沟通发现，相当比例的教师在基于标准确定教学目标上感到有困难。与之类似，传统的分析模块中的学情分析也考虑了学生的能力基础和知识基础。但一些教师，特别是新手教师在把握学生的学习能力上感到有困难。所以他们更多地根据教科书的编排来确定各阶段的教学目标，或模仿有经验教

[1] REISER R A. A history of instructional design and technology: part II: a history of instructional design [J]. Educational technology research and development, 2001, 49 (2): 57-67.

[2] 高文. 教学设计研究的昨天、今天和明天 [M] //赖格卢斯.教学设计的理论与模型：教学设计的新范式（第2卷）. 北京：教育科学出版社，2011：1-27.

师的节奏来开展教学。此时，“基于学习进阶”就能体现出一定的优势。教师和研究者可以根据学习进阶研究中开发的测试工具，有选择地对学生开展前测，将前测结果与进阶蓝图进行对比，确定学生的能力起点和理解起点。随后，教师和研究者可以根据学生的学习状态在进阶蓝图中确定接下来教学的各阶段目标和可能的最终目标。这样，问题（1）和问题（2）就能得到较好的回应。而且，很多学习进阶研究提供了在发展过程中学生可能存在的中间状态[1, 2]，这对回应问题（4）给予了支持。学习进阶本身强调大概念，而整合学习进阶又有助于进行知识与能力的整合，这对回应问题（3）也提供了初步的解决方案。

带着从分析模块中得到的结果和考量，进入设计模块来规划整体的教学过程。图 6-1 中用非常简单的表征方式来表示教学系统的设计，但实际上学习轨迹是多元、多段、较为复杂的。多元是指，学习轨迹常涉及实践能力和概念理解等多个认知发展维度，有时在一个维度上还会涉及多个认知发展方面（例如某单元的学习可能会考虑提出问题、科学解释等多个实践能力），故设计模型中三条双线表征设计时需规划各认知发展要素的协同发展。多段是指，学习轨迹一般涉及几个进阶层级，以层级间为主、层级内为辅，需规划多个学习阶段。以本章规划的学习轨迹为例（详见下一小节），以科学解释能力和能量概念理解为核心发展要素，规划了涉及学习进阶的多个方面的三段式学习轨迹。

以学习过程为脚本，开始教学的具体开发。本模型中，教学开发以精心设计的驱动问题（driving question）和锚基任务（anchoring activity）为起点。因为好的驱动问题和锚基任务，一方面能激发学生的兴趣，另一方面还能顺畅地引出需要科学理解和能力发展才能解决的具体任务情境[3, 4]。福特斯指出，好的驱动问题和锚基任务应能：（1）为

[1] ALONZO A C, STEEDLE J T. Developing and assessing a force and motion learning progression [J]. Science education, 2009, 93 (3): 389–421.

[2] GOTWALS A W, SONGER N B. Validity evidence for learning progression-based assessment items that fuse core disciplinary ideas and science practices [J]. Journal of research in science teaching, 2013, 50 (5): 597–626.

[3] BLUMENFELD, PHYLLIS C, SOLOWAY, et al. Motivating project-based learning: sustaining the doing, supporting the learning [J]. Educational psychologist, 1991, 26 (3-4): 369–398.

[4] EDELSON D C. Learning-for-use: a framework for the design of technology-supported inquiry activities [J]. Journal of research in science teaching, 2001, 38 (3): 355–385.

整个学习单元激发探究兴趣和学习动机；（2）联系学生的生活经验和原有认识；（3）顺应各阶段的学习轨迹；（4）处于学生的最近发展区；（5）使教学可行;（6）对后续学习有启发[1]。随后在驱动问题的激发和引领下，拟定任务流程和具体学习任务，完成具体的教学设计。

教师执行教学设计后，通过对学生的测验、自我反思来对教学进行评估，还可以邀请专家和教师来听课并给予反馈。学生的测验表现、自我和他人的评估等信息是后续教学改进和学习过程调整的重要依据。

本章的研究中，分析和学习过程的设计这两个环节主要由研究者完成，具体的教学开发和实践由实验教师完成，最后由研究者分析教学效果，提供反馈。

二、学情分析与进阶分析

以“能量理解的学习进阶”和“科学解释的学习进阶”为蓝图，结合学生的测验表现[2]，本小节按起点、终点和中间层级的顺序进行学情分析和进阶分析。

（一）学习起点的定位

第一步要定位学习轨迹的起点。按当前课程、教学计划，即将开始初中物理能量内容学习的学生平均年龄在 14 岁左右，经历了小学科学的课程学习和一段时间的初中物理课程学习。在能量概念的理解发展上，按照能量学习进阶的测试结果，从整体上可判定学生已经具备了“F：经验”层级的能量认识。在科学解释的能力发展上，按照第五章的测试结果，学生处于“水平 2”。学生能确认并描述待解释的现象，并能在教师引导下尝试围绕待解释的现象进行论述。此外，学生在开始学习时对科学解释的认识和能量理解是分离的，缺乏将两者联系起来的意识。

更具体来讲，通过学校科学教育和非正式科学教育等途径，学生知道“能量”这个词。即便并不了解其科学定义，学生也能基于对物体和其运动状态的观察，比较、判断物体的能量大小。稍加引导，学生能基

[1] FORTUS D. Designing curriculum materials in the time of NGSS：using examples from IQWST［R］. Beijing：Beijing Normal University，2015.

[2] 该校的学生是能量理解的学习进阶研究和科学解释的学习进阶研究的测试分析的样本之一。

于对物体和其所处位置的观察，比较、判断物体的能量大小，也能基于对具有弹性的物体及其形变量的大小的观察，比较、判断物体的能量大小。在机械能之外，学生可以通过观察声现象（声源和接收器的振动）了解声能的存在，通过响度初步判断声能的大小，也可以通过观察光照的效果（如太阳能电池发电，使物体发热）了解光能的存在，通过亮度初步判断光能的大小。学生在社会生活中获知了一些能量形式，并能用风能、原子能、电能、磁能等术语表示这些事物中涉及的能量。在科学解释方面，学生所掌握的科学词汇已能支持学生确认并描述待解释的现象或者预测一些未发生的现象。此外，学生初步具有解释现象和预测的意识。学生通过教师或教材中的解释感受理论在建构解释过程中的作用。

（二）阶段终点的限定

第二步对本阶段的学习轨迹的终点加以限定，即根据当前课程、教学安排，在学习进阶上选定阶段目标。

在能量概念的理解发展上，按照现有的课程安排并参考能量学习进阶的测试结果，初中阶段理想的发展水平应部分达到“R：关系”层级。在能量形式方面，学生能用机械能的概念来概括动能与势能（限于重力势能和弹性势能，限于定性模型）。在初步了解物质的微观结构的基础上，知道在微观的层面上，组成物质的分子在运动，其具有的动能可称为分子动能。通过与弹性势能的类比，了解分子之间由于存在相互作用而具有能量，这种能量称为分子势能。物体的内能是物体内所有分子动能和分子势能的总和。

在能量转移与转化方面，学生能在简单情境中指出物体的动能和势能的相互转化。能举例说明机械能的转移和机械能与其他形式能量的相互转化。基于功的概念和力与作用距离的关系，在一维空间建构功的定量模型，据此描述能量转化。基于功的一维定量模型初步建构功率（功率是单位时间内完成功的多少）的定量模型，用以描述做功的快慢。了解简单电路中的电能，基于功和功率来理解电功和电功率，知道焦耳定律，能对常见用电器进行基本的定量计算。从能量转化的角度认识常见的发电方式、电源和用电器。描述内能的传递以及内能与其他形式能量的转化。

在能量的耗散及能量守恒这两个方面，学生能意识到在能量转化的过程中有热量放出并散失到周围环境中，声、光等也将能量从一个地方传递到另一个地方；了解转化到环境中的内能、声能、光能一般很难再利用；体会任一种形式的能量不会“无中生有”，而是由其他形式的能量转化而来；了解只有动能和势能相互转化的过程中，机械能守恒。

在科学解释的能力培养上，参照教育标准和课程标准的要求及第五章的测试结果，初中阶段大部分学生应达到“水平 3”，成绩较好的学生应达到“水平 4”。学生明确科学解释的内涵，了解科学解释的要素及各要素间的关系，能确认并描述预测待解释的现象，并能以关键变量为线索选择科学概念、定律、原理或理论，结合小范围内的相关资料，通过对少量变量的概括、归纳、对比或简单因果推理建构资料、理论与待解释项的联系。上述过程的各环节基本是完整的。

此外，在单元学习后，学生应具备用能量相关的知识和理论建构科学解释的能力，体会科学知识和理论与科学实践活动的关联，初步养成应用所学的科学知识和理论，基于资料建构解释的意识。

（三）中间层级的解析

第三步在能量概念的理解发展上，学习起点和阶段终点之间只有一个“M：映射”层级，要求学生能以物体的速度为指标量，定性描述物体的动能与物体的质量与运动速度的关系；能以物体的高度为指标量，定性描述物体的重力势能和物体质量与高度的关系；能以物体形变的大小为指标量，定性描述具有弹性的物体的弹性势能和物体性质与形变（一定范围内）的关系；能知道常见物体普遍具有内能，定性描述内能和物体质量与温度的关系，初步了解同质量、同温度的不同物质（或物质的不同形态），其内能不同；能通过物体的运动速度比之前更快（慢）、物体比之前更热（冷）、物体的位置比之前更高（低）、物体的弹性形变（压缩或伸长）比之前更大（小），识别物体（或几个物体的集合）获得（失去）能量；知道可以用功来度量能量的转化，知道功的大小和力的大小及力作用用的距离相关，知道做同样多的功，用的时间越短，功率越大；意识到热传导过程中的热量即为物体间（或物体不同部分间）内能的传递；能结合内能描述热传导过程，进而描述物态变化过程中能量的传递和转化；了解温度是微观层面上分子做无规则热运动的剧烈程度的标志；

知道使用任何机械都不省功（功的原理）。

在科学解释的能力培养上，学生大致经历两个中间发展过程。首先，学生要知道更严谨的科学解释的定义，了解科学解释的构成要素，能区分日常解释与科学解释，并在教师的指导下对简单现象进行初步的科学解释。例如：被奔跑的同学撞到为什么会比被行走的同学撞到更疼？在第二个阶段，学生应能脱离教师的指导，自行参照 PTDR 框架建构比较完整的科学解释。其次，学生还应在培养科学解释能力的过程中调用、强化对能量内容的理解，体会科学知识与科学实践的联系。

三、学习过程路线图

根据上一小节的学情分析和进阶分析，初中阶段的学习过程路线图如图 6-3 所示。整个学习过程沿着进阶展开，其中以能量概念的理解发展为主线，将科学解释的能力培养附在能量内容学习之上与之并行。在能量主线上，初中阶段将经历“F：事实经验”—“M：映射”—“R：关系”的进阶发展。在科学解释上，将从未系统学习过科学解释的状态出发，经历从基础水平（水平 1 或水平 2）到初级解释（水平 3 或水平 4）的进阶发展。单元学习的重点在于进阶的各节点，两个学习进阶的融合是学习过程中的难点所在。

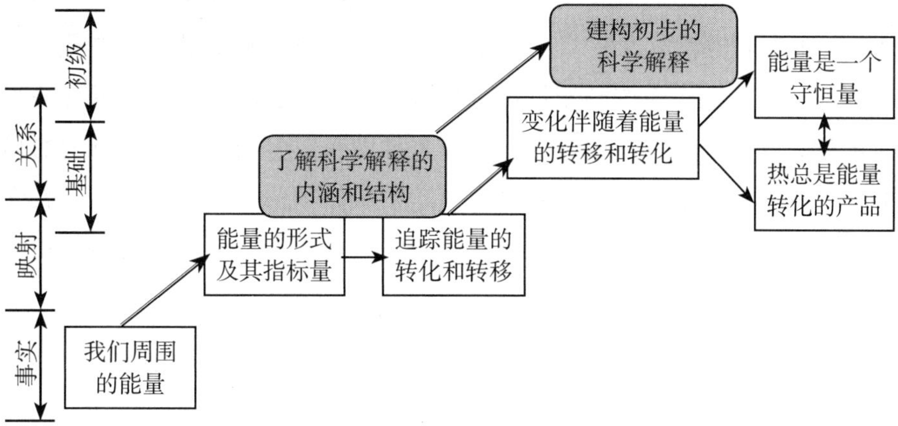

图 6-3　初中阶段的学习过程路线图

第二节 研究设计

以上简述了为开展教学研究所做的理论和设计准备，本节介绍本章研究整体的研究设计与具体的研究方法。整体上，研究采用了准实验研究的方法中的非对等控制组设计（nonequivalent control group design）。第一小节先阐述采用此设计的缘由及更具体的设计思路。随后的小节明确具体的研究问题、研究对象与变量以及研究过程。

一、设计思路

非对等控制组设计的准实验研究在尽量控制其他变量的情况下选择某一自变量进行干预，然后观察干预效果和实验结果。教学实验按干预对象可分为四类：干预学生的教学实验、干预教师的教学实验、干预教材的教学实验和综合干预的教学实验。本研究选择教师作为干预对象，其他三类作为控制变量。没有尝试对学生进行直接干预，是因为“从教育研究者到教师再到学生”是教学研究推广的常规路线，故在研究中不应绕过其中的关键环节——教师。没有采用干预教材的设计，是因为尽管教材是教学活动的重要工具，但是研究和经验都发现使用相同的教材往往产生不同的教学效果[1,2]。这意味着人在教学活动中最具主体(主导)的地位，应优先作为核心变量进行研究。综合干预的设计尽管更容易得到显著的教学效果差异，然而在解释差异的来源时则会受到相当大的局限。考虑到对科学教学，特别是对科学实践教学的研究发现：科学教学应被视为教师基于自身能力和资源，为特定的学生群体先内化再外化科

[1] MCNEILL K L. Teachers' use of curriculum to support students in writing scientific arguments to explain phenomena [J]. Science education, 2009, 93 (2): 233-268.

[2] REMILLARD J T. Examining key concepts in research on teachers' use of mathematics curricula [J]. Review of educational research, 2005, 75 (2): 211-246.

学课程材料的过程，教师在科学课堂中起着决定性作用[1,2]。本研究以教师作为干预对象：实验组的教师得到了基于整合学习进阶的短期教师培训，对照组教师延续常规的学区教师培训（具体干预设计见后文“研究过程”小节）。

当以教师为干预对象、教师培训为干预手段时，需要对干预效果审慎观察。以往的研究和经验都表明，无论是经过短期还是长期的教师培训，教师最终对培训内容的理解和实践都会表现出明显的差异性[3,4]。所以对干预效果持审慎态度，通过对教师的访谈和对教学的观察预先评估干预效果，才能更真实地反映预设理论框架与最终教学结果的关系。通过综述相关文献发现，这类评估教学实践与教学效果对应关联的研究有两种思路[5,6]：一是借助解释学的范式，先发现教学效果的差异，然后通过对教学实践的比较分析，解释教学效果差异的可能来源，例如一些依托PISA、TIMSS的学生测评结果的教学研究采用了这种思路[7,8]。二是沿袭“假设—检验”的流程，先比较分析教学实践做出初步预测，然后与

[1] MCNEILL K L，KRAJCIK J. Scientific explanations：characterizing and evaluating the effects of teachers' instructional practices on student learning [J]. Journal of research in science teaching，2008，45（1）：53–78.

[2] REISER B J，TABAK I，SANDOVAL W A，et al. BGuILE：strategic and conceptual scaffolds for scientific inquiry in biology classrooms [M] // CARVER S M，KLAHR D. Cognition and instruction：twenty-five years of progress. New York：Psychology Press，2001：263–305.

[3] MCNEILL K L，LIZOTTE D J，KRAJCIK J，et al. Supporting students' construction of scientific explanations by fading scaffolds in instructional materials [J]. Journal of the Learning Sciences，2006，15（2）：153–191.

[4] WAYNE A J，YOON K S，ZHU P，et al. Experimenting with teacher professional development：motives and methods [J]. Educational researcher，2008，37（8）：469–479.

[5] SEIDEL T，PRENZEL M，KOBARG M. How to run a video study [M]. Münster：Waxmann，2005.

[6] FISCHER H E，NEUMANN K. Video analysis as a tool for understanding science instruction [M] // JORDE D，DILLON J. Science education research and practice in Europe. Rotterdam：Sense Publishers，2012：115–139.

[7] HIEBERT J. Teaching mathematics in seven countries：results from the TIMSS 1999 video study [M]. Washington，D. C.：U. S. Department of Education，2003.

[8] ROTH K J，DRUKER S L，GARNIER H E，et al. Teaching science in five countries：results from the TIMSS 1999 video study statistical analysis report [R]. Washington，D. C.：U. S. Department of Education，Institute of Education Sciences，2006.

教学效果相对照[1,2]。上述两种思路中，后者是大多数教学实验研究和准实验教学研究所采用的思路，本研究也采用这种思路。

二、研究问题

根据设计思路，研究问题从两个层面展开：（1）相较于我国传统的能量教学，对理解和实践的学习进阶进行整合设计的短期教师培训能对能量教学实践带来哪些变化？（2）这些能量教学实践的变化在哪些学习结果及在何种程度上展现出更高的有效性？

三、研究对象与研究变量

本研究选取了 *J* 市某中学九年级的三位物理教师及其学生作为研究对象。该中学所在地区经济发展水平位于 *J* 市前列，大部分学生就近入学，学校总体教育水平（按历年中考成绩估算）处于 *J* 市中上水平。三位参与研究的教师分别为教师 P、教师 S 和教师 Y，其参与研究的班级为四个平行班。教师 P 有两个班能参与研究，其他教师都只有一个班能参与研究，为了实验组和对照组学生人数的平衡，本研究选择教师 P 为实验组教师，教师 S 和教师 Y 为对照组教师（教师与学生具体信息见表 6-1）。四个班使用相同的教材《义务教育教科书·物理》（北师大版）和教辅（包括章节内容小结和练习题），平行开展第十章能量的教学。

表6-1 研究对象信息

组别	教师	教龄	性别	教育背景	班级信息
实验组	教师P	1年	女	重点师范大学硕士	实验班1：共45名学生，其中男生20名，女生25名
					实验班2：共39名学生，其中男生15名，女生24名

[1] MCNEILL K L, KRAJCIK J. Scientific explanations: characterizing and evaluating the effects of teachers' instructional practices on student learning [J]. Journal of research in science teaching, 2008, 45 (1): 53-78.

[2] NORDINE J, KRAJCIK J, FORTUS D. Transforming energy instruction in middle school to support integrated understanding and future learning [J]. Science education, 2011, 95 (4): 670-699.

续表

组别	教师	教龄	性别	教育背景	班级信息
对照组	教师S	1年	男	重点师范大学硕士	对照班1：共50名学生，其中男生23名，女生27名
	教师Y	15年	女	重点师范大学硕士	对照班2：共50名学生，其中男生22名，女生28名

本研究处在真实的教学实践环境中，变量较为繁杂。这里对可能涉及的变量进行讨论。本研究的实验变量为：是否整合应用学习进阶设计开展教学。实验组的教师将基于整合应用学习进阶来设计开展单元教学，对照组的教师根据传统教学方案设计开展教学（具体实验干预内容见下一小节）。除实验变量外，其他变量，例如教学时间、布置的作业习题、测试时间等都得到了良好的控制。

除上述实验变量和可控制变量外，还有一些只能尽量消除的变量，以下按班级变量、教师变量、噪声变量进行分类讨论。班级变量是指由于样本来源于自然教学班，各自然教学班之间可能存在的各种差异，例如：班级学习环境、总体动机水平、总体学习能力和知识背景等。教师变量是指参与实验的教师之间可能存在知识背景、教学能力等方面的差异。班级变量和教师变量本质上是由准实验研究设计引入的潜在系统误差，属于只能尽量减小而无法消除的变量。减小这些变量的影响以提高研究内在效果的方法有：增强随机化、同质化取样、配对化及统计方法消除等[1]。下面简要叙述研究设计时如何使用上述方法减小影响。

本研究中，对减小这些变量影响的有利信息之一是施教对象为四个平行班，班级成员为初中入学时根据摸底测试的总成绩蛇形分配而来。这意味着理论上四个班的学习基础在总体上相当，接近同质化取样（当然，经过了两年的初中学习后可能又逐渐产生了差异）。对减小这些变量影响的有利信息之二是教师与所任教班级为抽签决定，增强了研究对象分配的随机性。对减小这些变量影响的有利信息之三是进行研究的三位教师学历水平相当（硕士学历），且两位年轻教师（教师P与教师S）本科与研究生毕业于同一所大学，并同时入职该中学任教，长期一起参加各类

[1] 董奇. 心理与教育研究方法［M］. 北京：北京师范大学出版社，2004.

教研培训活动。此外,三位教师在上一年度的学校评比中都被评为“优秀”一级。

噪声变量是指研究过程中发现的额外的影响因素。教师 Y 除为对照班 2 的物理任课教师外，还兼任该班的班主任，课堂观察发现该班学生的课堂纪律和学习态度明显要好于其他三个班，通过学生访谈还发现该班学生的平均课后物理学习时间很可能长于其他班的学生[1]。由于教学安排，实验组教师 P 一半的课时被安排在体育课后，导致许多学生经常迟到，课堂纪律也较松散。参考研究预设，这两个因素都可能带来一定影响，但研究者无法干预或抵消其影响。

四、研究过程

综上所述，本章研究的整体流程图如图 6–4 所示。圆角矩形表征研究者行为，包括学习进阶和学习轨迹的设计等。

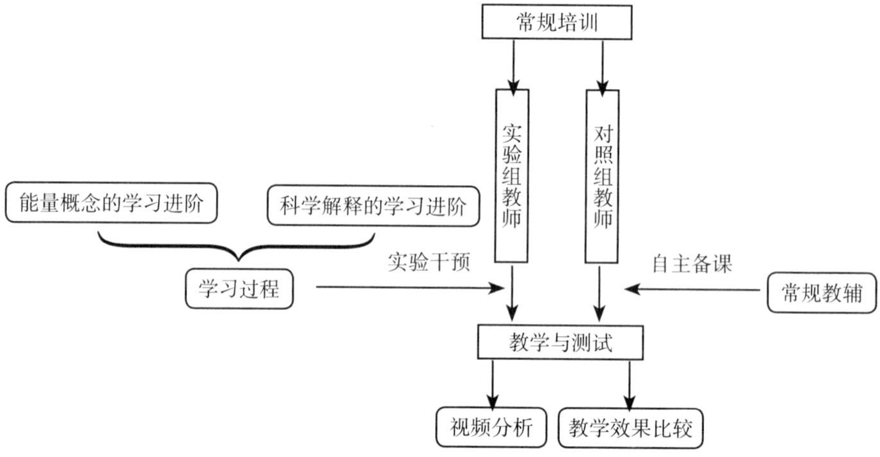

图 6–4 研究的整体流程图

首先对四个班同时进行了前测，前测数据交由研究者分析。按照统一的课程安排,该单元教学持续两周,主干内容为认识能量的常见形式(动能、势能、内能等)及其之间的转化与转移，初步了解能量的守恒。按照所在学区及中学的要求，所有的教师都参加常规的教研活动(由学区

[1] 每个班随机选择了5名学生进行访谈，结果表明对照班2学生课后物理学习时间更长。但此结果只能用作初步推测。

和学校分别组织），内容包括对课程标准的解读、单元进度的设定、教学重难点的把握与处理等。

实验组教师（教师 P）在参加上述教研活动的同时，还参加了研究者提供的约 5 个小时的教师培训。对照组教师（教师 S 和教师 Y）则被建议花费相同的时间自主钻研教材设计教学，通过录像和问询发现对照组教师（特别是教师 S）确实花费了相应时间进行教学准备。是否参与了研究者提供的教师培训是本研究的干预对象。培训干预内容包括简要介绍相关教育理论背景（大概念、学习进阶、科学解释与科学实践的融合）、能量理解和科学解释的学习进阶以及上一节设计的单元学习过程等。具体过程为先向教师 P 阐述了能量概念的核心内容、能量作为学科核心概念及跨学科共通概念的重要意义，同时讲解了科学解释的定义与内涵、科学解释的重要意义。随后展示科学解释和能量理解的学习进阶，说明能量理解的关键概念、能量理解的发展层级、科学解释的关键要素、解释能力发展的层级。然后讲解整合进阶设计的学习过程路线图，与教师 P 讨论单元教学序列，再通过案例讨论如何将促进能量理解与培养解释能力融入具体教学。

随后，教师 P 按照其对上述材料的理解开展教学设计，进行教学实践。与此同时，对照组的教师按照传统方式开展教学设计（两组教师的教学序列见表 6-2[1]）。

表6-2　两组教师的教学序列

实验组	对照组
身边的能量	功的复习
常见的能量形式及其判断指标	机械能
追踪事件中的能量转化	机械能的转化与守恒
物质的微观模型	物质的微观模型
内能与能量耗散	内能
能量守恒，能源与社会、环境	能量守恒，能源与社会、环境

[1] 表6-2中所示是以内容主题为线索的教学序列，而不是每节课的实际教学内容。例如，对照组某个班的教学第一节完成了“功的复习”和“机械能中的动能和弹性势能”，随后在第二节完成了“机械能”的剩余内容并初步讲授了“机械能的转化与守恒”，在第三节课又对“机械能的转化与守恒”进一步探讨，并穿插了已学内容的复习。

在授课期间，研究者在三位教师的帮助下，收集了部分课堂实况资料（录像或录音，覆盖了60%的单元内容），收集了对学生前测和后测的资料，并在单元授课结束后进行学生访谈和教师访谈。

第三节 研究工具与分析方法

本章的研究主要采用纸笔测试和录像分析两种研究方法，对测试的分析以基于项目反应理论和经典测量理论（classical test theory）的量化分析为主，对录像和访谈的分析采用质性研究方法中的模板分析法。

一、测试工具

前、后测均为纸笔测试（附录 2），测试题由研究者从“能量理解的学习进阶”和“科学解释的学习进阶”的测试工具中选取，试题的开发过程在前两章已经有比较详细的论述。两套试题均测查了能量理解和科学解释，并按要求设计了链接题[1]。因为对题目进行了重新组合，稳妥起见我们再次检验了新测试工具（前、后测试卷）的信度。研究者与助手首先对全部测试数据进行转录，以消除文字书写对后续研究可能产生的影响。转录时对于不易识别的笔迹，由研究者与助手分别放大分析，最终能一致识别的内容正常录入，经讨论后仍不能一致识别或完全不能识别的用通配符“?”替代。转录完成后按学号进行排序，便于前、后测数据的配对比较。问答题的评分者信度的评估采用科学教育研究中的常用评估方法：由除研究者之外的评分者根据评分标准对 20% 的作答重新计分，然后计算两次得分的斯皮尔曼等级相关系数。使用 SPSS 计算发现 r_s=0.92，$p < 0.001$。两份评分高度相关，表明评分者各自根据评分标准独立评分能取得很好的一致性，评分结果是稳定可靠的。

能量理解部分基于 Rasch 模型的要求进行处理，在前、后测试卷中设置链接题并将能量理解部分的前、后测作答用 Winsteps（版本 3.72）进行一次参数估计。Winsteps 计算得出的“整体指标表”中显示了区分度信度，其中被试信度为 0.80，试题信度为 0.98。按照常用的参考标准，上述指标表明测试工具的区分度良好，能稳定地评估学生的能力和试题

[1] BOND T G，FOX C M. Applying the Rasch model：fundamental measurement in the human sciences [M]. New York：Routledge，2006.

的难度。科学解释部分采用克隆巴赫系数（Cronbach' s α）来评估试题的内部一致性。将各试题的综合得分（综合得分 =P 要素得分 +T 要素得分 +D 要素得分 +R 要素得分）置入 SPSS（版本 20.0）进行信度分析，结果显示 α=0.84，表明一致性良好。

二、教学观察框架

本研究通过视频分析的方法对教学过程和内容进行观察分析。因为教师培训对教师信念和实践的改变是缓慢的，有时是不显著的甚至是无效的[1]，所以在比较分析教学结果前，先对实际教学过程和内容进行分析是当代教学研究的必要程序。在这类研究中，视频分析是常用方法[2-4]。视频分析在诸多学科中都得到了广泛应用，在教育研究中以教育技术学的研究者为主力也开发了多种系统分析方法[5]。为了有更好的适切性，本研究在方法选择时聚焦于科学教育研究中的视频分析理论和手段[4,6,7]，将视频分析划为两个层面分别研究。

首先是对教学是表面结构（surface structure）的分析，主要包括教学时间、课堂环节、课堂互动组织三个方面[8,9]。教学时间（teaching

［1］GARET M S，PORTER A C，DESIMONE L，et al. What makes professional development effective? Results from a national sample of teachers［J］. American educational research journal，2001，38（4）：915-945.

［2］FISCHER H E，LABUDDE P，NEUMANN K，et al. Quality of instruction in physics：comparing Finland，Germany and Switzerland［M］. Münster：Waxmann，2014.

［3］MILES M B，HUBERMAN A M. Qualitative data analysis：an expanded sourcebook［M］. Thousand Oaks，CA：Sage，1994.

［4］SEIDEL T，PRENZEL M，KOBARG M. How to run a video study［M］. Münster：Waxmann，2005.

［5］张海，王以宁，何克抗.基于课堂视频分析对信息技术深层整合教学结构的研究［J］.中国电化教育，2010（11）：7-11.

［6］FISCHER H E，NEUMANN K. Video analysis as a tool for understanding science instruction［M］// JORDE D，DILLON J. Science education research and practice in Europe. Rotterdam：Sense Publishers，2012：115-139.

［7］ROTH K J，DRUKER S L，GARNIER H E，et al. Teaching science in five countries：results from the TIMSS 1999 video study statistical analysis report［R］. Washington，D. C.：U. S. Department of Education，Institute of Education Sciences，2006.

［8］SEIDEL T. Coding manual-surface structures：organization of classroom activities［M］// SEIDEL T，PRENZEL M，KOBARG M. How to run a video study. Münster：Waxmann，2005.

［9］BEERENWINKEL A，BÖRLIN J. Surface Level：Teaching Time，Lesson Phases and Types of Interaction［M］// FISCHER H E，LABUDDE P，NEUMANN K，et al. Quality of instruction in physics－comparing Finland，Germany and Switzerland. Münster：Waxmann，2014：65-79.

time）即课堂教学所持续的时间。每节课的教学时间从师生开始课堂教学算起，直到课堂教学结束，包括课程行进中间的练习时间、静默思考等活动所占的时间，但不包括课程行进中间的暂停休息和意外事件所消耗的时间。课堂环节（lesson phases）是组成课堂的可重复的不同事件。通常的编码方式为：0. 无活动；1. 复习；2. 引入；3. 新内容教学；4. 练习与应用；5. 小结；6. 回顾；7. 测验与检查；8. 其他。课堂互动组织（organization of classroom interaction）是对课堂师生交互行为的分类。包括：0. 无活动；1. 教师讲解；2. 教师演示；3. 教师中心的讨论；4. 全体讨论；5. 静默（个体）工作；6. 同伴合作；7. 小组合作；8. 同时进行的多种交互行为；9. 过渡；10. 其他。

共有四位研究者参与了教学表面结构分析的视频编码，重复编码了三分之一的录像（详细编码结果见附录 3）。汇总后对各位研究者的编码进行 χ^2 检验：$\chi^2=5.699$，$df=4$，$p=0.223$，差异不显著，表明根据上述编码表对视频进行编码能取得较好的一致性。

随后是对教学深层结构（deep structure of instruction）的分析，这种分析应与教学的具体目标结合开展[1,2]。本研究综合现有的分析框架[3,4]设定了六个观察维度：1. 基于学生的已有认识建构概念；2. 搭建概念发展支架；3. 联系真实的社会生活情境理解能量概念和建构科学解释；4. 定义科学解释；5. 强调科学解释的意义；6. 为科学解释建模。编码分为 4 档，0 档表明教学活动完全未涉及此维度，3 档表明教学活动很好地完成了此维度，各维度的具体编码指标如表 6–3 所示。

[1] HELAAKOSKI J，VIIRI J. Content and content structure of physics lessons and students’ learning gains：comparing Finland，Germany and Switzerland [M] //FISCHER H E，LABUDDE P，NEUMANN K et al. Quality of instruction in physics：comparing Finland，Germany and Switzerland. Münster：Waxmann，2014：93–110.

[2] GELLER C，NEUMANN K，FISCHER H E. A deeper look inside teaching scripts：learning process orientations in Finland，Germany and Switzerland [M] // FISCHER H E，LABUDDE P，Neumann K，et al. Quality of instruction in Physics：Comparing Finland，Switzerland and Germany. Münster：Waxmann，2014：73–84.

[3] NORDINE J，KRAJCIK J，FORTUS D. Transforming energy instruction in middle school to support integrated understanding and future learning [J]. Science education，2011，95（4）：670–699.

[4] MCNEILL K L，KRAJCIK J. Scientific explanations：characterizing and evaluating the effects of teachers’ instructional practices on student learning [J]. Journal of research in science teaching，2008，45（1）：53–78.

表6-3 观察框架的编码指标

—	行为表现
维度1 基于原有认识	1.考虑了学生原有认识，但主要限于对已学课程中相关内容的复习 2.较全面地考虑了学生原有认识，包括已学课程内容和某些前概念 3.全面考虑了学生原有认识，并对学生的相关经验进行了唤起和关联
维度2 搭建概念支架	1.按照教材设计，逐步帮助学生建构概念 2.有意识地设计概念的建构，点出其中的关键点并用支架辅助理解 3.有意识地设计概念的建构并引导学生反馈，根据学生情况调节支架辅助理解
维度3 联系真实情境	1.使用教材中的问题情境进行讨论（教材中的问题情境多为简化后的理想情境） 2.拓展了问题情境，但限于对理想情境的类比和拓展 3.尽量还原真实问题情境，引导学生从原始问题出发展开讨论
维度4 定义科学解释	1.通过教学解释来提供解释范例（定义是隐性的、无意识的） 2.有意识地讨论科学解释，提到了解释的一些要素但论述不确切 3.有意识地讨论科学解释，提到了解释的全部要素并给予科学解释确切定义
维度5 强调解释意义	1.在教学解释或对学生解释的纠正中强调要对论断做出解释（隐性的、无设计的） 2.明示科学解释的意义，但比较空泛（如解释行为是科学的重要组成） 3.从解释者和被解释者两方面明示了科学解释的意义
维度6 构建科学解释	1.在教学解释或对学生解释的纠正中帮助学生了解解释要素的内涵 2.通过例证明示解释的结构及各解释要素在科学解释中的作用，但此过程中有可能对某个要素的举例不恰当或解读不准确 3.通过例证准确地明示解释的结构及各解释要素在科学解释中的作用

本研究中安排了两位观察者按照框架进行编码。两位观察者对课堂视频重复编码，然后计算两者编码的一致性系数以检验编码的稳定性。由于是等级编码，所以计算两份评分的斯皮尔曼等级相关系数。通过SPSS（版本20.0）计算发现，两份评分显著高度相关，$r_s=0.938$，$p<0.01$。表明基于此观察框架进行观察有较好的稳定性。

第四节　研究结果

研究假定教师的教学行为和学生的最终表现存在因果关系，故本节按照先对教师进行教学观察再对学生进行测试分析的顺序呈现研究结果。

一、教学观察

本小节分教学的表面结构和教学的深层结构两个层面讨论实验组和对照组教师的教学行为。

（一）表面结构的观察分析

表面结构的观察分析按三个维度分别进行。

在教学时间维度，两组教师在整个单元都上了6节课，每节课40分钟。所有课堂均无意外事件发生，教师基本都能做到按时上课和下课。

在课堂环节维度，对有录像资料的课堂按前面的编码表进行编码（详细编码结果见附录3）后，进行进一步汇总整理并换算成相对比例，结果如表6-4所示。

表6-4　课堂环节的编码结果

—	1复习	2引入	3新内容教学	5小结	7测验与检查
对照组	12.12%	10.69%	72.34%	0.45%	4.41%
实验组	10.13%	13.58%	68.86%	1.87%	5.57%

根据表6-4的数据，将实验组和对照组的课堂环节进行图象化表征（图6-5）。从柱状图中可以看到，实验组和对照组的课堂环节的组成模式相似。对实验组和对照组的课堂环节的组成进行差异检验，由于所选变量是低测度变量，对数值和大小无相对意义，所以应进行非参数检验中的 χ^2 拟合优度检验。用SPSS（版本20.0）进行计算，χ^2 拟合优度检验结果：$\chi^2=1.873$，$df=4$，$p=0.759$，实验组课堂环节组成各类别的测量频数与对照组的频数差异不显著，表明实验组和对照组的课堂环节的组成是类似的。

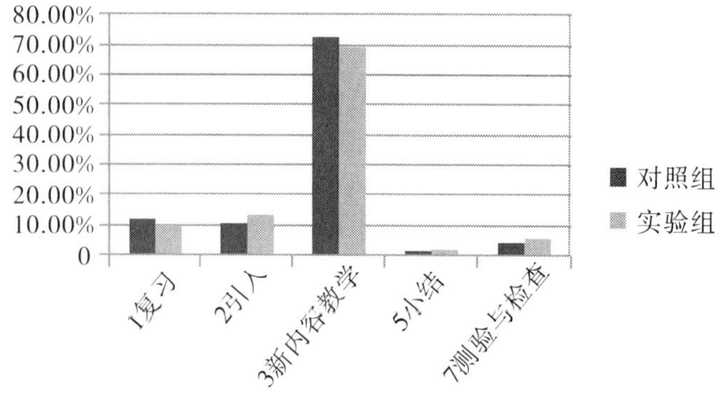

图 6-5 课堂环节的编码结果柱状图

在课堂互动组织维度，也对有录像资料的课堂教学按前面的编码表进行编码（详细编码结果见附录 3）后，进行进一步汇总整理并换算成相对比例，结果如表 6-5 所示。

表6-5 课堂互动组织的编码结果

—	1教师讲解	2教师演示	3教师中心的讨论	5静默（个体）工作
对照组	51.77%	27.57%	20.17%	0.50%
实验组	54.10%	18.48%	22.50%	4.92%

根据表 6-5，将实验组和对照组的课堂互动组织进行图像化表征（图 6-6）。从柱状图中可以看到，实验组和对照组的课堂互动组织的组成模式差异不大。对实验组和对照组的课堂互动组织用 SPSS（版本 20.0）进行差异检验，χ^2 拟合优度检验结果：$\chi^2=6.077$，$df=3$，$p=0.108$，实验组课堂互动组织各类别的测量频数与对照组的频数差异不显著，表明实验班和对照班的课堂互动组织差异不大。

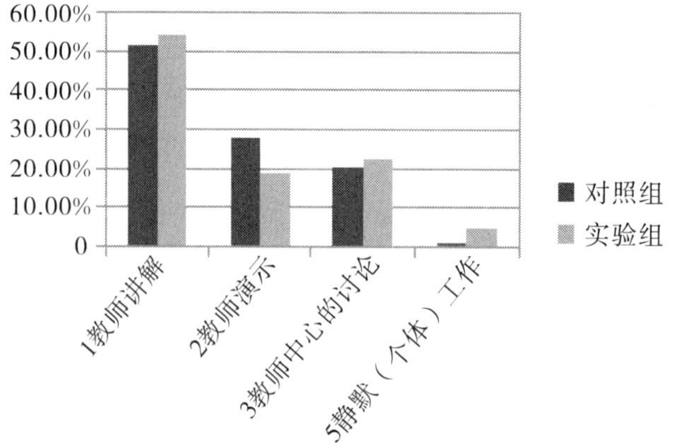

图 6-6 课堂互动组织的编码结果柱状图

表面结构的观察分析结果：根据编码和统计结果，实验组和对照组在教学的表面结构上无显著差异。两者都属于我国传统的以教师讲授为主的课堂类型，以教师为中心的活动占了大多数的课堂时间，且两者的教学环节也是相似的。

（二）深层结构的观察分析

对教学深层结构的分析沿用六维分析框架进行。这里以第一节课教师在“维度1：基于原有认识”和“维度4：定义科学解释”的表现为例来说明编码情况（相关教学片段已被转录为文本，详见附录3）。

维度1观察教学是否能基于学生的已有认识来引导学生建构概念。在此维度上：0档的表现是，完全未考虑学生的原有认识，强行引入新内容；1档的表现是，考虑了学生原有认识，但主要限于对已学课程中相关内容的复习；2档的表现是，较全面地考虑了学生原有认识，包括已学课程内容和某些前概念；3档的表现是，全面考虑了学生原有认识，并对学生的相关经验进行了唤起和关联。

从附录3的教学实录可以看到，教师S的新章引入是通过对“功”的知识的复习开始的。在顺利地帮助学生回忆起“功”的符号之后，教师在复习“功”的定义时很快遇到了小阻碍（学生甲不能给予作答）。然后教师尝试通过做功的条件来帮助学生温习出“功”的定义，可惜自此开始的一段时间的教学成了教师在独自复习之前所学过的内容，学生基本没能参与此过程。直到教师引出了能量概念，通过“功”给出了能量的定义，这段时间内学生的主要活动就是“跟着老师的思路走”，仅在说“功”的单位时有简短作答。到了新章引入的最后，教师S也感觉到逐渐“讲得有点深”，表示“以后遇到的时候咱们再说”。而且教师S也总结到，前面他“给大家重新把功和能量捋了一遍”，随后开始了新课的学习。教师S的教学有对学生原有认识的考量，可惜主要是在对之前所学的“功”的课程内容进行复习，所以教师S在第一节课中的表现归为1档（考虑了学生原有认识，但主要限于对已学课程中相关内容的复习）。

从附录3中教师P的教学实录可以看到，教师P的新章引入是从学生活动开始的，通过让学生写出“所认识的能量”，既能让学生回想科普书籍、生活经验中遇到的能量概念，还能充分了解学生的已有概念，便于教师巡视后进行把握，而且也唤起了学生的好奇心。通过巡视后的反馈看到，从学生活动中引出的一些学生的已有概念，也反映出学生虽然在小学科学以及前面的初中生物、物理课程中涉猎过能量，但他们对能量尚缺乏科学理解。

随后，教师 P 提出化抽象为具体的思路，引导学生先学习较具体的能量的形式、转化的内容。教师 P 先抛出一个简单、具体的问题：能量的单位，并让学生通过联系生活中时常遇到的合理膳食、摄入的经验来回答。学生较好地回应了教师的问题。紧接着，教师 P 以单位作为纽带，让学生联想回应之前所学的另外的一个相关物理量——功，并在此埋下伏笔。随后教师 P 通过“考英语”来让学生对能量的符号 E 建构起意义。随后请学生说出自己所知道的能量形式，并耐心地引导学生举出生活中的实例。在教学实录中可以看到，学生的回应越来越积极，思路也越来越开阔。最终，教师 P 把学生引回这节课所要学的课程内容——大家最熟悉的、生活中一定会接触到的动能。教师 P 从学生的原有认识出发，较成功地对学生的生活经验、科普知识和已学课程知识进行了唤起并加以关联，所以她的表现被归为 3 档（全面考虑了学生原有认识，并对学生的相关经验进行了唤起和关联）。

对比教师 S 和教师 P 的概念教学过程，教师 S 更多地基于从内容到内容的学习思路，对学生的自身生活经验的考虑较少，而教师 P 考虑了学生的原有认识，有意识地引导学生唤起相关经验并点出经验间的关键纽带从而进行关联。教师 S 的教学引导反映了传统的以课程内容为中心、以科学概念推演为主线的教学思路。教师 P 的教学引导在一定程度上实现了以学生为中心、以学生认识的进阶发展为主线的教学思路。除了维度 1 的例子外，教师 P 还基于学习进阶引入了各能量形式的指标量（如动能的指标量为速度，重力势能的指标量为物体所处的高度）来帮助学生实现从经验水平到映射水平的理解发展。整体来看，教师 Y 和教师 S 在教学处理上是相似的，不过作为有 15 年教龄的教师 Y 也比较注意基于对学情的把握提供概念支架来促进学生理解。但总的来看，教师 P 表现得更好。

维度 4 观察教师是否有意识地讨论科学解释，并帮助学生理解什么是科学解释。在此维度上：0 档的表现是，忽视引导学生建构科学解释（或未涉及与科学解释相关的内容）；1 档的表现是，在教学解释中提供一些解释范例来让学生体会科学解释的建构，在此过程中定义是隐性的、无意识的；2 档的表现是，有意识地讨论科学解释，提到了解释的一些要素但论述不够确切；3 档的表现是，有意识地讨论科学解释，提到了解释的全部要素并给予科学解释确切定义。

从附录 3 中教师 P 的教学实录可以看到，教师 P 专门预留了一段时间来讲授科学解释。教师 P 尝试通过从生活经验的解释进行切入，然后引出科学解释，并进行初步界定——“我们看到了一个自然现象，运用我们前面学习过的相关物理知识，来解释这个现象”。可惜的是，教师 P 的定义并不是特别确切，且有循环定义的问题存在。好在教师 P 很快尝试用举例说明的方式来帮助学生理解什么是科学解释。在讨论例子的过程中，教师 P 依次给同学们说明了解释的几个关键要素——现象、自然定律、逻辑关联。教师 P 对这几个要素的解读是比较准确的，结合例子说明也比较清楚。然而教师 P 没有对资料在解释中的作用进行讨论，对推理（逻辑关联）的解读也比较笼统，没有进一步展开说明各种推理方式。所以教师 P 在此维度上的表现不能归到 3 档，只能归为 2 档。两位对照组的教师在这节课没有有意识地去设计与科学解释学习相关的内容，他们的课堂教学还是围绕内容理解进行的。虽然本节的能量内容中有可用来讲授科学解释的部分，但是他们也没有引导学生在学习那些内容时建构解释。所以他们在此维度上的表现归为 0 档。

根据如上所述的编码方式，我们对录像资料反映的深层结构按编码表进行编码，结果如表 6-6 所示。

表6-6　深层结构编码结果

观察维度	P1	S1	Y1	P2	S2	Y2	P3	S3	Y3
1.基于原有认识	3	1	3	3	1	2	3	1	2
2.搭建概念支架	2	0	1	3	2	2	2	2	2
3.联系真实情境	3	1	3	2	2	2	3	2	3
4.定义科学解释	2	0	0	2	0	0	0	0	0
5.强调解释意义	2	0	0	2	0	0	1	0	1
6.构建科学解释	2	0	0	2	0	0	1	0	0

对三组样本的深层结构进行两两间的差异检验，由于被检验项属秩序变量且需分类别比较，故这里需进行两两间的威尔考克森符号秩检验（Wilcoxon signed-rank test）。本研究使用SPSS（版本20.0）进行检验的计算：首先是六个维度整体比较，实验组和对照组，$z=3.43$，$p=0.001$；其次是比较与概念理解相关的三个维度（维度1至维度3），实验组和对照组，$z=2.40$，$p=0.016$；最后是比较与科学解释相关的三个维度（维度4至维度6），实验组和对照组，$z=2.64$，$p=0.008$。检验结果表明，实验组教师的教学活动和对照组教师的教学活动在深层结构上有显著差异。更具体来看，实验组教师在与概念理解相关的三个维度和与科学解释相关的三个维度上都比对照组教师的表现水平更高。

通过课堂观察分析，研究发现实验组和对照组的教学在课堂的表面结构上无显著差异，但在课堂的深层结构上差异明显。在课堂的表面结构上，两者的教学环节相似，以教师为中心的教学活动占了大多数的课堂时间。但在课堂的深层结构上，实验组教师在与概念理解相关的三个维度和与科学解释相关的三个维度上都比对照组教师的表现水平更高。

二、能量理解表现

由于前、后测考察能量理解的试题不完全相同，故先根据多级计分Rasch模型估计样本的能力指标参数，再结合经典测量理论中的统计检验方法，对实验组、对照组在能量理解上的表现进行描述统计。

（一）前、后测表现的描述

表6-7列举了能量理解的各组前、后测的描述统计参数，以及分组进行配对样本 t 检验（dependent t-test for paired samples）的结果。

表6-7　能量理解的前、后测的统计参数及样本 t 检验

—	样本数	前测	后测	t检验		效应量
	N	M（SD）	M（SD）	df	t	d
对照组	83	−0.86（1.18）	0.97（0.79）	82	−14.72***	1.55
对照班1	42	−0.77（1.38）	0.99（0.85）	41	−9.16***	1.28
对照班2	41	−0.94（0.90）	0.95（0.72）	40	−12.01***	2.10
实验组	73	−0.79（0.96）	1.29（0.76）	72	−16.99***	2.17

续表

—	样本数	前测	后测	t检验		效应量
	N	M（SD）	M（SD）	df	t	d
实验班1	36	−0.81（0.96）	1.24（0.81）	35	−12.05***	2.14
实验班2	37	−0.85（0.97）	1.07（0.70）	36	−11.83***	1.98
总样本	156	−0.84（1.08）	1.12（0.79）	155	−22.23***	1.81

注：~ $p < 0.10$，* $p < 0.05$，** $p < 0.01$，*** $p < 0.001$。

从结果中可以看到，在教学前后，总样本及各班级样本总体的能量理解水平都有了显著的增长（$p < 0.001$）。除了 p 值外，近年来美国心理协会（The American Psychological Association，APA）还用报告差异检验的效应量（effect size）来弥补显著概率（p 值）无法反映出效果大小或关系强弱的不足[1]。本研究用科恩的 d 系数（Cohen's d）来表征这种变化的效应大小[2]。从计算结果可以看到，各组的前、后测效应量都属于大的效应量（$d > 0.8$），且更仔细地比较观察会发现各组变化（增长）的大小是不同的。我们将在稍后的“前、后测表现的分析”中进一步讨论此问题。

（二）前测表现的比较分析

作为准实验研究，需要对实验组和对照组的能量理解的前测成绩进行独立样本的 t 检验，以确认在教学前两组学生并没有显著差异。使用SPSS（版本 20.0）进行检验，结果显示（表 6-8）：从平均表现来看（表 6-7），实验组的能量理解表现（M=−0.79，SD=0.96）和对照组的能量理解表现（M=−0.86，SD=1.18）没有显著差异，t（154）=−0.16，p=0.87。为避免犯第Ⅱ类错误（type Ⅱ error），常用的控制方法是将 p 值的标准提升。一般认为 $p > 0.30$ 可以认为差异不显著，而 $p > 0.50$ 已经是很稳健的标准。本研究中，p 值远大于 0.50 的标准，犯第Ⅱ类错误的可能性已经相当低，据此结果可以认为在教学前实验组和对照组的学生的能量理解水

[1] 美国心理协会.APA格式：国际社会科学学术写作规范手册［M］.席仲恩，译.重庆：重庆大学出版社，2011.

[2] COHEN J. Statistical power analysis for the behavioral sciences［M］. 2nd ed. Hillsdale，NJ：Lawrence Erlbaum Associates，1988.

平在总体上是基本相同的。

在更具体的班级间的对比和差异检验使用方差分析以避免多次两两之间样本的 t 检验引进的额外偏差。前测的成绩分布满足 ANOVA（方差分析）的使用条件：（1）各班的成绩分布符合正态分布（表 6-8）；（2）各班的成绩无相互影响；（3）方差齐性检验方法（Levene's test），F（3，152）=1.74，p=0.16，表明各组方差齐性。

表6-8 能量理解前测K-S检验（正态分布）结果

—	*df*	*D*	*p*
对照班1	42	0.99	0.29
对照班2	41	0.91	0.39
实验班1	36	0.53	0.94
实验班2	37	0.66	0.76

虚无编码后使用 SPSS（版本 20.0）运行 ANOVA，选择 LSD 法对四个班级进行 post hoc 的两两之间检验，所得结果为：F（3，152）=0.19，p=0.90，班级间的两两之间检验（表 6-9）亦未有显著差异。

表6-9 能量理解前测各班级的两两之间对比

—	ΔM	*SE*	*p*
对照班1 vs对照班2	0.17	0.24	0.47
对照班1 vs实验班1	0.04	0.24	0.88
对照班1 vs实验班2	0.08	0.24	0.76
对照班2 vs实验班1	−0.13	0.24	0.59
对照班2 vs实验班2	−0.10	0.24	0.69
实验班1 vs实验班2	0.04	0.25	0.88

上述测验的结果表明：总体上看，各组的学生在教学前的能量理解表现没有显著差异，符合进行准实验研究的要求。

（三）后测表现的比较分析

在进行描述统计时发现，经过教学活动，虽然各组整体能量理解表现都有显著提高，但提高的多少是有差异的。为分析这种差异，先对实验组和对照组的能量理解的后测成绩进行独立样本的 t 检验。使用 SPSS（版本 20.0）进行检验，结果显示（表 6-7）：从平均表现来看，实验组的能量理解表现（M=1.29，SD=0.76）好于对照组的能量理解表现（M=0.97，SD=0.79），t（154）=-2.65，$p < 0.01$，r=0.21。

接下来具体分析各班级在后测中的表现情况。在具体分析和评估班级间的表现差异时，应主要依照 ANOVA 的结果而不是 t 检验。因为与前测中两两比较目的不同，在进行后测的两两比较时，需要避免的是第 I 类错误（type Ⅰ error），即由多次 t 检验引入的假阳性错误[1]。而方差分析可以对此类错误进行 Bonferroni 校正，确保累加的第 I 类错误的概率仍不高于所设定的标准，所以依照 ANOVA 中 post hoc 的两两之间检验的结果会更为稳健。

使用 ANOVA 的第一个前提是各组样本的成绩分布必须为正态分布或者是逼近正态分布。故首先进行 K-S 分布的拟合优度检验，用 SPSS（版本 20.0）进行分析发现，各组均符合正态分布（表 6-10）。使用 ANOVA 的第二个前提是各组样本独立，即各班级的成绩不会互相影响，这是肯定满足的。第三个前提是各组方差齐性，根据 SPSS 默认的方差齐性检验方法的分析发现，显著性水平 p=0.38，表明两组间方差差异不显著，即各组方差齐性。三个前提都符合后，可以进行 ANOVA 检验。

表6-10　能量理解后测各班级的K-S检验（正态分布）结果

—	df	D	p
对照班1	42	0.70	0.72
对照班2	41	0.82	0.51
实验班1	36	0.76	0.61
实验班2	37	0.78	0.58

从表 6-11 中可以看到，四个班级中（表 6-7），表现最好的是实验班 1（M=1.24，SD=0.81），其次为实验班 2（M=1.07，SD=0.70）、对照班 1（M=0.99，SD=0.85）和对照班 2（M=0.95，SD=0.72）。ANOVA 中 post hoc 的两两之间检验结果显示（表 6-11）：比较各班在后测中的能量理解表现，除实验班 1 显著好于两个对照班（$p < 0.05$），实验班 2

[1] 例如，当显著性水平选定为0.05时，进行6次t检验犯第I类错误的概率（familywise error rate）会上升到$1-(1-0.05)^6 \approx 0.265$。

在 $p < 0.10$ 水平上好于对照班 2 以外，其他班级间的差异不显著。

表6-11 能量理解后测各班级的两两之间对比

—	ΔM	SE	p
对照班1 vs对照班2	0.04	0.17	0.83
对照班1 vs实验班1	−0.36	0.18	0.04
对照班1 vs实验班2	−0.26	0.17	0.14
对照班2 vs实验班1	−0.40	0.18	0.03
对照班2 vs实验班2	−0.30	0.18	0.09
实验班1 vs实验班2	0.10	0.18	0.58

综合对后测能量理解表现的比较分析，可以发现：整体上比较，实验组学生在教学后的表现显著好于对照组的学生。具体到四个班级的后测成绩对比，两个实验班间差异不显著，两个对照班间差异也不显著，但实验班 1 显著好于对照班 1 和对照班 2。

（四）前、后测表现的分析

结合前测表现，前、后测配对 t 检验效应量和后测表现（表 6-7），可以看到：两组被试在前测时的总体表现没有显著差异（p=0.87），然而在教学中实验组获得的增益（d=2.17）大于对照组（d=1.55），在后测时两组的总体表现差异明显（$p < 0.01$）。

然而在具体到以班级为单位来分析教学带来的变化时，情况比实验组和对照组的整体比较要复杂。所有班级中，从前、后测的表现变化来看（表 6-7），实验班 1 的平均增益（d=2.14）最大，随后依次是对照班 2（d=2.10）、实验班 2（d=1.98）和对照班 1（d=1.28）。虽然各班级在前测中的平均表现无显著差异，在后测中的平均表现只有部分班级间有显著差异，但仍不妨结合前、后测成绩来进行初步的变化模式分析，为后面更深入的分析做预设。

先比较两个对照班（表 6-7），在前测中对照班 1 的平均值（M=−0.77）略高于对照班 2 的平均值（M=−0.94），而后测中也还是对照班 1 的平均值（M=0.99）略高于对照班 2 的平均值（M=0.95）。两个实验班的情况与之类似，在前测中实验班1的平均值（M=-0.81）略高于实验班2的平均值（M=-0.85），后测中实验班1的平均值（M=1.24）仍略高于实验班2的平均值（M=1.07）。由上述变化模式分析，有理由假设学生的前测成绩影响后测得分，故本研究采用协方差分析（analysis of covariance，ANCOVA）来进一步考量不同的实验组别对学生表现的影响。

ANCOVA的前提比ANOVA（方差分析）更为严格，除满足ANOVA的条件外，还要求满足协变量（covariance，亦有文献译作共变量）和实验效应（treatment effect）独立，以及协变量回归系数在各组间同质（homogeneity of regression slopes）。实际上，这两个前提（特别是其中的独立性要求）是相当强的前提，一般的实验设计都很难严格满足，但采用以下方法可以尽量控制[1]：（1）随机化分组；（2）按协变量匹配各组。在本研究中，根据上一段的分析，实验班和对照班的教学因素是实验效应，而前测成绩是协变量。由此使用SPSS（版本20.0）分步讨论ANCOVA的前提。

首先讨论ANOVA的三个条件，再依次讨论ANCOVA的两个条件。第一，对各组的分布是否符合正态的检验：对实验组和对照组分别进行K-S分布的拟合优度检验，发现各组均符合正态分布（表6-12）。第二，讨论各组样本独立：各班级的成绩不会互相影响，所以各组样本独立性良好。第三，各组方差齐性：方差齐性检验发现，p=0.95，组间方差差异不显著，即各组方差齐性。第四，协变量和实验效应的独立性：研究中的协变量和实验效应并不完全独立，所以要尽量加以控制。由于本研究是准实验研究设计，所以无法通过随机化分组来控制，但是仍可以采用第二种方法，考察各组的协变量是否匹配。在前测的两两之间比较中已经确认，各组的协变量（前测成绩）差异不显著，所以可以认为各组的协变量是匹配的，这样条件四也是满足的。第五，回归系数的同质性：通过对交互作用（interaction）的检验来进行，组间与前测的交互作用，F（1，152）=0.75，p=0.39，自变量和协变量无交互作用，即协变量在每组中的作用相同，回归系数同质。

[1] FIELD A. Discovering statistics using SPSS [M]. 3rd ed. London: Sage publications, 2009.

表6-12 能量理解后测对照组和实验组的K-S检验（正态分布）结果

—	*df*	*D*	*p*
对照组	83	0.79	0.57
实验组	73	0.93	0.35

根据对前提条件的逐个分析，本研究基本符合使用ANCOVA的前提条件，故可以使用SPSS（版本20.0）实现分析。以组别（group）作为固定因子（fixed factor），前测成绩作为协变量的ANCOVA分析结果显示[1]：前测成绩（协变量）对后测成绩有显著影响，$F(1, 153)=17.73$，$p < 0.001$，partial $\eta^2=0.10$。排除了协变量后，组别差异仍对后测成绩有显著影响，$F(1, 153)=7.23$，$p < 0.01$，partial $\eta^2=0.05$。

从整体来看，实验组和对照组在前测时的表现无显著差异。在经过能量单元的教学后，两组学生较前测的表现都有显著提升。其中，实验组提升的效应量大于对照组，所以实验组在后测时的表现显著好于对照组。进一步的分析发现，前测成绩和实验组别两个变量都显著影响学生的后测成绩。在排除了前测成绩的影响后，实验组别仍对后测成绩有显著影响。上述结果表明，不同的教学干预对学生的后测成绩有显著影响，具体来讲，即实验组的教学干预使得学生在能量理解上的表现进步更大。

三、科学解释表现

因为前、后测中考查科学解释的试题是相同的，不需要使用项目反应理论进行链接，即可直接进行对比分析，故科学解释部分的数据全部使用经典测量理论进行统计描述和统计检验。还需注意的是，本小节中的“科学解释表现”仅代指对能量主题相关问题进行科学解释时的表现。

（一）前、后测表现的描述

首先计算描述性统计参数来表征各组样本在前、后测中的科学解释表现。对于解释表现的评估，传统的测试评分一般给每道题的整个解释

[1] 结果报告的效果量为partial η^2，也有统计书籍中采用r作为效果量。其中r是点二列相关系数（point-biserial correlation coefficient），计算方法为：$r^2 = t^2 / (t^2 + df)$。partial η^2是一种方差比效果量（variance-accounted-for indices），计算方法为：partial $\eta^2 = SS_{Effect}/(SS_{Effect}+SS_{Residual})$。

作答评一个分数，我们称这个分数为解释“整体表现”的得分。后来的研究开发了先按解释要素分别计分，然后再相加得到解释的“综合得分”的评价方式（详见第五章）。本研究同时采用了这两种评价方式。

表 6-13 列举了用解释的“整体表现”衡量的各组前、后测的描述统计参数，以及分组进行配对样本 t 检验的结果。从结果中可以看到，在教学前后，总样本及各班级样本的总体的科学解释水平都有了显著的增长（$p < 0.001$）。用科恩的 d 系数来表征这种变化（增长）的效应大小，发现：（1）各组的前、后测效应量都属于大的效应量（$d > 0.8$）；（2）各组变化（增长）的大小是不同的。此问题将在稍后的前、后测表现的分析中进一步讨论。

表6-13　各组的解释“整体表现”的前、后测的统计参数

—	样本数 N	前测 M（SD）	后测 M（SD）	t检验		效应量 d
				df	t	
对照组	83	0.90（1.47）	2.70（1.73）	82	−9.19***	1.22
对照班1	42	0.90（1.62）	2.86（1.92）	41	−6.75***	1.21
对照班2	41	0.90（1.32）	2.54（1.52）	40	−6.21***	1.24
实验组	73	0.74（1.08）	3.18（1.68）	72	−12.14***	2.26
实验班1	36	1.00（1.22）	3.22（1.56）	35	−7.96***	1.82
实验班2	37	0.49（0.87）	3.14（1.81）	36	−9.20***	3.05
总样本	156	0.83（1.30）	2.92（1.71）	155	−14.76***	1.61

注：~ $p < 0.10$，* $p < 0.05$，** $p < 0.01$，*** $p < 0.001$。

表 6-14 列举了用解释的“综合得分”衡量各组前、后测的统计参数，以及分组进行配对样本 t 检验的结果。从中也可以看到，在教学前后，总样本及各班级样本的总体的科学解释水平都有了显著的增长（$p < 0.001$）。用科恩的 d 系数来表征这种变化（增长）的效应大小，发现：（1）各组的前、后测效应量都属于大的效应量（$d > 0.8$）；（2）各组变化（增长）的大小是不同的。此问题将在稍后的前、后测表现分析中进一步讨论。

表6-14 各组的解释“综合得分”的前、后测的统计参数

—	样本数 N	前测 M（SD）	后测 M（SD）	t检验		效应量 d
				df	t	
对照组	83	4.86（4.65）	11.48（4.95）	82	−11.92***	1.42
对照班1	42	4.12（5.20）	11.81（5.52）	41	−9.05***	1.48
对照班2	41	5.61（3.92）	11.15（4.33）	40	−8.11***	1.41
实验组	73	4.52（4.10）	12.90（4.68）	72	−14.45***	2.04
实验班1	36	5.31（3.97）	13.08（4.12）	35	−10.36***	1.96
实验班2	37	3.76（4.13）	12.73（5.23）	36	−10.19***	2.17
总样本	156	4.70（4.39）	12.15（4.86）	155	−18.33***	1.70

注：～ $p < 0.10$，* $p < 0.05$，** $p < 0.01$，*** $p < 0.001$。

对比“整体表现”和“综合得分”两种评价方式，在描述各组总体发展上并没有显著区别。无论用哪种评价方式，在总体发展上得到的结论是一致的：总体来看，两组学生在教学后科学解释表现有显著的提高，但提高的程度不同。

（二）前测表现的比较分析

作为准实验研究，需要对实验组和对照组的科学解释前测成绩进行独立样本的 t 检验，以确认在教学前两组学生并没有显著差异。使用SPSS（版本 20.0）对两种评价方式测得的前测表现分别进行组间差异检验（表 6-13 和表 6-14），结果为：（1）使用整体表现，从平均成绩来看，实验组（M=0.74，SD=1.08）和对照组（M=0.90，SD=1.47）没有显著差异，t（149）=0.80，p=0.43。（2）使用综合得分，从平均成绩来看，实验组（M=4.52，SD=4.10）和对照组（M=4.86，SD=4.65）没有显著差异，t（154）=0.47，p=0.64。两种评价方式所得结论相同。据此可以认为，整体上看，两组学生在教学前的科学解释表现无显著差异。

使用方差分析检验班级间的科学解释的前测表现差异时，比能量理解的讨论过程略为复杂。这是由于科学解释的计分方式使用的是经典测量理论下的等级计分方式，所得的分数本身是不等值、不连续的，而这种情况会导致分数呈非正态分布。此时需要更审慎地讨论后再使用方差分析。包括格拉斯（Glass）等在内的统计学家在综述大量资料并进行模

拟实验后指出，F 检验在有偏、多峰等非正态条件下仍能很好地控制犯第Ⅰ类错误的概率[1, 2]，特别是在样本量相同或者接近相同且自由度大于20 时，即使是 0–1 分布仍不会对 F 的检验有显著影响[3]。除分布形态外，方差齐性也需要进一步讨论。格拉斯等统计学家的综述指出，当样本量相同或者接近相同时，方差齐性对 F 检验的结果不会有显著影响。不过，若样本量有一定差异则需要视情况而定：当样本量大的组有较大的方差时，F 检验的结果会过于保守；而当样本量大的组有较小的方差时，F 检验的结果会过于灵敏。即便上两个前提可以有条件地违背，但独立性前提是一定要满足的[4]。

本研究中各班级学生的表现没有相互影响，满足独立性前提。对科学解释的两种评价方式的各组成绩分布分别进行 K–S 分布的拟合优度检验，结果如表 6–15 所示，其中有些班级的接近正态分布，有些则与正态分布显著不同。方差齐性检验发现：使用整体表现，$F(3, 152)=3.72$，$p=0.01$；使用综合得分，$F(3, 152)=1.14$，$p=0.34$。即使用整体表现评分时各组方差非齐性，而使用综合得分评分时各组方差齐性。

表6–15 科学解释前测各班级的K–S检验（正态分布）结果

整体表现	*df*	*D*	综合得分	*df*	*D*
对照班1	42	2.76**	对照班1	42	1.64**
对照班2	41	2.01**	对照班2	41	1.10
实验班1	36	1.50**	实验班1	36	0.77
实验班2	37	2.69*	实验班2	37	1.51*

注：~ $p < 0.10$，* $p < 0.05$，** $p < 0.01$，*** $p < 0.001$。

基于前面对统计学研究的综述，本研究是符合样本量相近且自由度

[1] DONALDSON T S. Robustness of the F–test to errors of both kinds and the correlation between the numerator and denominator of the F–ratio [J]. Journal of the American statistical association, 1968, 63 (322): 660–676.

[2] GLASS G V, PECKHAM P D, SANDERS J R. Consequences of failure to meet assumptions underlying the fixed effects analyses of variance and covariance [J]. Review of educational research, 1972, 42 (3): 237–288.

[3] LUNNEY G H. Using analysis of variance with a dichotomous dependent variable: an empirical study [J]. Journal of educational measurement, 1970, 7 (4): 263–269.

[4] FIELD A. Discovering statistics using SPSS [M]. 3rd ed. London: Sage publications, 2009.

大于 20 的情况的，同时考虑到班级间的前测表现比较并不是研究的主干内容，即便有些组不是正态分布或方差非齐性，也仍然相信方差分析的稳健性而不再用更复杂的统计手段进行比较。虚无编码后使用 SPSS（版本 20.0）运行 ANOVA，选择 LSD 法对四个班级进行 post hoc 的两两检验。所得结果为：使用整体表现方法时，班级间的两两检验（表 6–16）显示，除实验班 2 的成绩略逊于其他班级外（差异不显著），其他班级间的水平基本相当。

表6–16 科学解释前测各班级的两两对比（整体表现方法）

—	ΔM	SE	p
对照班1 vs对照班2	0.01	0.29	0.99
对照班1 vs实验班1	–0.10	0.30	0.75
对照班1 vs实验班2	0.42	0.29	0.16
对照班2 vs实验班1	–0.10	0.30	0.74
对照班2 vs实验班2	0.42	0.29	0.16
实验班1 vs实验班2	0.51	0.30	0.09

使用综合得分方法时，$F(3, 152)=1.65$，$p=0.18$，班级间的两两检验（表 6–17）显示，除实验班 2 的成绩略逊于其他班级外（差异不显著），其他班级间的水平基本相当。

表6–17 科学解释前测各班级的两两对比（综合得分方法）

—	ΔM	SE	p
对照班1 vs对照班2	–1.49	0.96	0.12
对照班1 vs实验班1	–1.19	0.99	0.23
对照班1 vs实验班2	0.36	0.98	0.71
对照班2 vs实验班1	0.30	1.00	0.76
对照班2 vs实验班2	1.85	0.99	0.06
实验班1 vs实验班2	1.55	1.01	0.13

综合对前测科学解释表现的比较分析，可以发现，两组学生在教学前的科学解释表现整体上无显著差异，满足准实验研究的条件。还需留意的一点是，在具体到以班级为单位比较时，可以发现有的班级（例如实验班 2）的科学解释表现与表现比较好的班级（例如对照班 2）是略有

差异的，虽然差异不显著，但在后续的分析讨论时应加以注意。

（三）后测表现的比较分析

在进行描述统计时发现，经过教学活动，虽然各组总体科学解释表现都有显著提高，但提高的多少是有差异的。为分析这种差异，先对实验组和对照组的科学解释的后测成绩进行独立样本的 t 检验。使用整体表现来衡量时，检验结果显示（表 6–13）：平均来看，实验组的科学解释表现（M=3.18，SD=1.68）在 0.1 的显著水平上好于对照组的科学解释表现（M=2.70，SD=1.73），t（154）=–1.75，p=0.08，r=0.14。使用综合得分来衡量时，检验结果显示（表 6–14）：平均来看，实验组的科学解释表现（M=12.90，SD=4.68）在 0.1 的显著水平上好于对照组的科学解释表现（M=11.48，SD=4.95），t（154）=–1.84，p=0.07，r=0.15。

接下来具体分析各班级在后测中的科学解释表现情况。在具体分析和评估班级间的表现差异时，主要依照 ANOVA 中 post hoc 的两两检验。对 ANOVA 前提条件的分析讨论的过程与前测时相同，讨论后发现符合使用前提，具体讨论内容这里不再重复。分析使用整体表现方法来衡量的后测结果发现（表 6–13），四个班级中，表现最好的是实验班 1（M=3.22，SD=1.56），其次为实验班 2（M=3.14，SD=1.81）、对照班 1（M=2.86，SD=1.92）和对照班 2（M=2.54，SD=1.52）。差异检验的结果如表 6–18 所示，可以看到，除实验班 1 比对照班 1 表现略好外，各班级间的科学解释后测表现差异不明显。

表6–18　科学解释后测各班级的两两对比（整体表现方法）

—	ΔM	SE	p
对照班1 vs对照班2	0.32	0.38	0.40
对照班1 vs实验班1	–0.37	0.39	0.35
对照班1 vs实验班2	–0.28	0.39	0.37
对照班2 vs实验班1	–0.69	0.40	0.08
对照班2 vs实验班2	–0.60	0.39	0.13
实验班1 vs实验班2	0.09	0.40	0.83

使用综合得分方法来衡量的后测成绩对比结果发现（表 6–14），四

个班级中，表现最好的是实验班 1（*M*=13.08，*SD*=4.12），其次为实验班 2（*M*=12.73，*SD*=5.23）、对照班 1（*M*=11.81，*SD*=5.52）和对照班 2（*M*=11.15，*SD*=4.33）。如表 6–19 所示，可以看到结果与使用整体表现方法类似，除实验班 1 比对照班 1 表现略好外，各班级间的科学解释后测表现差异不明显。

表6–19 科学解释后测各班级的两两对比（综合得分方法）

—	ΔM	*SE*	*p*
对照班1 vs对照班2	0.66	1.07	0.53
对照班1 vs实验班1	–1.27	1.10	0.25
对照班1 vs实验班2	–0.92	1.09	0.40
对照班2 vs实验班1	–1.93	1.11	0.08
对照班2 vs实验班2	–1.58	1.10	0.15
实验班1 vs实验班2	0.35	1.13	0.76

综合对后测科学解释表现的比较分析，可以发现，从整体上比较实验组学生在教学后的表现在 p=0.10 的显著水平上好于对照组的学生。具体班级的后测成绩对比，实验班 1 在 p=0.10 的显著水平上好于对照班 2，其他班级间差异不显著。

（四）前、后测表现的分析

结合前测表现，前、后测配对样本 t 检验效应量和后测表现，进一步讨论前、后测的科学解释表现。在使用整体表现方法时（表 6–13），两组被试在前测时的总体表现没有显著差异（p=0.43），然而在教学中获得的增益实验组（d=2.26）大于对照组（d=1.22），在后测时两组的总体表现在 0.1 水平上存在差异（p=0.08）。在使用综合得分方法时（表 6–14），发现了同样的变化模式，两组被试在前测时的总体表现没有显著差异（p=0.64），然而在教学中获得的增益实验组（d=2.04）大于对照组（d=1.42），在后测时两组的总体表现在 0.1 水平上存在差异（p=0.07）。

而在具体到以班级为单位来分析教学带来的变化时，情况比实验组和对照组的总体比较要复杂。在使用整体表现方法时（表 6–13），从前、后测的表现变化来看，实验班 2 的平均增益（d=3.05）最大，其次是实验班 1（d=1.82）、对照班 2（d=1.24）和对照班 1（d=1.21），其中两个对照班的增益比较相近。在使用综合得分方法时的变化模式也非常类似（表 6–14），从前、后测的表现变化来看，实验班 2 的平均增益（d=2.17）最大，其次是实验班 1（d=1.96）、对照班 1（d=1.48）和对照班 2（d=1.41），其中两个实验班的增益比较相近，两个对照班的增益非常相近。

同能量理解一样，也使用协方差分析来考量前测成绩和不同的实验组别两个要素对学生后测科学解释表现的影响。使用整体表现方法时，对 ANCOVA 的前提分析与能量理解部分相同，讨论发现符合使用前提，其中，方差齐性检验的显著性水平 p=0.19，差异不显著，表明方差齐性。通过交互作用进行回归系数的同质性检验，结果为 F（1，152）=0.01，p=0.94，自变量和协变量无交互作用。以组别（group）作为固定因子（fixed factor），前测成绩作为协变量的 ANCOVA 分析结果显示：前测成绩（协变量）对后测成绩有显著影响，F（1，153）=21.04，$p < 0.001$，partial η^2=0.12。排除了协变量后，组别差异仍对后测成绩有显著影响，F（1，153）=4.61，p=0.03，partial η^2=0.03。

使用综合得分方法时，对 ANCOVA 的前提分析与前面相同：方差齐性检验的显著性水平 p=0.49，差异不显著，表明方差齐性。通过交互作用进行回归系数的同质性检验，结果为 F（1，152）=0.10，p=0.75，自变量和协变量无交互作用。以组别（group）作为固定因子（fixed factor），前测成绩作为协变量的 ANCOVA 分析结果显示：前测成绩（协变量）对后测成绩有显著影响，F（1，153）=31.30，$p < 0.001$，partial η^2=0.17。排除了协变量后，组别差异仍对后测成绩有显著影响，F（1，153）=4.93，p=0.03，partial η^2=0.03。

（五）解释要素的分析

综合得分的评价方式最大的优势就是能对学生科学解释表现逐要素地进行分析，先分析总体表现情况，再对四个解释要素的表现情况展开具体分析。表 6–20 列举了总体上各要素在前、后测中的描述统计参数，以及进行配对样本 t 检验的结果。

表6-20 各组的解释“综合得分”的前、后测的描述统计参数

—	满分	前测 M（SD）	后测 M（SD）	t检验		效应量
				df	t	d
待解释项	2	0.69（0.73）	1.59（0.57）	155	−11.70***	1.23
资料	8	1.58（1.46）	3.14（1.87）	155	−9.35***	1.07
理论	8	1.01（1.49）	3.70（1.71）	155	−18.69***	1.81
推理	8	1.42（1.55）	3.71（1.70）	155	−16.67***	1.48
总样本	156	4.70（4.39）	12.15（4.86）	155	−18.33***	1.70

注：~ $p < 0.10$，* $p < 0.05$，** $p < 0.01$，*** $p < 0.001$。

从结果中可以看到，在教学前后，各要素的表现水平都有显著的增长（$p < 0.001$），且各组的前、后测效应量都属于大的效应量（$d > 0.8$），更仔细地比较观察会发现各要素的变化（增长）的大小是不同的。

随后，对前、后测中实验组和对照组在各要素上的表现进行了 t 检验。在前测时（表 6-21），实验组和对照组在各要素上均无显著差异，在总分上也无显著差异。

表6-21 科学解释各要素前测t检验（对照组—实验组）

—	df	t	p
待解释项	154	0.56	0.58
资料	154	0.89	0.38
理论	154	−0.11	0.91
推理	154	0.35	0.73
总和	154	0.47	0.64

但在后测时（表 6-22），注意到一是 t 值的符号发生了变化，二是 t 值的绝对值的大小也大于前测时的结果。由于前测时对照组的表现更好而且前面的研究发现前测的成绩对后测的成绩有显著影响，所以使用 ANCOVA 来控制前测的影响后再继续讨论。

表6-22 科学解释各要素后测t检验（对照组—实验组）

—	df	t	p
待解释项	154	−1.12	0.27
资料	154	−1.61	0.11

续表

—	*df*	*t*	*p*
理论	153	–2.01	0.04
推理	151	–1.11	0.27
总和	154	–1.84	0.07

按照前面的步骤逐一检验适用条件后，使用 SPSS（版本 20.0）进行 ANCOVA 来考量前测要素表现和实验组别两个要素对学生后测要素表现的影响。以组别作为固定因子，前测成绩作为协变量的协方差分析结果显示：（1）在待解释项要素，前测成绩（协变量）对后测成绩无显著影响，$F(1,153)=0.74$，$p=0.392$。控制协变量后，组别差异对后测成绩亦无显著影响，$F(1,153)=1.16$，$p=0.28$。（2）在资料要素，前测成绩（协变量）对后测成绩有显著影响，$F(1,153)=9.99$，$p=0.002$。控制协变量后，组别差异对后测成绩在 0.1 水平上有显著影响，$F(1,153)=3.52$，$p=0.062$。（3）在理论要素，前测成绩（协变量）对后测成绩有显著影响，$F(1,153)=26.07$，$p<0.001$。控制协变量后，组别差异对后测成绩有显著影响，$F(1,153)=4.38$，$p=0.038$。（4）在推理要素，前测成绩（协变量）对后测成绩有显著影响，$F(1,153)=37.55$，$p<0.001$。控制协变量后，组别差异对后测成绩无显著影响，$F(1,153)=1.94$，$p=0.166$。

从上面的分析可以看到，四个要素中，教学的差异对理论要素和资料要素的表现产生了较显著的影响，对推理要素和待解释项要素的影响不显著。

首先，用“整体表现”和“综合得分”这两种分析方式对解释表现进行整体评估时得出的结论总是一致的。其次，整体评估比较实验组和对照组的解释表现：实验组和对照组在前测时的科学解释表现无显著差异。在经过教学后，两组的学生在后测时的表现都较前测有显著提升。其中，实验组的提升显著大于对照组，使得实验组在后测时的科学解释表现优于对照组。进一步的分析发现，前测成绩和实验组别两个变量都会影响学生的后测成绩。在排除了前测成绩的影响后，发现实验组别对后测成绩有显著影响。按四个要素进行更细致的分析时发现，教学的差异对理论要素和资料要素的表现产生了较显著的影响，对推理要素和待解释项要素的影响不显著。

四、能量理解与科学解释的共变

在综述中曾提到，对理论的理解和根据理论建构解释是紧密相关的[1，2]。本研究中对理解和解释两方面的测量都是围绕能量主题的相关内容进行的。故应在测试表现中观察到两者之间比较明显的相关关系。

使用 SPSS（版本 20.0）计算：（1）前测能量理解成绩和前测科学解释成绩；（2）后测能量理解成绩和后测科学解释成绩；（3）能量理解成绩变化和科学解释成绩变化的斯皮尔曼等级相关系数。计算后发现：（1）前测能量理解成绩和前测科学解释成绩中度相关，$r_s=0.45$，$p < 0.01$；（2）后测能量理解成绩和后测科学解释成绩中度相关，$r_s=0.51$，$p < 0.01$；（3）能量理解成绩变化和科学解释成绩变化低度相关，$r_s=0.23$，$p < 0.01$。根据相关系数的计算结果可以看到，在同一次测试时，两者之间的表现存在明显的相关关系，这与预设相符。但两者的变化之间的相关关系不强，所以对两者间的共变关系需开展进一步的探讨。

（一）两种假设

前面的相关分析表明，在能量理解上的表现和科学解释上的表现存在相关关系。由此，对教学实验的结果之一——实验组在能量理解和科学解释上的进步都比对照组大，就有两种可能的解释。第一种（假设一）：实验组和对照组在能量理解上有实质性的进步且差异显著，但在科学解释上无实质性的进步或实质性的进步差异不大，因为实验组在能量理解上进步比对照组大，使得其科学解释表现随之也产生了更大的进步。第二种（假设二）：实验组和对照组在能量理解上有实质性的进步且差异显著，在科学解释上两组也都有实质性的进步但进步的程度不同（或只有实验组有实质性的进步而对照组没有），即在科学解释上的显著差异是科

[1] FRIEDMAN M. Explanation and scientific understanding [J]. The journal of philosophy，1974，71（1）：5-19.

[2] GROTZER T A，BASCA B B. How does grasping the underlying causal structures of ecosystems impact students' understanding? [J]. Journal of biological education，2003，38（1）：16-29.

学解释能力变化的反映。所以，需要进一步统计检验来讨论到底哪个假设是实际情况的反映。

（二）对两种假设的检验

本研究采用了两种统计检验方法来探讨此问题。第一种方法是使用 SPSS（版本 20.0）进行两因素多次测量的方差分析（2-factors repeated measured ANOVA）。选择能量理解和科学解释随时间的变化作为主体内变量，组别作为主体间变量。检验发现：能量理解和科学解释都随时间的变化的主效应显著，能量理解，$F(1, 153)=885.26$，$p < 0.001$；科学解释，$F(1, 153)=452.82$，$p < 0.001$。科学解释和组别的交互效应显著，$F(1, 153)=5.44$，$p=0.02$。但能量理解和组别的交互效应不显著，$F(1, 153)=0.29$，$p=0.59$。上述结果表明：能量理解和科学解释都随时间发生了显著变化。在科学解释上，组别之间的变化有显著效应；而在能量理解上，组别之间的变化是不显著的小效应。这意味着，能量理解随组别之间的变化是不足以解释科学解释能力随组别之间的变化的，即除能量理解的影响之外，科学解释能力自身也随组别之间的变化发生了变化。

第二种方法是使用 SPSS（版本 20.0）对实验组和对照组分别进行协方差分析。与之前进行的协方差分析不同，在此次分析中，以科学解释前、后测的成绩作为固定因子，把对应的能量理解成绩作为协变量。这样就可以利用协方差分析的特性控制能量理解对科学解释成绩的影响。检验发现：在实验组，控制能量理解的影响后，科学解释随时间的变化仍显著，$F(1, 141)=11.38$，$p=0.001$；在对照组，控制能量理解的影响后，科学解释随时间的变化不再显著，$F(1, 161)=1.22$，$p=0.27$。上述结果表明：控制能量理解的影响后，对照组的科学解释能力没有随时间发生显著变化，而实验组的科学解释能力随时间发生了显著的变化。这意味着，只有实验组的教学对科学解释能力产生了实质性的影响。

两种统计检验的结果相互印证，两因素多次测量的方差分析表明，科学解释能力随组别不同的发展差异无法完全被能量理解的随组别不同的发展所解释。结合两次协方差分析的结果可以更具体地看到，实验组科学解释能力发生了除能量理解之外的发展。上述统计检验的结果推翻了假设一，支持了假设二：实验组和对照组在能量理解上有实质性的进步且差异显著，在科学解释上只有实验组有实质性的进步，在科学解释上的显著差异是科学解释能力变化的反映。

在进行相关关系检验时，注意到共变的相关系数低于前、后测时的相关系数。结合两个更为精细的统计检验，可以看到这种相关系数的差异是因为实验组的科学解释能力自身也在发生变化，而这些变化不能全被能量理解的变化所解释，所以共变的相关系数会低于测试时的相关系数。可见，三个统计分析的结果是一致的。而且，通过更为精细的统计检验，研究发现，只有实验组的科学解释能力有实质性的发展，对照组科学解释能力的提升主要是能量理解提升的结果。

五、学生的进阶发展

第二小节到第四小节均是通过量化统计分析来比较、探讨学生群体层面上的发展变化。本小节分析学生经历单元学习后的发展情况与学习进阶的对应关系，并特别关注对学生个案的质性分析。与前文类似，分能量理解和科学解释两个维度来分析讨论。本小节涉及的测试题目详见附录 2。

（一）学生在能量理解的进阶发展

研究结合使用量化指标和质性分析探讨教学研究过程中学生能量理解的进阶发展。使用量化指标来观察前、后测表现所反映的进阶情况，需将本次测试的表现和能量理解学习进阶中的表现进行等值（equating）处理。因为样本中的部分学生既参与了本次教学研究，还参与了之前的大规模测评，而且期间未进行能量内容的学习，所以项目反应理论采用共同被试（common examinee）的方法进行等值处理。研究中各次的 Rasch 计算都将 b 参数的均值设为 0，b 参数的方差设为 1，所以两次估计的学生能力值之间可以进行线性变换或多元拟合[1]。本研究采用了较基础的线性变换方法，将系数固定后比较差值，发现了 $\Delta=0.62$ 的差

[1] KOLEN M J, BRENNAN R L. Test equating, scaling, and linking: methods and practices [M]. New York: Springer, 2014.

值。即教学研究中所拟合出的学生能力值减去 Δ 为在能量理解大规模测量中的能力值的估计值。据此，学生的样本总体在前测时表现出的能量理解水平（M_{pre}=-1.46）处于事实经验水平（M_f=-2.25）。学生的样本总体经过单元学习成功地实现了对映射水平（M_m=-0.56）的跨越。学生的样本总体在后测时表现出的能量理解水平（M_{post}=0.50）处于关系水平（M_r=0.40），其中实验组在此水平上段（M_{postE}=0.67），对照组在此水平下段（M_{postC}=0.35）。

上述数据表明，四个班级都基本实现了期望中的进阶发展，考虑到该校是J市的市级示范校，结合该校的师资条件，管理水平以及历届学生在中、高考的表现来看，上述发展状况是合理的。接下来，选取前测能力估计值处于平均值附近的学生（实验组和对照组各一名），对他们在进阶起点和进阶终点的能量理解表现进行质性分析，进一步确认对学生进阶发展的估计。

在学习进阶起点时，学生的能量理解整体上处于事实经验水平。编号为 E208 的实验组学生前测时的能力估计值为 -0.94(转换后为 -1.56)，编号为 C215 的对照组学生前测（附录 2）时的能力估计值为 -0.71（转换后为 -1.33）。从量化指标来看，两名学生都处于事实经验水平。按照理论预设，在事实经验水平，学生知道“能量”这个词，但并不了解其科学定义。学生能基于对物体和其运动状态的观察，比较、判断物体的能量大小，但对一些较抽象的能量形式（如重力势能）的比较判断仍需要引导。

编号为 E208 的实验组学生在前测（附录 2）中对能量有无进行判断时（前测卷Ⅰ第 1 ～ 4 题），做出了 1.B；2.A；3.B；4.A 的选择。即他能通过物体运动识别其具有能量，但对弹性势能和重力势能的判断都选择了“B. 没有能量”。而他在前测时回答一高一低匀速行驶的小车哪个能量较大时（前测卷Ⅱ第 1 题），他选择了“C. 两车能量一样大”，并解释到，因为“两辆车完全相同也就表明质量相同”。在第二小问考查下坡时的能量变化，他选择了“A. 不变”，并解释到，“因为两辆车速度相同”（图 6-7）。

（1）在路段 1，两辆汽车保持相同的速度向前行驶，请比较两辆汽车的能量的大小，并解释原因。

答：我认为（C）。

A. 甲车能量大　　B. 乙车能量大　　C. 两车能量一样大

因为：两辆车完全相同也就表明两辆车质量相同＿＿＿＿＿＿＿＿。

（2）在路段 2（下坡路段）甲车仍匀速行驶，甲车的机械能（A）。

A. 不变　　B. 变大　　C. 变小

原因：因为两辆车速度相同＿＿＿＿＿＿＿＿。

图 6-7　学生 E208 前测时的部分回答

编号为 C215 的对照组学生在前测（附录 2）中对能量进行有无判断时（前测卷Ⅰ第 1 ～ 4 题），做出了 1.A；2.B；3.B；4.A 的选择。即他能通过物体运动识别其具有能量，但对弹性势能的判断选择了“B. 没有能量”，对重力势能的判断也是选择了“B. 没有能量”。而他在前测时回答一高一低匀速行驶的小车哪个能量较大时（前测卷Ⅱ第 1 题），他选择了“C. 两车能量一样大”，在第二小问考查下坡时的能量变化，他选择了“C. 变小”，他没有对其选择做出解释[1]。

对比理论预设和学生表现，可以看到学生对“能量”这个词有一定的经验认识（如能根据物体运动识别其具有能量），但对一些较抽象的能量形式（如重力势能）还缺乏了解，所以在比较、判断物体的能量大小时，多是基于对物体运动状态的识别，尚不能将能量与一些物理量对应起来进行分析。

在学习进阶终点时，学生的能量理解处于关系水平。前面选取的两名学生：编号为 E208 的实验组学生后测时的能力估计值为 1.87（转换后为 1.25），编号为 C215 的对照组学生后测时的能力估计值为 1.30（转换后为 0.68）。按照量化指标，两名学生在学习后都处于关系水平。而且两名学生的成绩变化恰巧与两组学生整体表现的变化相一致：在单元学习前，实验组学生的成绩不如对照组学生的成绩，但在单元学习后，实验组学生的成绩超过了对照组学生的成绩。根据理论预设，在关系水平，

[1] 可以排除因为没有时间导致没有解释的情况，因为考试时间比较充裕而且该名学生回答了随后的试题。

学生能用机械能的概念来概括动能与势能（限于重力势能和弹性势能，限于定性模型）。在初步了解物质的微观结构的基础上，知道在微观的层面上，组成物质的分子在运动，其具有的动能可称为分子动能。通过与弹性势能的类比，了解分子之间由于存在相互作用而具有能量，这种能量称为分子势能。物体的内能是物体内所有分子的分子动能和分子势能的总和。学生能在简单情境中指出物体的动能和势能的相互转化。能意识到在能量转化的过程中有热量放出并散失到周围环境中。

编号为 C215 的对照组学生在后测时回答一高一低匀速行驶的小车哪个能量较大时（前测卷Ⅱ第 1 题），他选择了正确选项"A. 甲车能量大"，并解释到，"因为甲有重力势能"。在紧接着的下一小问，他选择了正确的选项"C. 变小"并给出了较好的解释"因为甲车动能不变，重力势能减小，所以甲车机械能变小"（图 6–8）。比较他在前测时对此题的作答，他对能量的认识较前测有明显变化。在其他几道题目的作答中，他也初步展现出了关系水平的理解表现，例如在讨论为什么能量是守恒的但我们仍需要节约能源时，他回答："因为生活中都会有阻力和摩擦力，一部分能量克服阻力，还有一部分转化为内能。"

（1）在路段 1，两辆汽车保持相同的速度向前行驶，请比较两辆汽车的能量的大小，并解释原因。

答：我认为（A）。

A. 甲车能量大　　　　B. 乙车能量大　　　　C. 两车能量一样大

因为：因为甲有重力势能______________________________。

（2）在路段 2（下坡路段）甲车仍匀速行驶，甲车的机械能（C）。

A. 不变　　　　B. 变大　　　　C. 变小

原因：因为甲车动能不变，重力势能减小，所以甲车机械能变小______________________________。

图 6–8　学生 C215 后测时的部分回答

编号为 E208 的实验组学生在后测时回答一高一低匀速行驶的小车哪个能量较大时（前测卷Ⅱ第 1 题），选择了正确选项"A. 甲车能量大"，并解释到，"两辆车的质量和速度相同，但甲的重力势能更大"。在紧接着的一道题，他也选择了正确的选项"C. 变小"并给出了清晰的解释"因为甲车仍匀速行驶，所以动能不变，但重力势能变小，所以机械能减小"（图 6–9）。在其他几道题目的作答中，他也初步展现出了关系水平的理解表现，例如在分析汽车碰撞测试时的能量转化时，他答到，“当汽车在行驶时，内能转化为机械能；汽车被弹开的瞬间，动能转化为弹性势能”，而且通过反驳题设中的错误论断——“碰撞时，动能转化为弹性势能，碰撞后，动能变小，内能增大，所以能量守恒”，展现出他对能量守恒的初步认识。

（1）在路段 1，两辆汽车保持相同的速度向前行驶，请比较两辆汽车的能量的大小，并解释原因。

答：我认为（A）。

A. 甲车能量大　　B. 乙车能量大　　C. 两车能量一样大

因为：两辆车的质量和速度相同，但甲的重力势能更大______________________________。

（2）在路段 2（下坡路段）甲车仍匀速行驶，甲车的机械能（C）。

A. 不变　　B. 变大　　C. 变小

原因：因为甲车仍匀速行驶，所以动能不变，但重力势能变小，所以机械能减小______________________________。

图 6–9　学生 E208 后测时的部分回答

综合上述具体分析，可以发现在能量单元学习前，学生总体的能量理解处于事实经验水平；通过能量单元的学习，学生总体的能量理解达到了关系水平。上述发展变化与学习过程设计的期望基本符合。不过分析学生的作答表现时发现，他们对内能、微观层面上的分子势能以及能量概念的核心内涵等的理解还不够深入，从整体上来看仅是达到关系水平。

（二）学生在科学解释的进阶发展

教学研究中的解释评判没有使用项目反应理论，所以研究通过学生表现的质性分析对学生在科学解释的进阶发展进行探讨。由于前面选择的两名学生中实验组学生在后测时能量理解水平高于对照组学生，为了减少能量理解水平对讨论学生科学解释能力的干扰，选择编号为 E115 的实验组学生和编号为 C103 的对照组学生。编号为 E115 的实验组学生前测时的能量理解估计值为 –1.69（转换后为 –2.31，处于事实经验水平），后测时的能量理解估计值为 1.39（转换后为 0.77，处于关系水平）。编号为 C103 的对照组学生前测时的能力估计值为 –0.93（转换后为 –1.55，处于事实经验水平），后测时的能力估计值为 1.85（转换后为 1.23，处于关系水平）。两名学生的能量理解水平处于整体均值附近，且实验组学生的能量理解水平在前、后测时均不如对照组学生的能量理解水平。在此条件下，分析两名学生的科学解释表现。

在学习进阶起点时，学生只是初步具有解释现象和预测的意识。例如在前测（附录 2）时，编号为 C103 的对照组学生在对两车能量大小的判断只解释到，“两车质量相同，速度也相同”（图 6-10）。编号为 E115 的实验组学生只解释到，“在 *YZ* 路段，道路 *A* 平行于道路 *B*，所以两车能量一样大”（图 6-11）。上述解释中虽然其因果推理是明晰的，但是解释中只含有对题设条件的重复，没有调用科学概念和科学理论，而且推理也是形式上的合理，在语义上并没有构成良好的因果关系。两位学生都没有对接下来的第（2）问做出解释。

（1）在路段 1，两辆汽车保持相同的速度向前行驶，请比较两辆汽车的能量的大小，并解释原因。

答：我认为（C）。

A. 甲车能量大　　B. 乙车能量大　　C. 两车能量一样大

因为：两车质量相同，速度也相同______。

（2）在路段 2（下坡路段）甲车仍匀速行驶，甲车的机械能（　）。

A. 不变　　B. 变大　　C. 变小

原因：______。

图 6-10　学生 C103 前测时的部分回答

（1）在路段 1，两辆汽车保持相同的速度向前行驶，请比较两辆汽车的能量的大小，并解释原因。

答：我认为（C）。

A. 甲车能量大　　B. 乙车能量大　　C. 两车能量一样大

因为：在 *YZ* 路段，道路 *A* 平行于道路 *B*，所以两车能量一样大______。

（2）在路段 2（下坡路段）甲车仍匀速行驶，甲车的机械能（B）。

A. 不变　　B. 变大　　C. 变小

原因：______。

图 6-11　学生 E115 前测时的部分回答

在学习进阶终点时，期望学生能以关键变量为线索选择科学概念、定律、原理或理论，结合小范围内的相关资料，通过对少量变量的概括、归纳、对比或简单因果推理建构资料、理论与待解释项的联系。仍以上面两名学生在汽车情境中的两道题的表现来分析，两名学生的科学解释在学习后都发生了变化，但变化的程度不同。

编号为C103的对照组学生后测时在第（1）问解释到，“甲车势能较大”，在第（2）问解释到，“动能不变，势能减小，机械能减小”（图6–12）。对比他的前测表现，可以看出他的解释有所进步。然而，尽管两个解释都调用了所学的相关能量概念，而且对能量大小变化的判断也都正确，但是这两个解释并不是比较好的解释。因为他的解释中只有一系列判断，却丝毫未提及做出判断的理由和依据。这使得无从判定其得出这些判断是通过合理推理，抑或是凭借经验感觉。

（1）在路段1，两辆汽车保持相同的速度向前行驶，请比较两辆汽车的能量的大小，并解释原因。

答：我认为（A）。

A. 甲车能量大　　B. 乙车能量大　　C. 两车能量一样大

因为：甲车势能较大＿＿＿＿＿＿＿＿＿＿＿＿＿＿＿＿。

（2）在路段2（下坡路段）甲车仍匀速行驶，甲车的机械能（C）。

A. 不变　　B. 变大　　C. 变小

原因：动能不变，势能减小，机械能减小＿＿＿＿＿＿＿＿＿＿＿＿。

图6–12　学生C103后测时的部分回答

编号为E115的实验组学生在第（1）问解释到，“它们的质量和速度相同”，在第（2）问解释到，“因为速度不变，动能不变，高度变小了，势能减小，机械能变小”（图6–13）。这名实验组学生所建构的解释展现了他依据的三个方面资料——质量、速度和高度。而且他答对的第（2）题的推理过程也十分清晰，从中基本可以判定该学生知道物体的动能大小和速度大小的关系等物理原理。此解释加上前面的选项，待解释项、理论、资料和推理四个方面要素齐全，基本达到了研究期望的解释水平。

（1）在路段1，两辆汽车保持相同的速度向前行驶，请比较两辆汽车的能量的大小，并解释原因。

答：我认为（C）。

A. 甲车能量大　　B. 乙车能量大　　C. 两车能量一样大

因为：它们的质量和速度相同＿＿＿＿＿＿＿＿＿＿＿＿＿＿。

（2）在路段2（下坡路段）甲车仍匀速行驶，甲车的机械能（C）。

A. 不变　　B. 变大　　C. 变小

原因：因为速度不变，动能不变，高度变小了，势能减小，机械能变小＿＿＿＿＿＿。

图6–13　学生E115后测时的部分回答

再看另一题的例子。在鸳鸯火锅（前测卷Ⅱ第3题）这道题上，编号为C103的对照组学生在前测时解释到，“油的运动比水快”。这个答案起初让人不明所以，不过看到他的后测解释“红汤一侧分子热运动快”之后，大概明白了他希望用分子热运动的快慢来解释红汤一侧先沸腾的现象。虽然能量单元课程使他的表述更科学化，但无论是在前测还是后测中，他的解释都是难以令人信服的。编号为E115的实验组学生在前测时没有回答，但在后测时他答到，“因为上层有油层，所以加热时，热量不会散发出去，并且油的比热容低，很快就会沸腾”。可以看到，这名学生关注到了油层这一关键信息，调用了能量耗散和比热容两个方面的物理原理来展开推理，而且思维过程清晰顺畅。

综合上述讨论，可以发现在能量单元学习前，学生的科学解释水平处于较低水平。通过能量单元的学习，实验组学生的科学解释能力有较好的发展，而对照组学生的科学解释能力的提升主要来自学生能量理解水平的增强。质性分析的结果与上一节定量分析的结果一致。

通过能量单元的学习，整体上看学生的能量理解基本实现了期望的进阶发展。而且实验组的学生初步具备了应用能量相关的知识和理论建构科学解释的能力。实验组学生的综合进步不仅实现了在能量理解和科学解释两个方面上的分别发展，还表明他们初步形成了应用所学的科学知识和理论建构科学解释的意识，从而初步了解了科学理论与科学实践的关联。

第五节 讨论、反思和结论

通过教学观察，研究发现对实验组教师的培训使其教学效果与对照组产生了差异。按照本研究的分析框架，实验组教师的教学更符合对整合的科学学习的期望。随后，通过前、后测的比较分析，研究发现实验组学生在能量理解和科学解释上都比对照组学生表现得更好，特别是对理解和能力的共变分析揭示出，实验组学生的科学解释能力有实质性的增长。由此，教学观察和学业测试的结果就顺应了起来，表明以基于学习进阶的学习过程等为核心的教师培训影响了实验组教师的教学行为，并通过教师的教学行为影响了学生的学业表现。

此研究的统计结果是比较清晰的，一系列的数据为上述论断提供了比较好的支持。但是作为以常规学校教学为依托的准实验研究，把上述论断推广到结论时仍需审慎反思。在实验开始之前，我们讨论过此教学研究中涉及的多方面变量，包括学生变量、教师变量和一些噪声变量等。在其中几个变量的控制和设计上，研究仍存在需要反思的地方。

本研究第一处需要审慎反思的地方在教师变量方面。教学的设计和实施都会对教学效果产生重要影响，本研究侧重于教师的教学设计，对教学实施的关注不够。本研究的结果比较符合预期，说明实验组教师应该比较好地实施了其教学设计。但在推广时需要考虑到教师的教学实施能力的差别，教学实施能力对基于进阶的教学有何影响，仍需要进一步研究和分析。甚至还可以质疑是否是因为教师教学实施能力的差异产生了不同教学效果。当然，多方面的信息显示本研究中这种可能性是很小的[1]，教学效果的差异是由教学设计带来的。但是，如果能有更多的实验组教师和对照组教师同时参与研究，所得到的结果会更具有普遍性和说服力。

在学生变量方面，研究在群体层面上和个案层面上都进行了探讨。

[1] 支持三位教师本身的教学能力差异不大的信息有：三位教师学历相当，往年的教学评价水平相同。教学观察发现三位教师的教学基本功都比较扎实，教学的表面结构也类似。

群体层面上的统计分析刻画了学生在能量理解和科学解释两个方面上的发展趋势，个案层面上的质性分析确认了学生在进阶层级间的具体变化。然而，值得后续改进的地方在于，研究对学生变量的微观层面的关心略显不足。本研究在事后选择了比较典型的学生，对他们的表现进行了较细致的分析。但其实，这种细致的分析如果发生在教学前和教学中会更好。更进一步，如果希望更好地发挥学习进阶的诊断价值和设计参考价值，应该增加测试的密度。本研究限于实验组教师的配合意愿仅进行了两轮测试，但要是能将基于学习进阶的形成性测试和学生的日常作业练习相结合，增加测试的次数，则能进行类似于“微发生法”（microgenetic method）的研究[1]，更细致地观察学生的进阶发展。此外，本研究的着力点在学生的群体表现，致使对每名学生的个体发展的刻画不充分，但研究注意到了每名学生个体都有相对个性化的发展脉络。故可以预想，若在后续研究中增加测试密度并增强对个体的关注，能对学生的进阶发展有更精准的描述，甚至会有一些新发现。

研究中有一些无法规避的噪声变量，例如某对照组的教师担任该班的班主任，该班的上课纪律比其他班更好；某实验组的物理课在体育课后。但好在这些变量都是妨碍正向的研究结果的（即这些因素的存在应导致对照组比实验组表现好），而且从实验的结果来看，这些噪声变量并没有对研究结果产生明显的影响。可见影响学生群体的学习表现的关键，还是教师对教学的内容和组织的设计。

综合上述讨论，通过研究可以对研究问题做出以下回应：（1）相较于我国传统的能量教学，整合能量理解和科学解释的学习进阶设计的教师培训能改进教师的能量单元教学的深层组织。（2）教师教学的改进在能量理解和科学解释两个方面都比传统的能量教学使学生总体上的进步更大。但研究中教师个人素质的影响仍有待进一步探讨，研究还发现学生的个体发展情况具有个性化的特点，后续研究应增加测试分析密度并增强对学生个体变化的细致刻画。

[1] SIEGLER R S. Microgenetic studies of self-explanation [M] // GRANOTT N, PARZIALE J. Microdevelopment: transition processes in development and learning. New York: Cambridge University Press, 2002: 31-58.

第七章 科学解释教学的设计案例

通过第五章的测评研究和第六章的教学研究，建构了科学解释的学习进阶，并检验了其在教学实践中的有效性。第六章中的案例引入了许多科学教育的新理念、新思想和新策略，科学解释、学习进阶、能力的显化教学、渐退的辅助框架等对广大科学教育工作者而言还是比较新的概念。而且，物理课程内容覆盖面广、理论跨度大、实践活动多，如何在不同的内容和活动中培养解释能力还有待于进一步探索。因此，本章再给出三个具体的教学设计案例，希望能起到抛砖引玉的作用，与各位专家、学者和资深教师共同研讨：如何将科学解释的学习进阶更好地应用于教学实践，促进学生科学解释能力的发展。

第一节　案例一：初中“机械能”教学设计

案例一以北师大版初中物理教材九年级第十章第一节“机械能”的教学为例，讨论如何在初中物理教学中显化培养科学解释能力。本节以机械能内容的学习为载体，以解释能力的发展为主线，促进能量理解和科学解释能力的共同发展。

一、新课引入

教师：通过一年的学习，同学们已经掌握了不少物理知识。但同学们是否考虑过，为什么要学物理？或者为什么要学物理、化学、生物这些自然科学？实际上，学习自然科学的目的之一是为了解释各类自然现象。对自然现象寻求解释是人的天性，我们小时候常会追着父母问“为什么……”，向父母寻求解释；上学后，遇到不明白的问题时也会找老师、同学，或查阅书本寻求解释；长大后，也会自主开展探究，来解释自然界的各类现象。“解释”这个词在生活中也经常用到，生活中所说的解释，只要让听者明白、理解所阐释的问题即可。但科学解释不同，它是指利用所学的相关科学知识对自然现象的内在规律的揭示。

解释是一种重要的能力，它对我们今后的工作和生活都非常重要。当你作为员工向领导提出新想法时，你需要向他解释你的点子好在哪儿；当你成为领导做决策时，你需要向你的员工解释为什么要这样做。可以说，解释无处不在，贯穿终生。然而，不经过思考和训练，其实是很难用逻辑清晰、合理可信的话语把问题解释清楚的，所以要有意识地培养解释能力。在物理课中，我们以培养同学们科学解释能力为切入点，帮助同学们学会如何用合理、严谨且规范的语言来建构解释。

在以往的物理学习中也一直有涉及科学解释，只是没有明确地提出来。下面通过一个实例让同学们对科学解释有一个初步的认识：用两根手指分别顶在削好的铅笔两端（如图 7-1 所示），发现手指上肌肉的凹陷程度和感觉不同。请同学们对这一现象进行解释。

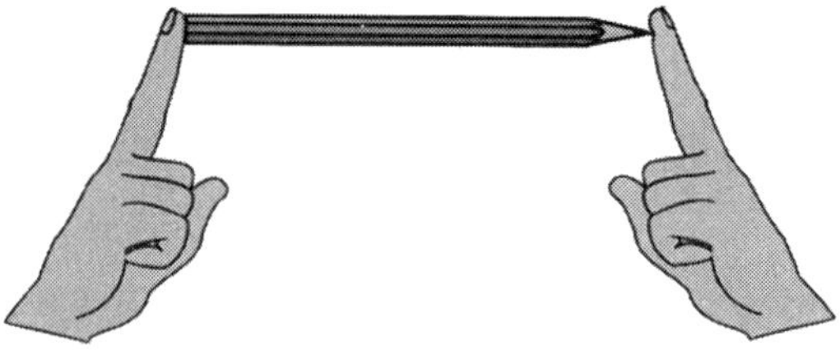

图 7-1　用手指感受压强的大小

学生：铅笔两端对手指的压力大小相同，但左手手指受力面积大，右手手指受力面积小。根据 $P=F/S$ 可知，右手手指受到的压强更大，所以右手手指的凹陷程度更明显。

教师：很好，这其实就是一个不错的科学解释。这个科学解释里包含了对现有资料的分析“铅笔两端手指的受力面积不同”，利用了相关的理论知识“压强”，通过合理的推理“压强大即作用效果更明显”，从而对这一现象做出了合理的解释。所以简单来说，要对一个问题或现象进行科学解释包括了明晰待解释“现象”、获取分析“资料”、结合相关的“理论”依据进行合理的“推理”等过程。总体说来，对一个现象的科学解释包括了“资料”“理论”“推理”这些要素。

【设计解读】

教师说明解释的重要性，引导学生认识到发展解释能力对于学习和生活的意义和价值。更进一步，聚焦到物理课程中期望培养的科学解释能力，通过实例让学生了解科学解释的定义及其核心要素，为在后续教学中培养学生的科学解释能力奠定基础。

二、动能教学

教师：风能吹动帆船在水面上行驶，投掷出去的保龄球能将前方静止的保龄球瓶推倒。这些实例中风、保龄球有什么特点？帆船被风吹动，保龄球瓶被球推倒，即帆船和保龄球瓶受到了力并且沿力的方向运动了一定的距离，这又说明了什么？

学生（思考后回答）**：**风和保龄球在运动。风和保龄球都对物体做了功。

教师：为了反映物体做功本领的大小，我们引入了能量的概念。能量简称能，物体能够对外做的功越多，它具有的能量就越大。能量的单位跟功一样，都是焦耳。像风、保龄球这种物体由于运动而具有的能量叫作动能。

生活中很多物体都具有动能，请同学们再列举一些例子。

（学生列举生活实例）

教师：刚才列举的例子中，它们具有的动能大小一样吗？

学生：不一样。

教师：怎么知道动能大小不一样？

（学生列举具有动能的物体推动其他物体运动的距离，或被砸到的人感受到的疼痛等判断动能大小的经验方法。）

【设计解读】

从学生的生活经验入手，引出能量和动能的概念，并承接之前所学的“功”的知识，让学生了解动能的大小可以通过对其他物体做功产生的作用效果来判断，为接下来动能大小影响因素的学习做铺垫。

教师：物体动能的大小与哪些因素有关？有什么关系？

实验引导：引导学生设计实验，探究动能大小与物体的质量和速度的关系。教师分析评价学生设计的实验方案并演示教材中的实验，引导学生观察并思考一系列相关问题，并让学生对现象进行分析，从而得出结论：动能大小与物体质量和速度有关，质量越大，速度越大，具有的动能越大。

请学生阅读教材中的信息栏“一些物体的动能”。

教师提问：抛出去的篮球动能约为 30 J，行走的牛动能约为 60 J。请同学们根据数据，分析质量、速度哪个因素对动能的影响更大？

活动引导：引导学生通过估测篮球、牛的质量和速度大小（篮球的质量约为 0.6 kg，速度约为 10 m/s；牛的质量约为 500 kg，速度约为 0.5 m/s），并对数据进行合理分析（牛的质量约是篮球的 800 倍，速度约是篮球的 1/20，但动能却只是篮球的 2 倍），最终得到“速度对动能的影响更大”。

【设计解读】

通过一学年的物理学习，学生已经掌握了一些科学研究方法，具有一定的设计实验的能力。因此教学中教师不急于给学生呈现实验方案，而是让学生通过思考讨论得出实验方案，教师再进行评价和演示，一方面调动了学生的积极性和参与性，另一方面可以提高学生的科学探究能力。之后，从理论上对数据中篮球和牛动能大小进行比较分析，加深学生对动能的认识。

教师：请同学们结合所学知识完成工作单中的任务1（图7-2）。工作单列出了建构一个完整的科学解释所需要的四个要素：现象（待解释项）、理论、资料和推理。因为同学们刚开始学习系统地建构科学解释，所以工作单中还对各要素给予了提示。请大家逐个填完，并综合这四个要素，建构一个完整的科学解释。

“机械能”工作单

1. 在课间的楼道中，小刚被迎面跑来的小明撞了一下。过了一会儿，他又被迎面走来的小明撞了一下。请同学们预测，小刚哪次被撞得更疼？请对你的预测做出解释。

（1）现象：小刚被迎面（跑来/走来）的小明撞得更疼一些。

（2）资料：________________

提示：小明两次撞到小刚时有什么不同？

（3）理论：________________

提示：动能大小的影响因素有哪些？

（4）推理：________________

提示：在其他条件相同时，进行差异变量的对比。

科学解释：________________

图7-2 “机械能”工作单任务1（带提示的解释框架）

【设计解读】

在了解了动能大小的影响因素后，通过一个真实的问题情境，将教学内容与科学解释能力的培养结合起来。真实的问题情境一方面把所学物理知识与生活联系起来，另一方面可以让学生感受科学解释的应用价值。工作单中的第1个任务使用了带提示的解释框架，以便刚开始学习解释建构的学生逐渐熟悉科学解释的关键要素和句法结构。任务1的参考答案如图 7-3 所示。

“机械能”工作单

1. 在课间的楼道中，小刚被迎面跑来的小明撞了一下。过了一会儿，他又被迎面走来的小明撞了一下。请同学们预测，小刚哪次被撞得更疼？请对你的预测做出解释。

（1）现象：小刚被迎面跑来的小明撞得更疼一些。

（2）资料：小明跑来时的速度比走来时的速度大。

（3）理论：质量相同时，速度越大，具有的动能越大，能够对外做的功越多。

（4）推理：小明跑来时的动能大，能对外做的功多，小刚被撞到会更疼。

科学解释：小明跑来时比走来时的速度大，具有的动能更大，能对外做的功更多，所以小刚被跑来的小明撞到时感到更疼。

图 7-3 “机械能”工作单任务 1 作答示例

三、重力势能教学

教师：如果将一个篮球放在一个同学的头部上方，他会有什么反应？如果是放在地面上呢？这两个情境有什么区别，说明了什么？

学生：被举高的篮球具有对外做功的本领，说明它具有能量。

教师：受到重力的物体被举高后具有的能叫重力势能。

教师：物体重力势能的大小与哪些因素有关？有什么关系？

实验引导：引导学生设计实验，探究重力势能大小与物体的质量和被举高度的关系。教师分析评价学生设计的方案并演示教材中的实验，引导学生分析实验现象，得出结论：物体质量越大，被举高度越高，具有的重力势能越大。

教师：请同学们结合所学知识完成工作单中的第 2 个任务（图 7-4）。这次工作单中没有了提示，同学们如果想不出来怎么填，可以翻看任务 1，进行类比。

"机械能"工作单

2. 两个质量大小不同的铁块甲和乙（$m_{甲} < m_{乙}$），从同一高度开始静止下落，使得铁块下附着长度相同的铁钉会扎进塑料泡沫里，请你对看到的现象进行解释。

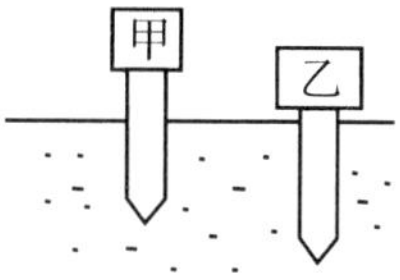

（1）现象：____________________

（2）资料：____________________

（3）理论：____________________

（4）推理：____________________

科学解释：____________________

____

图 7-4 "机械能"工作单任务 2（无提示的解释框架）

【设计解读】

与动能教学片段类似，在重力势能的学习过程中，让学生利用所学知识进行解释活动。不同之处在于，任务 2 的解释框架无提示，需要学生进行更多思考才能完成。这既有助于加深学生对重力势能的理解，还进一步强化了学生建构科学解释的能力。

四、机械能及其转化教学

教师：在探究动能大小的影响因素的实验中，利用让小球从斜坡上滚下来的方法使小球获得动能，在斜坡上，小球具有一定的高度，说明小球也具有重力势能。生活中有许多物体也是同时具有动能和势能的，请同学们列举一些例子。

学生：空中飞行的飞机，抛出去的篮球，正在跳高的运动员等。

教师：我们将动能、重力势能、弹性势能统称为机械能。而且，动能和势能之间是可以相互转化的。

教师（演示并设问）：向上抛出篮球，篮球先上升后下落。这里动能与势能之间是如何转化的？怎么判断？

学生（思考后回答）：篮球上升过程中，速度减小，高度升高，说明动能减小，重力势能增大，即动能转化为重力势能。篮球下降过程中，速度增大，高度降低，说明动能增大，重力势能减小，即重力势能转化为动能。

实验引导：教师简单介绍单摆实验装置（图 7-5）后进行演示，将小球从 *A* 点静止开始释放。同时提出问题：小球在左右摆动过程中机械能如何转化？

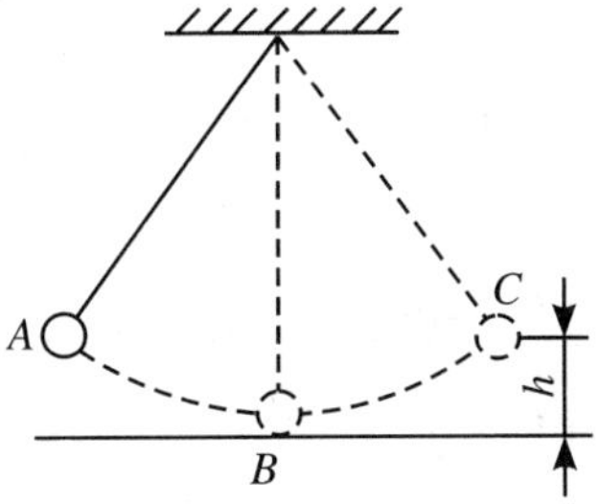

图 7-5　单摆实验装置

学生：小球从 *A* 点运动到 *B* 点的过程中，高度降低，说明重力势能减小，速度增大，说明动能增大，即重力势能转化为动能。小球从 *B* 点运动到 *C* 点的过程中，高度升高，说明重力势能增大，速度减小，说明动能减小，即动能转化为重力势能。

教师：大量实验表明，物体的动能和势能之间可以相互转化，在只有动能和势能相互转化的过程中，机械能的总量保持不变，即机械能是守恒的。最后，请同学们根据今天所学的内容完成科学解释工作单中的任务 3（图 7-6）。

“机械能”工作单

3. 将小球从 *A* 点静止开始释放（忽略空气阻力），小球经过最低点 *B* 点后又升高到了与 *A* 点相同的高度的 *C* 点处。请你对此现象做出解释。

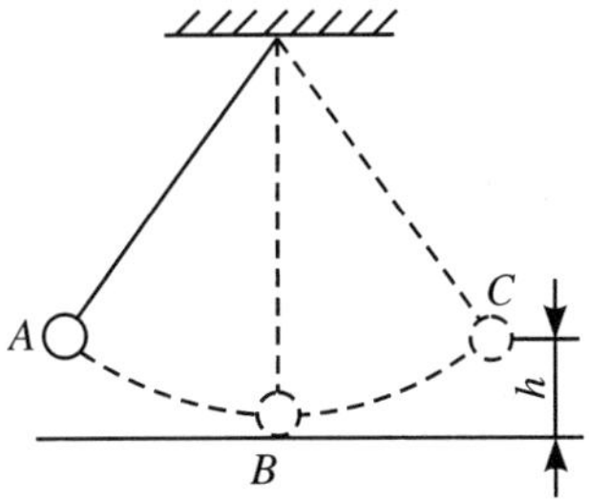

（1）现象：________________

（2）资料：________________

（3）理论：________________

（4）推理：________________

科学解释：________________

____

图 7-6　“机械能”工作单任务 3（无提示的解释框架）

【设计解读】

通过学生熟悉的篮球情境设问引入，再通过具体的单摆实验来分析能量转化过程中遵循的规律，步步深入。演示单摆实验，让学生可以基于对现象的观察，在科学解释过程中分析能量转化过程。以机械能守恒的内容作为任务3的核心理论，让学生在利用机械能守恒定律建构解释的过程中，初步体会利用能量守恒作为分析解释的视角的便捷和有效性。

五、设计小结与反思

本教学设计的核心特色在于让科学解释活动始终贯穿在课堂教学当中，并通过讲解和框架的引导，适当显化科学解释的核心要素和句法结构，有针对地培养学生的科学解释能力。此外，我们还展示了“渐退式的脚手架”（faded scaffolding）这种教学策略，即从“带提示的解释框架”过渡到“无提示的解释框架”。在后续的课程中，还将完全撤掉解释框架。从国内外的实证研究结果来看，将解释的结构外显化的教学，比传统的缄默培养模式在促进学生解释能力发展上更有效；使用“渐退式的脚手架”比传统的“支架教学”更有效。从设计中可以看到，选择合适的问题情境，能使得科学解释活动与科学内容的学习紧密结合，能促进学生解释能力和科学理解的协同提升。

第二节　案例二：初中“光的直线传播”教学设计

案例二以人教版初中物理教材八年级上册第四章第一节“光的直线传播”的教学为例，讨论如何在初中物理教学中培养学生科学解释能力。此案例在着重培养科学解释能力的同时，还渗透了对科学本质认识的引导，承接了物理核心素养的发展要求。

一、新课引入

教师：同学们，我们生活在光的世界里。白天，太阳福泽万物，夜晚，路灯照亮归家的路。可以说，我们的生活离不开光，那你们有没有仔细观察并思考过，光是怎么传播的？

（学生在下面分享自己的生活经验，邻座之间互相讨论，说出自己的想法。）

教师：看到刚刚同学们都在激烈地讨论，也许你们都已经有了一些想法，那带着想法，我们一起来做个实验。

【**实验 1**】教师将手中的激光笔打开，将光射向墙壁。为了看清激光的传播路径，教师在激光的传播路径上撒了一些面粉。学生观察到光在空气中沿直线传播。

教师：请结合老师演示的实验，根据你们的观察和思考完成工作单中的任务 1（图 7-7）。

“光的直线传播”工作单

1. 激光笔发出的光在空气中是如何传播的？

（1）现象：____________________

（2）资料：____________________

提示：找生活中的类似实例。

图 7-7　“光的直线传播”工作单任务 1（带提示的不完整的解释框架）

【设计解读】

本小节待学习的核心知识是光的传播，希望发展的关键能力是科学解释能力。在核心知识方面，学生对于光有非常充分的感知，但对于光的传播规律尚缺乏系统的观察、分析和思考。故本小节设计从观察激光笔发出的光的传播入手，通过让学生描述现象，调动学生的日常生活经验，使其与本小节的学习内容和能力培养逐步关联起来。在科学解释能力培养方面，若学生不熟悉科学解释，建议先不急于让学生直接开展解释活动，而是让学生在完成一些任务的过程中逐渐体会解释的建构要基于对现象的观察，即解释需要资料的支撑。

二、核心知识教学

教师：同学们，除了看到过光在空气中传播，还看到过光在其他物质中的传播吗？

（部分学生说看到过光在清水、池水、油等物质中传播，部分说看过光在玻璃砖、鱼缸、厚玻璃门等物质中传播。）

教师：那请同学们猜想，光在水、玻璃等物质中是如何传播的？

（学生根据自身经验得出包括沿直线传播、沿折线传播等诸多猜想。）

教师：同学们提出了很多猜想与假设，那我们一起来探究光在其他物质中的传播规律。首先，我们延续前面的实验，从单一物质中的传播规律开始研究。对光在单一物质中的传播，小杰同学给出了“像在空气中的传播一样，光在透明物质中沿直线传播”的理论假设。那么，请同学们进行实验，观察光在清水中和在玻璃砖中的传播情况。

（教师引导学生分组进行实验 2 和实验 3，实验 2 选用清水，实验 3 选用玻璃砖。当清水组的同学做实验时，玻璃砖组的同学仔细观察，然后交换“实验者”和“观察者”的角色。）

【实验 2】清水组：学生将手中的激光笔打开，贴近水的表面将激光射入水中。

【实验 3】玻璃砖组：学生将手中的激光笔打开，将激光从玻璃砖的表面射入。

教师：请同学们根据实验的观察，形成实验结论。

（学生观察并描述光在清水中沿直线传播，光在玻璃砖中沿直线传播。）

教师：请同学们尝试完成工作单任务2（图7-8），看看能否基于小杰同学的理论假设，解释你所观察到的实验现象。

“光的直线传播”工作单

2. 请根据理论研讨和实验现象填写下面的内容，形成一个科学解释。

【清水组的实验】

因为：____________________（提示：请填写你所基于的理论假设）

而且：____________________（提示：请填写你所掌握的其他资料）

所以：____________________（提示：请填写你所观察到的实验现象）

【玻璃砖组的实验】

因为：____________________（提示：请填写你所基于的理论假设）

而且：____________________（提示：请填写你所掌握的其他资料）

所以：____________________（提示：请填写你所观察到的实验现象）

图7-8 “光的直线传播”工作单任务2（带提示的解释框架）

教师：展示一下小艺同学的工作单（图7-9），从她的工作单可以看到，根据小杰同学的理论假设，我们似乎较成功地解释了所观察到的实验现象。回顾建构解释的过程，我们基于某一项理论假设，结合所掌握的其他资料，推理出了待解释的现象。虽然这只是一个非常简单的解释任务，但在今后学习中很多解释的建构都可以参照此模式进行。所以我希望同学们重点掌握建构解释时的几个要素：理论、资料、推理、待解释的现象。

“光的直线传播”工作单

2. 请根据理论研讨和实验现象填写下面的内容，形成一个科学解释。

【清水组的实验】

因为：光在透明物质中沿直线传播（提示：请填写你所基于的理论假设）

而且：清水是透明物质（提示：请填写你所掌握的其他资料）

所以：光在清水中沿直线传播（提示：请填写你所观察到的实验现象）

图7-9 “光的直线传播”工作单任务2作答示例

教师：通过刚才的三个实验，请同学们来概括总结，光都能在哪些物质中传播？它们的传播方式有什么共同的特点？

学生：光能在空气中传播，还能在清水和玻璃砖中传播。在上述实验中，我们发现光沿直线传播。

学生：更准确地说，光能在透明物质中传播，透明的气体、液体和固体都行。

教师：对，光能在透明的物质中传播，不能在不透明的物质中传播。还记得学习声现象时，我们将气体、液体、固体物质统称为介质。光能在透明的气体、液体、固体中传播，那我们可以概括为：光可以在透明介质中传播。

教师：此外，我们还认识到“光在透明介质中沿直线传播”这一理论假设能够解释一些实验现象。可是，老师对这一理论假设有点质疑。实践是检验真理的唯一标准，我们继续进行科学实践，来检验小杰同学的理论假设。

【设计解读】

与以往教学中常用的“观察—归纳”的思路不同，本案例中沿用“假设—检验”的思路设计教学过程。通过让学生进行类比和猜想，提出“光在透明介质中沿直线传播”这一正确的理论假设，并让学生基于这一理论假设解释实验现象。实验 2 和实验 3 中的现象都是可以用这一理论解释的。通过此任务，让学生认识到猜想的价值，更重要的是促使学生亲身尝试基于理论假设建构科学解释的过程，由此激发学生对猜想假设和建构解释两项探究要素的实践兴趣。教师在小结中点出对理论假设完备性的质疑，既引出了后面的学习活动，又为最后对科学本质的探讨埋下了伏笔。

教师：通过以上三个实验，我们会发现光在空气、清水、玻璃砖中都是沿直线传播的，那么是不是在所有情况下光都是沿直线传播？也就是说“光的直线传播”是否需要条件？

【实验 4】现场配置浓盐水，并用漏斗将浓盐水漏到清水底部，学生可以清晰观察到浓盐水和清水的分界线。用激光笔分别照射上部的清水和下部的浓盐水，学生可以观察到光是沿直线传播的，但是用激光笔照向清水和浓盐水的交界处时，学生观察到光在交界处发生了偏折。

【实验 5】教师将清水和浓盐水充分搅拌以混合均匀，学生再次观察到用激光笔向盐水中照射时，发现光沿直线传播。

教师：小杰同学的理论假设似乎无法解释实验 4 中的现象。我们对比实验 4 和实验 5，会发现以下不同：实验 4 中激光穿过了两种透明介质——清水和浓盐水，而实验 5 中经搅拌后，照向的物质已经是混合均匀的单一透明介质。同学们能否根据实验现象，修正小杰同学的理论假设，总结出光沿直线传播的条件和规律呢？即光在怎样的介质中沿直线传播？

学生（思考后回答）：光在同种均匀透明介质中沿直线传播。

教师：很好，我们提出了更准确的理论假设，那么，请同学们完成工作单中的任务 3（图 7–10），作为巩固练习。在完成工作单时，请同学们注意体会预测现象、应用理论、分析资料，最终通过推理建构解释的过程。因为同学们刚开始学习系统地建构科学解释，所以工作单中还对一些要素给予了提示。但在今后的学习中，这些提示会逐渐消失，希望它们虽然在纸面上消失了，但是融入了大家的科学思维中。

"光的直线传播"工作单

3. 请预测激光笔的光在清水、清水和浓盐水的交界处、混合均匀的盐水中分别是如何传播的？并对你预测的现象给出科学解释。

（1）现象：________________________________

（2）理论：________________________________

提示：光在什么样的介质中沿直线传播？

（3）资料：________________________________

提示：三种情况下的介质有什么区别（有几种、是否均匀、是否透明）？

通过推理联系理论和资料，建构科学解释：

____

____

提示：推理时，关注差异变量的对比。

图 7–10　"光的直线传播"工作单任务 3（带提示的完整解释框架）

【设计解读】

为了让学生了解到之前的假设是不完备的，教师安排了实验 4 和实验 5。从实验 2 到实验 4 再到实验 5，实验条件发生了改变（清水、清水和浓盐水交界处、混合均匀的盐水），对应的结果也不同（直线传播、偏折、直线传播）。通过不同的实验现象，激发学生的认知冲突，让学生在分析区别和关联中得出光沿直线传播的条件，这样既能促使学生思考，还能让学生对最终的结论印象更深刻。而且，经历对理论假设的“提出—应用—修正”过程，为本小节最后对科学本质的探讨提供了实际案例。

教师：通过基于经验的猜想假设和基于实验的修正检验，本小节我们了解了光的传播规律：在同一种透明介质中，光沿直线传播。因此，我们在书面上表示光的传播情况时，通常用一条带有箭头的直线表示光传播的路径和方向，这样的直线叫作光线。

教师：请同学们根据光的直线传播规律，完成工作单中的任务 4（图 7-11）。

“光的直线传播”工作单

4. 请同学们预测阳光普照的日子里，在空地中迎着太阳站立，回望脚下会观察到什么现象？请对你的预测做出解释。

（1）现象：________________

（2）理论：________________

（3）资料：________________

提示：根据光的传播条件，关注人体和空气的差别。

通过推理联系理论和资料，建构科学解释：

____

____

图 7-11 “光的直线传播”工作单任务 4（带部分提示的完整解释框架）

三、课堂小结

教师：根据光的传播规律，我们解释了光在透明介质中的传播规律，解释了影子的形成，还可以解释许多其他现象。工作单中的任务 5（图

7-12）就是其中之一，此任务留给同学们课后完成。

“光的直线传播”工作单

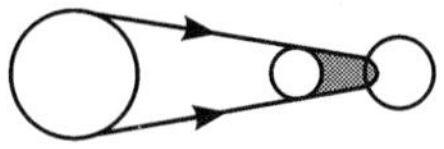

太阳　月球　地球

日食

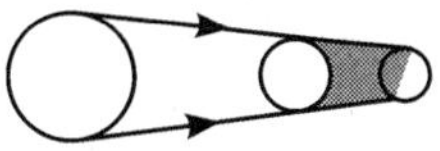

太阳　地球　月球

月食

5. 请你尝试对太阳、地球、月球在一条直线上时出现的日食、月食现象做出科学解释。

（1）现象：当月球运动到太阳和地球之间，地球上某些区域会出现看不见太阳的现象称为日食；同理，当地球运动到太阳和月球之间，地球上某些区域会出现看不见（全部）月亮的现象称为月食。

（2）资料：日食时月球在太阳和地球的中间，月食时地球在太阳和月球之间。地球和月球是不透明物质。

（3）理论：光不能在不透明的物质中传播。

通过推理联系理论和资料，建构科学解释：

当月球运动到太阳和地球之间，三者在同一条直线上时，月球就会挡住太阳射向地球的光，地球上处在阴影中的人就只能看到太阳的一部分或全都看不到，就出现日食；同理，当地球运动到太阳和月球之间，出现月食。

图 7-12　“光的直线传播”工作单任务 5 及作答示例（不带提示的完整解释框架）

教师：在今天的课程学习中，我们还一起体会了建构科学解释的过程。知道了建构科学解释时要关注待解释的现象、所基于的理论、所掌握的资料，最终通过推理建构合理的解释这一科学实践过程。

教师：我们在认识到解释基于理论的同时，还体会了我们也能够提出理论假设。我们起初建构的理论假设是不完备的，需通过后续的实验探究，修正最初的理论假设，得出更完备的理论，解释更多的现象。这个过程和科学家们探究世界的思路大体上是一致的。而且，科学理论就是由科学家建构的用来解释这个纷繁多彩的自然世界的。希望大家在今后的学习中多问为什么，通过合理猜想来建构解释，并努力检验自己的猜想和解释，成为小小科学家！

四、工作单作答的参考示例

“光的直线传播”工作单任务 1 的学生作答示例参见图 7-13。

“光的直线传播”工作单

1. 激光笔发出的光在空气中是如何传播的？

（1）现象：激光笔发出的光在空气中沿直线传播。

（2）资料：夜晚能看到手电筒的光是沿直线传播的等。

提示：找生活中的类似实例。

图 7-13 “光的直线传播”工作单任务 1 作答示例

“光的直线传播”工作单任务 2 的学生作答示例已在前文给出（图 7-9），任务 3 的学生作答示例参见图 7-14。

“光的直线传播”工作单

3. 请预测激光笔的光在清水、清水和浓盐水的交界处、混合均匀的盐水中分别是如何传播的？并对你预测的现象给出科学解释。

（1）现象：激光笔的光在清水中沿直线传播，在清水和浓盐水的交界处会发生偏折，在混合均匀的盐水中也沿直线传播。

（2）理论：光在同种均匀透明介质中沿直线传播。

提示：光在什么样的介质中沿直线传播？

（3）资料：清水和混合均匀的盐水分别是同种均匀透明介质，交界处存在两种透明介质。

提示：三种情况下的介质有什么区别（有几种、是否均匀、是否透明）？

通过推理联系理论和资料，建构科学解释：

清水和混合均匀的盐水都分别是同种透明介质，所以光在其中沿直线传播，交界处是不同种透明介质，所以光不沿直线传播。

提示：推理时，关注差异变量的对比。

图 7-14 “光的直线传播”工作单任务 3 作答示例

“光的直线传播”工作单任务 4 的学生作答示例参见图 7-15。

“光的直线传播”工作单

4. 请同学们预测阳光普照的日子里，在空地中迎着太阳站立，回望脚下会观察到什么现象？请对你的预测做出解释。

（1）现象：脚下会有影子形成。

（2）理论：光在同种透明介质中沿直线传播。

（3）资料：空气是透明介质，人体是不透明物质。

提示：根据光的传播条件，关注人体和空气的差别。

通过推理联系理论和资料，建构科学解释：

因为光在同种透明介质中沿直线传播，空气属于同种均匀透明介质，而人体是不透明的物质，光在人体中不能传播，所以在脚下会有影子形成。

图 7-15　“光的直线传播”工作单任务 4 作答示例

五、设计小结与反思

同案例一类似，本教学设计的核心特色仍在于让科学解释活动始终贯穿在课堂教学当中，并通过讲解和框架的引导，帮助学生认识科学解释的核心要素和句法结构，培养学生的科学解释能力。此案例中再次应用了“渐退式的脚手架”这种教学策略，且本案例中脚手架从两个方面发生变化，一方面是提示的渐退，从“带提示的解释框架”到“带部分提示的解释框架”再到“无提示的解释框架”；另一方面，是要素完整度的提升，从一开始“不完整的解释框架”到随后“完整的解释框架”。这两个方面的变化紧密契合了第五章“科学解释的学习进阶”中较低层级的发展脉络，有效促进了学生科学解释能力的进阶发展。此外，在本案例中渗透着对科学本质的探讨，通过让学生进行猜想假设和解释应用，使他们了解科学理论的“建构性”，通过质疑和修正，让学生了解科学理论可以被挑战和完善。由此，有效深化了学生对“科学解释”和“科学理论”这两个概念的认识，增强了学生对科学本质的思辨能力，初步实现了新课程期待的核心素养的整合发展。

第三节　案例三：高中“光的本质”教学设计

案例三是在学完整个基础教育阶段物理课程，特别是高中物理选修模块中与光学有关的章节之后的总结与复习。教学设计以回顾科学家们对光的认识的发展过程为主线，在深化学生对光的本质的认识的同时，进一步强化学生建构科学解释的能力，并使用相对显化的方式引导学生理解科学本质，促进学生科学解释能力的培养和对科学本质的理解的协同进阶，实现物理核心素养的全面提升。

一、新课引入

教师：古希腊哲学家亚里士多德认为，我们能看见万物，原因是眼睛能发出一些“东西”，而这些东西能从物体上反射回来。通过从小学到现在的学习，我们知道亚里士多德的上述观点是人类早期对光的朴素认识，同时我们还认识了光的直线传播、光的反射、光的折射和光的干涉与衍射等许多现象和规律。这一节，我们一起来回顾人类对光的研究历程，借此梳理初、高中阶段所学习的有关光的知识，同时思考一个更深层次的问题——光的本质是什么？

课前布置的资料收集任务要求大家就各时期科学家对光的认识进行初步梳理，我们一起来看看大家的任务完成情况。首先请小轩同学向大家介绍一下，在17世纪时，人们知道了光的哪些特性。

小轩同学：在当时人们已经知道：（1）光有不同的颜色；（2）光能穿越真空；（3）光能够沿直线传播；（4）光可以反射和折射。

光的反射和折射特点通过反射定律和折射定律来描述。光发生反射时，入射角 = 反射角（$\theta_i=\theta_r$）。

当光从折射率为 n_1 的介质进入折射率为 n_2 的介质时，光会发生折射，且入射角 θ_1 和折射角 θ_2 满足公式：$n_1\sin\theta_1=n_2\sin\theta_2$。

教师：谢谢小轩同学，再请小峰同学向大家介绍一下在17世纪时，科学家们建构了哪些关于光的学说来解释上述现象。

小峰同学：主要有牛顿提出的“光的微粒说”与惠更斯提出的“光的波动说”。“微粒说”认为光是一串由实物微粒组成的射线，具有质量、大小等特质；“波动说”认为光不是粒子，而是和机械波一样，具有频率、波长等特质。

教师：很好。“光的微粒说”和“光的波动说”是两种不同的假说，这两种假说是怎样解释当时发现的光现象的？请大家根据所学知识和查找的资料完成“光的本质”工作单的任务 1。

“光的本质”工作单

1. 在 17 世纪，人们发现光能沿直线传播，光的反射和折射定律，光有不同的颜色，光能穿越真空。请大家选择“光的微粒说”或“光的波动说”解释以上定律或现象。

选择的假说：________________________________

科学解释：________________________________

图 7–16　“光的本质”工作单任务 1

【设计解读】

学生已经知道许多关于光的现象和规律，故本节基于预先设置的资料收集活动，在引入时以学生为主，通过他们的汇报触发随后的解释活动。在建构解释的过程中让学生从物理学史的视角重新梳理人类关于光的认识进展，同时在解释活动中锻炼自己的科学解释能力。与案例一和案例二不同，本案例面向的学生是高中高年级的学生，而且解释活动从“用规律解释现象”发展到“选择理论假说解释现象”。故工作单不再像之前的案例那样强调解释的要素与结构，而是给予学生更多建构解释的灵活空间。

二、“微粒说”与“波动说”的初交锋

教师：我看同学们都基本完成了，请同学们上来展示自己填写的工作单。

小杰同学：我用“光的微粒说”解释了光的直线传播定律、光的反射和折射定律（图 7–17）。

“光的本质”工作单

1. 在17世纪，人们发现光能沿直线传播，光的反射和折射定律，光有不同的颜色，光可以穿越真空。请大家选择“光的微粒说”或“光的波动说”解释以上定律或现象。

选择的假说：光的微粒说。

科学解释：（1）光的直线传播：假设光由运动非常快的粒子组成。类比高速运动的球随着速度的提升其运动路径的曲线弧度会减小，当光粒子以高速前进时，其运动轨迹的弧度也会减小，近似成为一条直线。（2）光的反射：将弹性小球沿与竖直面成θ角的方向扔出，小球会沿与竖直面成θ角的另一方向弹出，光是微粒，所以光遇到相同情况也会发生反射。（3）光的折射：类比炮弹抵达水面时，由于水的影响导致速度减慢从而偏离法线运动，假设光粒子在水中运动比在空气中运动快，光粒子运动到水面时，由于传播速度变快，所以偏向法线运动，发生折射。

图7-17 “光的本质”工作单任务1作答示例（光的直线传播定律、光的反射和折射定律）

教师：小杰同学的解释都是有一定道理的。他在解释光的折射时采用了与牛顿相似的“光粒子在水中运动比在空气中运动快”的假设条件，通过查阅资料，同学们认为这一假设条件对不对呢？

学生：不对，光在水中的传播速度小于在空气中的传播速度。

教师：不错，根据当前资料，我们知道“光粒子在水中运动比在空气中运动快”的条件是错误的。但是，在当时还没有人能测出光的传播速度，所以在当时没有人能否定这个关于光的折射的解释。那么现代掌握了“光在水中的传播速度小于在空气中的传播速度”这一资料后，我们再来评价光的微粒说能不能很好地解释光的折射定律。

学生：不能。

教师：对的，光的微粒说在现在看来其实是不能很好地解释光的折射定律的。有没有同学解释了其他的现象？好的，请小薇同学展示，你解释了什么现象？

小薇同学：我解释了光有不同的颜色和光能穿越真空（图7-18）。

“光的本质”工作单

1. 在 17 世纪，人们发现光能沿直线传播，光的反射和折射定律，光有不同的颜色，光可以穿越真空。请大家选择“光的微粒说”或“光的波动说”解释以上定律或现象。

选择的假说：光的微粒说。

科学解释：类似于各类物体具有不同的颜色，所以各类光粒子也有不同的颜色。类比实物粒子能够穿越真空，所以光粒子也能穿越真空。

图 7-18　“光的本质”工作单任务 1 作答示例（光有不同的颜色和光能穿越真空）

教师：小薇同学用了类比推理的方法建构解释，具有一定的合理性。大部分同学的解释都选择了光的微粒说，其实光的波动说也可以解释以上现象。当时惠更斯只能解释光的直线传播、光的反射和折射定律，我们一起来看一下他是如何解释的（图 7-19）。

“光的本质”工作单

1. 在 17 世纪，人们发现光能沿直线传播，光的反射和折射定律，光有不同的颜色，光可以穿越真空。请大家选择“光的微粒说”或“光的波动说”解释以上定律或现象。

选择的假说：光的波动说。

科学解释：如图 7-20 所示，光以波动的形式从介质中发射，一个由 P 开始、波前为 W 的波以各个方向往外移动，经过一段时间 t 后，波的半径为 r，如果 c 是波的速度，则 $r=c\cdot t$。波前上的每一点都会产生次子波，这些次子波互相干涉，在时间 t' 后产生新的波前 W_1，由此波向前沿直线传播（图 a）；当波前 W_1 到达 A 点时，从 A 点开始的次子波会扩散，当原来的波前到达 B 点时，从 A 点开始的次子波会产生新的波前 W_2，由此波发生反射（图 b）；波前 W_1 到达介质 1 和介质 2 的交界时，波前 W_1 上的 A 点会开始扩散，当前进波前抵达 B 点时，由 A 点开始的次子波会前进一段较短的距离到达 D 点，并且开始一个新的波前 W_2，所以波会偏向法线，波传播发生折射（图 c）。

图 7-19　“光的本质”工作单任务 1 作答示例（光的波动说）

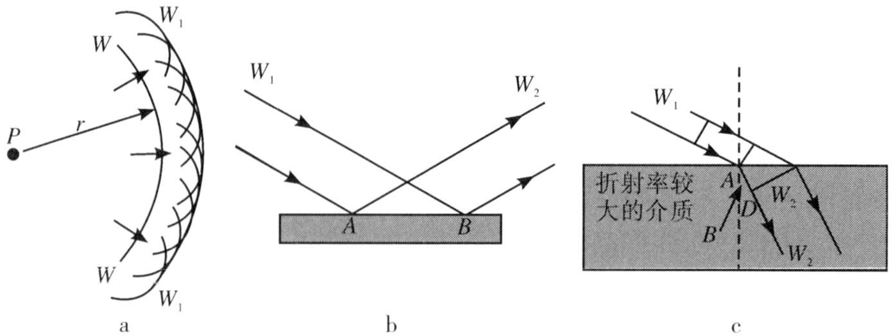

图 7-20 光的波动说解释光的直线传播、反射、折射的示意图

教师：同学们，如果你是生活在十七八世纪的科学家，关于光的本质，你会相信牛顿的微粒说还是惠更斯的波动说？为什么？

（同学们进行小组讨论。）

学生（某小组代表）：我们组倾向于牛顿的微粒说。因为在解释光的直线传播方面，微粒说十分简单明了，而波动说的解释有点难以理解。

学生（另一小组代表）：我们组也是倾向于牛顿的微粒说。除了上一小组说的解释光的直线传播，在解释光的反射现象时，微粒说也更符合人们的日常经验，而且微粒说能说明光有不同的颜色，这比波动说解释的现象更全面。

（几个小组的代表依次阐述自己组的想法……）

教师：根据同学们的讨论，看来在当时，牛顿必然是这场辩论的胜利者了。历史上也的确如此，因为牛顿的微粒说相比其他理论有更强的解释力，它能够解释更多的现象，而且更加简洁、易于理解，所以当时大部分科学家都认同他对光的本质的看法，牛顿的微粒说在 18 世纪主宰了光学。

教师：然而，牛顿的解释中的一些假设在现在看来其实是错误的。比如说，解释光的折射定律时假设光粒子在水中运动速度大于在空气中的运动速度，解释光有不同的颜色时假设不同色光的粒子各有不同的质量和大小，等等。但为什么当时仍获得胜利？原因主要有四点：（1）很多常识、经验等告诉人们光不是波，如波并不只以直线前进，但光只以直线前进，所以光不是波；又如我们可以听到障碍物后面的物体发出的声音，但不能见到障碍物后面的物体，与声音不同，光线不能展示绕射特性，所以光不可能是波。（2）光的微粒说能解释光能穿越真空这一现象。与声波不同，光是能穿越真空的。在17世纪，人们都认为波的传播需要介质，故波不能穿越真空，所以当时用波动说不能解释光能穿越真空的现象，但微粒说能用粒子穿越真空来类比解释。（3）微粒说能解释为什么光有不同颜色，但波动说无法解释为什么光有不同颜色。因为当时人们还不知道不同颜色的光线有着不同的波长。（4）牛顿的声誉。当缺乏足够证据做出判断时，人们都倾向于信任权威，牛顿是英国的著名学者，并在1703年成了英国皇家学会的会长，在当时他就是权威。

虽然牛顿的解释中许多资料并不正确（不同色光的粒子各有不同的质量和大小，光在密度较高的介质内运动速度较快），但当时没有人能证明这些是错的（有关光在水中的传播速度的疑团，直至牛顿去世后超过一个世纪仍然未有人能解开），而且他的微粒说比较好地解释了17世纪发现的各种光现象。故牛顿的微粒说在很长一段时间内都是光的标准模型。

【设计解读】

学生从光的微粒说和光的波动说中选择一个理论假说建构解释，教师针对学生建构的解释进行补充。一般而言，学生更熟悉用光的微粒说对光的直线传播、反射和折射等现象进行解释，故教师应着重用高中生能理解的形式向学生说明光的波动说是如何解释光的直线传播、反射和折射等现象的。在解释活动的基础上，教师对在物理学史上两种解释的初交锋结果的介绍和分析，也是本部分教学的重点。在介绍和分析为什么牛顿的光的微粒说在光学的初始阶段占据主导的过程中，帮助学生培养分析和比较不同解释的“解释力”的能力，形成对科学本质的感性认识。

三、“微粒说”与“波动说”的再交锋

教师：牛顿的微粒说主宰了当时的光学理论。然而，随着科学的不断发展，科学界逐渐开始重新检视关于光的本质的理论。因为托马斯·杨透过其著名的双缝干涉实验，成功地显示光的干涉现象，这是惠更斯当年预测到但无法通过实验验证的。光的微粒说很难解释这一现象，从此

光的波动说开始占据上风，随后光的波动说也成功解释了光的衍射现象。请大家根据所学知识和查找的资料完成“光的本质”工作单任务 2（图 7-21）。

“光的本质”工作单

2. 一束单色光通过双缝和与光的波长差不多尺寸的小孔后的现象分别是什么？请解释。

现象：＿＿＿＿＿＿＿＿＿＿＿＿＿＿＿＿＿＿＿＿＿＿＿＿

科学解释：＿＿＿＿＿＿＿＿＿＿＿＿＿＿＿＿＿＿＿＿＿＿＿

图 7-21 “光的本质”工作单任务 2

教师：请同学们上来展示自己填写的工作单。小辉同学，请你展示你的工作单。你基于哪个假说建构解释的？

小辉同学：我是从光的波动说的角度解释的（图 7-22）。

“光的本质”工作单

2. 一束单色光通过双缝和与光的波长差不多尺寸的小孔后的现象分别是什么？请解释。

现象：光通过双缝后出现明暗相间的条纹，通过小孔后出现明暗相间的圆形光环。

科学解释：类比机械波，一束单色光通过双缝后，形成两列振幅和频率相同的相干光波，两列波相遇后可线性叠加，波峰与波峰或波谷与波谷叠加形成明纹，波峰与波谷叠加形成暗纹，从而出现光的干涉。同理，一束单色光通过小孔后，在小孔的每一点处都会形成一个子波，根据菲涅耳原理，多列子波同样会发生波的叠加，形成的是圆形的明暗相间的圆环，即为光的衍射。

图 7-22 “光的本质”工作单任务 2 作答示例（光的干涉和衍射）

教师：光的干涉和衍射现象让人们意识到了光有波长和频率等机械波的特点，请大家思考然后填写“光的本质”工作单任务 3（图 7-23）。

“光的本质”工作单
3. 请大家运用“光的波动说”解释光有不同的颜色。
（1）理论：________
（2）资料：人类的视觉细胞对不同波长的光有不同的反应。
科学解释：________

图 7-23　“光的本质”工作单任务 3

教师：光的波动说是如何解释光有不同颜色的，我们一起来看一下小筱同学的工作单（图 7-24）。

“光的本质”工作单
3. 请大家运用“光的波动说”解释光有不同的颜色。
（1）理论：光的波动说。
（2）资料：人类的视觉细胞对不同波长的光有不同的反应。
科学解释：类比机械波，不同的机械波有不同的波长，所以光也有不同的波长。视觉细胞对不同波长的光有不同的反应，因此给了我们不同颜色的感觉。

图 7-24　“光的本质”工作单任务 3 作答示例（光的波动说解释光有不同的颜色）

【设计解读】

光的干涉和衍射现象是高中新学的知识，有一定的难度，这时让学生重新经历从现象开始的解释过程，训练学生应用理论假说解释现象的能力。在选择理论时，通过对微粒说和波动说的对比，让学生自己体会波动说在解释干涉、衍射现象时的优越性，同时发现波动说也能解释光有不同的颜色和光能穿越真空的现象，即波动说同样具有较强的解释力，从而理解物理学史中这个阶段波动说占主导的原因。

四、“微粒说”与“波动说”的调和与统一

教师：在托马斯·杨的双缝干涉实验后，光的波动说又被广泛接纳。1905 年，爱因斯坦在实验中发现了光电效应，即在光的照射下金属物体发射电子的现象。请同学们根据光电效应的相关知识，完成“光的本质”

工作单任务 4（图 7–25）。

“光的本质”工作单

4. 爱因斯坦发现的光电效应的实验现象是什么？请用“微粒说”或“波动说”解释现象。

现象：______________________________

科学解释：______________________________

图 7–25 “光的本质”工作单任务 4

教师：我看到小泽同学已经完成了，我们请他展示填写的工作单（投影）。你选择了什么理论解释？

小泽同学：我选择了光的微粒说（图 7–26）。

“光的本质”工作单

4. 爱因斯坦发现的光电效应的实验现象是什么？请用“微粒说”或“波动说”解释现象。

现象：入射光的频率大于金属的极限频率时，在光的照射下金属会发射电子。

科学解释：入射的光子使电子脱离金属表面，每个光子都带有固定的能量（E），E 的大小与光的频率（ν）关系为 $E=h\nu$（h 是普朗克常数），只有拥有足够能量（高于某个临界值）的光子才能令电子脱离金属，例如蓝光（红光没有足够能量令电子脱离金属）。

图 7–26 “光的本质”工作单任务 4 作答示例

教师：好的，谢谢小泽同学。利用光子（光由细小能量粒子组成）的构思，爱因斯坦解释了光电效应。在研究光电效应的装置中，要量度光的强度、光的频率、所产生的电压和电流的大小。只有当入射光的频率大于金属的极限频率时，才能发生光电效应，此时，光电流的强度与入射光的强度成正比。如对某些金属而言，弱蓝光能产生电流，而强红光却不能发电。爱因斯坦为光的粒子本质提供了强而有力的证据，但这是不是定局呢？光究竟是粒子还是波？

教师：对于光的微粒说和波动说一直争执不下，同学们猜测一下后来可能的发展是什么？

学生：后面应该是统一观点了，光既有粒子性又有波动性。

教师：同学们很聪明啊，物理学史上德布罗意提出了这个猜想，他认为："光既不是粒子，也不是波，而是两者的混合体。"1924 年，德布罗意提出光具有粒子特性同时有着波的本质，即波粒二象性。三年后，实验结果证明了他的猜想。德布罗意也在 1929 年获诺贝尔物理学奖。波粒二象性即大量光子产生的效果往往显示出波动性，个别光子产生的效果往往显示出粒子性；频率越低的光波动性越明显，频率越高的光粒子性越明显；光在传播过程中往往显示波动性，在与物质作用时往往显示粒子性。

教师：对光的本质的探索，从亚里士多德认为光由眼睛发出，到牛顿的微粒说和惠更斯的波动说之争，再到托马斯·杨等确立波动说的主导地位，随后爱因斯坦解释了光电效应和德布罗意提出光的波粒二象性。从探索光的本质的这段物理学史中，我们学习到了什么？

教师：科学知识不断变更，人们对事物的认识也在不断深化，有时甚至是革命性的（例如爱因斯坦解释了光电效应和德布罗意提出的波粒二象性）。在此过程中，人们对理论的建构不是随意的，而是基于证据的（例如托马斯·杨的双缝干涉实验、爱因斯坦的光电效应实验……）。可见，在物理学发展中，证据对理论假说的建立或否定起着关键作用。同时，我们也能看到科学理论的发展往往基于前人努力的成果，呈现一种螺旋式上升的过程。

【设计解读】

通过对光电效应的解释，让学生理解新证据的发现对科学的推动作用，以及证据在解释中的关键地位。同时，在解释光电效应的过程中，让学生知道理论假说也是在不断发展的：牛顿时期的微粒说是对粒子的经典认识，认为光是小球，到了爱因斯坦时期的光量子理论，已经是现代认识了，即光由一份一份不连续的光子组成。更重要的是，让学生体会证据、理论与解释之间的相互关系，培养学生勤于探索、善于思辨、勇于质疑的科学品质。

五、设计小结与反思

通过教师引导，本节让学生重走物理学史上对光的本质的探索之路。

一方面，学生能够了解物理学史中光的本质的发展过程，回顾初中到高中所学的光学知识；另一方面，让学生完成一系列的解释任务，培养学生的解释能力。在培养解释能力时，本案例没有像之前的案例那样强调科学解释的句法结构，而是将侧重点放在了引导学生基于理论假说解释现象，比较理论假说解释力的强弱等科学解释的“高阶问题”上。通过完成这些“高阶问题”，让学生体会科学的发展是在不断探索证据、修正重塑理论的过程中得以实现的。由此，在协同促进光学知识和解释能力发展的同时，让学生通过了解物理学史，积累对科学本质的感性认识，了解科学发展的历程，培养科学精神，提升科学素养。

第八章　建议、反思与展望

本书较为完整地展示了对科学解释学习进阶的研究思路、方法、过程和阶段成果。基于科学哲学领域的理论，提出了科学解释培养的PTDR框架，确立了科学解释的学习进阶的二维进阶模式及其进阶变量——语言结构的完善度和要素水平。根据两个进阶变量的有机组合预设出进阶层级后，再通过跨年级测量加以检验，剔除不符合实际的组合方式，确立了五个水平的科学解释的学习进阶。随后，提出“基于学习进阶的教学系统设计模型”，将科学解释的学习进阶与能量理解的学习进阶整合应用于教学。实验研究发现，以上述学习过程为核心的教师培训改进了教师的能量单元教学的深层组织，而且实验班的学生在科学解释和能量理解两个方面都有更好的发展。以上研究为中学物理课程中解释能力培养的设计提供了参考，并且为学习进阶在教学中的应用提供了案例支持。本章讨论研究对课程与教学的建议，并展望后续研究。

第一节　课程教材中解释能力培养的设计建议

作为课堂教学中最常见的科学实践之一，“解释”受到了国内外科学课程设计者和教材编写者的重视。基于本研究所收集的资料和建构的科学解释的学习进阶，对解释能力的培养，提出以下三条建议：

第一，适当强化解释在科学实践活动中的地位。在本研究的综述中比较详细地说明了解释对科学事业和科学教育的重要意义，此外，美国、德国、加拿大、PISA 等的科学教育纲领性文件都把解释单列为一个实践要素或能力要素，以强调对此能力的培养。我国 21 世纪以来的初、高中物理课程标准中没有把解释单列为一个探究要素，而是把对解释能力的培养要求渗透在各模块之中。前面的研究结果表明，即便是我国东部大城市中的学生，其解释能力尚有较大发展潜力，而相关的教学探讨和教育研究较少。可见我国对解释能力的培养仍有强化的空间和必要性。令人欣喜的是，2011 年修订的《义务教育初中科学课程标准》已经将“解释、检验与评价”作为科学探究的要素之一。2017 年修订的《普通高中物理课程标准》和 2022 年修订的《义务教育物理课程标准》也在科学探究中强调了“基于证据得出结论并做出解释”的能力。综上，建议在各阶段的理科课程标准中进一步明确“解释”作为核心探究要素或关键能力要素的培养目标，以期引导教材编写者和教师体会解释的重要性，吸引研究者和实践者共同为改进当前的解释能力培养现状献计献策。

第二，在适当阶段对“解释”和“科学解释”加以区分并解析科学解释的内涵。科学解释是一类特殊的解释，与生活中的解释不同，科学解释有着相对特殊的句法结构和语义语用系统，反映着基于事实、严谨推理等科学思维的核心特质。现有研究表明，不仅学生对科学解释的认识比较薄弱，不了解科学解释和解释的差异，而且教师对科学解释的理解也有待加强。本研究在我国东部城区重点中学进行的教学实验表明，初三学生经过有意识地引导和实践后，能了解科学解释与日常解释的不同，初步掌握科学解释的结构。如果在课程标准中难以体现，则建议在教材和教参中适当补充相关内容的介绍（可以通过文字说明、比较活动、案例分析等多种形式呈现），以帮助教师和学生有更清晰的概念认知。

第三，分层级地规划解释能力的发展。本研究基于实证划分了科学解释学习进阶的五个水平。其与美国新《标准》中相应的进阶矩阵在整体上有一致性，但本研究的学习进阶对解释各水平的描述更为细致。在当前课程改革引领评价发展和教学改进的大背景下，希望课程标准研制组参考这些细致的水平描述，甚至将发展水平纳入学业质量的分级系统中，更好地指导测评设计与教学设计。同样，也建议新修订的教材能在不同地方分层级地安排解释活动，并在教参中说明设计意图，引导教师分步骤、有设计地培养学生的科学解释能力。

当然，课程标准的设计和教材的编写修订是一项有诸多考量的系统工程，要考虑各地区、各类学校的情况，故具体的编排还需基于不同地区、不同类型学校的广泛调研。本书仅从科学解释的进阶研究这一局域视角提出上述建议，尚缺乏对中学物理课程的整体考量。希望在顺应课程设计整体思路的前提下，这些建议有值得后续的课程标准修订参考的地方。

第二节 对促进整合发展的反思

本研究植根于“整合发展”这个21世纪科学教育的核心理念。研究通过学习进阶的建构来规划纵向的发展，随后在教学中整合应用两个学习进阶，促进科学理解与实践能力的协同进步。而且，选择能量概念和解释能力作为研究载体，是因为能量概念和解释能力都具有跨学科属性，有助于在未来对更高层次的整合有所探索。

在发展方面，本研究建构了科学解释的学习进阶。对比现有相关内容的学习进阶研究[1]，本研究建构的学习进阶在设计模式、解释能力和具体程度等方面都有所发展。具体来说，本研究建构学习进阶时采用了二维设计模式，通过引入第二个进阶变量，拓展了原有的以内容本体为核心的进阶设计。根据进阶模型改进的测量工具有较好的区分被试的能力（person separation reliability > 0.8），且模型本身也具有较强的解释能力（$R^2 \approx 0.8$），这些量化指标均比以往的进阶研究更好。此外，无论是能量理解的学习进阶还是科学解释的学习进阶，本研究对层级内的表现刻画更为细致。整体来看，本研究初步实现了基础教育阶段对科学解释的发展规划。

然而在整合上，本研究还有较大的改进空间。在科学理解与实践能力的整合方面，虽然在实验班的教学实现了能量理解和科学解释的协同进步，但是需要看到，这仍尚未完全实现科学理解与实践能力的整合。在研究过程中，我们意识到能量单元教学可融合多个科学实践能力的发展，例如设计实验探究、建构和使用模型等。由此认为，比较好地实现科学理解与实践能力的整合应有机地把这几个实践能力纳入能量单元的教学当中。可惜在研究开展时，国内外对各实践能力的进阶研究仍在发展完善当中，且以我国学情为背景的系统实证研究还比较少，所以只纳

[1] SONGER N B, KELCEY B, GOTWALS A W. How and when does complex reasoning occur? Empirically driven development of a learning progression focused on complex reasoning about biodiversity [J]. Journal of research in science teaching, 2009, 46 (6): 610-631.

入了科学解释这一个实践要素，探索了比较基础的整合。在与国际同行讨论中了解到，这类融合多个实践要素或理解内容的学习进阶研究恰恰是此研究领域的前沿，希望随后继续对此开展探索。

在更高层次的跨学科整合方面，本研究对科学解释的研究基本限于物理课程，客观来讲称为研究“物理解释”的培养更为恰当。当然，哲学、语言学上并无“物理解释”这一分支，桑格、科瑞柴克等学者在生物学、化学情境中的研究也使用科学解释这一术语。所以，为保持与学术共同体的一致性，我们沿用了“科学解释”这一表述。但是，这并不能回避科学解释的学科普适性问题。科学解释是科学中典型的跨学科实践要素，所以其培养框架在各学科的普适与变异是值得科学教育研究探讨的问题。本研究在提出整体进阶模式和框架时对学科兼容性进行了考量，相信其对化学、生物等其他学科中科学解释的培养有一定参考价值。但是，所有理论都有其适用范围，本研究从物理课程的角度切入，所提出的各类框架也不会例外。在何种范围及程度上能直接沿用，在哪些方面需要做出改进，有待于后续的理论探讨和实证研究。

第三节　研究展望

通过前面的研究和研究后的讨论反思，后续研究的方向为：

第一，应该在更高层次的整合上逐步进行探索。一方面，在接下来的研究中应尝试多个实践要素的有机融合；另一方面，需要在科学解释的学科普适性方面开展研究。以期实现科学解释在整个科学学习层面上的整合发展。

第二，提升基于学习进阶的课程开发与教学设计的多样性。基于同一理论，开发的产品会因目标对象、开发设计者自身的能力、掌握的资源和喜好不同而不同[1]。具体到学习进阶，有学者指出，基于相同的学习进阶，可以抽出的故事线往往不止一条[2]。这提示我们，基于学习进阶开发的单元教学设计应该有多样性，这样才能更好地适切不同学生的多元发展需求。因此，如何提升基于学习进阶的课程开发与教学设计的多样性，真正基于学习进阶更精准地铺设适应各类学生发展的学习路径，值得后续研究和实践的探讨。

第三，研究的测试和教学实验都在位于我国东部的 J 市的城区进行。这可能导致其他省市，特别是西部省份、农村地区的进阶发展状况没能在研究中得到充分反映。而且参与研究的三位教师均是拥有硕士学历、在名校任教的优秀教师。西部省份、农村地区等的普通教师对基于学习进阶的教学能否良好理解并顺利实施，也有待于后续研究的探索。

现代统计学的奠基人费舍尔曾指出："可以说，每一个实验的存在，只是为了给事实一次证伪虚无假设的机会。"[3]本研究有幸能为一些虚无假设的证伪提供一些资料和理论预设，然路漫漫其修远兮，吾将上下而求索！

---

[1] REIGELUTH C M. Instructional-design theories and models：an overview of their current status [M]. New York：Routledge，2009.

[2] DUNCAN R G，GOTWALS A W. A tale of two progressions：on the benefits of careful comparisons [J]. Science education，2015，99 (3)：410-416.

[3] FISHER R A. The design of experiments [M]. 2nd ed. London：Oliver and Boyd，Ltd.，1937.

参考文献

[1] 陈佩莹. 中学物理课程中“力和运动”主题的核心概念进阶研究[D]. 北京：北京师范大学，2013.

[2] 董奇. 心理与教育研究方法[M]. 北京：北京师范大学出版社，2004.

[3] 弗拉森. 科学的形象[M]. 郑祥福，译. 上海：上海译文出版社，2005.

[4] 高文. 教学设计研究的昨天、今天和明天[M]//赖格卢斯. 教学设计的理论与模型：教学设计的新范式（第2卷）. 北京：教育科学出版社，2011：1-27.

[5] 郭玉英. 中学理科课程标准国际比较与研究（物理卷）[M]. 北京：北京师范大学出版社，2014.

[6] 郭玉英，姚建欣. 基于核心素养学习进阶的科学教学设计[J]. 课程·教材·教法，2016，36（11）：64-70.

[7] 郭玉英，姚建欣，彭征. 美国《新一代科学教育标准》述评[J]. 课程·教材·教法，2013，33（8）：118-127.

[8] 郭玉英，姚建欣，张静. 整合与发展：科学课程中概念体系的建构及其学习进阶[J]. 课程·教材·教法，2013，33（2）：44-49.

[9] 郭玉英，张玉峰，姚建欣. 物理学科能力及其表现研究[J]. 教育学报，2016，12（4）：57-63.

[10] 加涅，布里格斯，韦杰. 教学设计原理[M]. 皮连生，庞维国，译. 上海：华东师范大学出版社，1999.

[11] 罗照盛. 项目反应理论基础[M]. 北京：北京师范大学出版社，2012.

[12] 美国心理协会. APA格式：国际社会科学学术写作规范手册[M]. 席仲恩，译. 重庆：重庆大学出版社，2011.

[13] 石磊. 探究者的解释水平与其知识结构的关系：以学生解释暖手袋发热原因为例[D]. 桂林：广西师范大学，2009.

[14] 汤伟君，邱美虹. 省思科学教学：由解释、科学解释类型的观点[J].

科学教育研究与发展季刊，2010（59）：1-22.

[15] 王磊.学科能力构成及其表现研究：基于学习理解、应用实践与迁移创新导向的多维整合模型[J].教育研究，2016，37（9）：83-92，125.

[16] 魏昕.中学物理能量学习进阶研究[M].南宁：广西教育出版社，2016.

[17] 哈伦.科学教育的原则和大概念[M].韦钰，译.北京：科学普及出版社，2011.

[18] 谢州恩，吴心楷.探究情境中国小学童科学解释能力成长之研究[J].师大学报：科学教育类，2005，50（2）：55-84.

[19] 谢丽璇.高中生机械运动和力主题的学习进阶研究：以北京市高中生为例[D].北京：北京师范大学，2015.

[20] 辛自强.关系-表征复杂性模型的检验[J].心理学报，2003，35（4）：504-513.

[21] 许良荣，罗佩娟.以序列性 POE 探究学生的科学解释能力：以“大气压力与表面张力”为例[J].屏东教大科学教育，2009，30：42-55.

[22] 辛涛，乐美玲，郭艳芳，等.学业质量标准的建立途径：基于认知诊断的学习进阶方法[J].教育学报，2015，11（5）：72-79.

[23] 徐竹.从方法论重构到先验旨趣分析：论现象学科学哲学中科学说明研究的范式转换[J].哲学研究，2008（2）：98-105.

[24] 姚建欣.美国大规模教育评价项目对中国公民科学素质调查的借鉴与启示[J].科普研究，2015，10（5）：62-66.

[25] 姚建欣，郭玉英.为学生认知发展建模：学习进阶十年研究回顾及展望[J].教育学报，2014，10（5）：35-42.

[26] 波普尔.猜想与反驳:科学知识的增长[M].傅季重，纪树立，周昌忠，等译.上海：上海译文出版社，2001.

[27] 张海，王以宁，何克抗.基于课堂视频分析对信息技术深层整合教学结构的研究[J].中国电化教育，2010（11）：7-11.

[28] 张华夏.科学解释标准模型的建立、困难与出路[J].科学技术与辩证法，2002，19（1）：29-33.

[29] 张丽，辛自强.平衡秤任务复杂性的事前与事后分析[J].心理发展与

教育，2008，24（2）：46-53.

［30］张玉峰．高中物理概念学习进阶及其教学应用研究［D］．北京：北京师范大学，2016.

［31］张萍．亨普尔科学解释理论研究［D］．长春：吉林大学，2005.

［32］张晓红，姚建欣．基于学习进阶 引导教研整合［J］．基础教育课程，2016（23）：52-57，86.

［33］张颖之，刘恩山．核心概念在理科教学中的地位和作用：从记忆事实向理解概念的转变［J］．教育学报，2010，6（1）：57-61.

［34］中华人民共和国教育部．普通高中物理课程标准（2017 年版）［M］．北京：人民教育出版社，2018.

［35］中华人民共和国教育部．义务教育物理课程标准（2022 年版）［M］．北京：北京师范大学出版社，2022.

［36］周小燕．真实情景下高中生科学解释及其影响因素的初步研究［D］．桂林：广西师范大学，2011.

［37］朱宁宁．高中生静电场主题核心概念的学习进阶研究［D］．北京：北京师范大学，2015.

［38］American Association for the Advancement of Science.Atlas of scientific literacy［M］.Washington，D.C.：American Association for the advancement of science Press，2001.

［39］ACHIEVE.Taking the lead in science education：forging next-generation science standards［R］.Washington，D.C.：Achieve，2010.

［40］ACHINSTEIN P.The nature of explanation［M］.Oxford：Oxford University Press，1983.

［41］ALONZO A C，GOTWALS A W.Learning progressions in science：current challenges and future directions［M］.Boston：Springer，2012.

［42］ALONZO A C，STEEDLE J T.Developing and assessing a force and motion learning progression［J］.Science education，2009，93（3）：389-421.

［43］AUDI R.The Cambridge dictionary of philosophy［M］.Cambridge：Cambridge University Press，1999.

［44］AUFSCHNAITER C V，AUFSCHNAITER S V.Theoretical framework

and empirical evidence of students' cognitive processes in three dimensions of content, complexity, and time [J] .Journal of research in science teaching, 2003, 40 (7) : 616-648.

[45] BEERENWINKEL A, BÖRLIN J.Surface Level : Teaching Time, Lesson Phases and Types of Interaction [M] // FISCHER H E, LABUDDE P, NEUMANN K, et al.Quality of instruction in physics-comparing Finland, Germany and Switzerland.Münster : Waxmann, 2014 : 65-79.

[46] BELL P, LINN M C. Scientific arguments as learning artifacts : designing for learning from the web with KIE [J] .International journal of science education, 2000, 22 (8) : 797-817.

[47] BERLAND L K, MCNEILL K L.A learning progression for scientific argumentation : understanding student work and designing supportive instructional contexts [J] .Science education, 2010, 94 (5) : 765-793.

[48] BERLAND L K, MCNEILL K L.For whom is argument and explanation a necessary distinction ? A response to Osborne and Patterson [J] . Science education, 2012, 96 (5) : 808-813.

[49] BERNHOLT S, PARCHMANN I.Assessing the complexity of students' knowledge in chemistry [J] .Chemistry education research and practice, 2011, 12 (2) : 167-173.

[50] BLACK P, WILSON M, YAO S Y.Road maps for learning : A guide to the navigation of learning progressions [J] .Measurement : interdisciplinary research & perspective, 2011, 9 (2-3) : 71-123.

[51] BLUMENFELD, PHYLLIS C, SOLOWAY, et al.Motivating project-based learning : Sustaining the doing, supporting the learning [J] .Educational psychologist, 1991, 26 (3-4) : 369-398.

[52] BOND T G, FOX C M.Applying the Rasch model : fundamental measurement in the human sciences [M] .New York : Routledge, 2006.

[53] BRAATEN M, WINDSCHITL M.Working toward a stronger conceptualization of scientific explanation for science education [J] .Science education, 2011, 95 (4) : 639-669.

[54] BRIGGS D, ALONZO A, SCHWAB C, et al.Diagnostic assessment with ordered multiple-choice items [J].Educational assessment, 2006, 11 (1): 33-63.

[55] CARTWRIGHT N.In defence of "this worldly" causality : comments on van Fraassen's Laws and Symmetry [J].Philosophy and phenomenological research, 1993, 53 (2): 423-429.

[56] CHI M T H, FELTOVICH P J, GLASER R.Categorization and representation of physics problems by experts and novices [J].Cognitive science, 1981, 5 (2): 121-152.

[57] CHINN C A, BREWER W F.An empirical test of a taxonomy of responses to anomalous data in science [J].Journal of research in science teaching, 1998, 35 (6): 623-654.

[58] CHINN C A, BREWER W F.Models of data : a theory of how people evaluate data [J].Cognition and instruction, 2001, 19 (3): 323-393.

[59] CHINN C A, MALHOTRA B A.Children's responses to anomalous scientific data : How is conceptual change impeded? [J].Journal of educational psychology, 2002, 94 (2): 327.

[60] COBB P, CONFREY J, DISESSA A, et al.Design experiments in educational research [J].Educational researcher, 2003, 32 (1): 9-13.

[61] COFFA J A.Foundations of inductive explanation [D].Pittsburgh : Doctroal dissertation from University of Pittsburgh, 1973.

[62] COHEN J.Statistical power analysis for the behavioral sciences [M]. 2nd ed.Hillsdale, NJ : Lawrence Erlbaum Associates, 1988.

[63] COLEMAN, ELAINE B.Using explanatory knowledge during collaborative problem solving in science [J].Journal of the learning sciences, 1998, 7 (3-4): 387-427.

[64] COMMONS M L, GOODHEART E A, PEKKER A, et al.Using Rasch scaled stage scores to validate orders of hierarchical complexity of balance beam task sequences [J].Journal of applied measurement, 2008, 9 (2): 182-199.

[65] COMMONS M L, RICHARDS F A, ARMON C.Beyond formal

operations : late adolescent and adult cognitive development [M] .New York : Praeger publishers, 1984.

[66] COMMONS M L, TRUDEAU E J, STEIN S A, et al.Hierarchical complexity of tasks shows the existence of developmental stages [J] . Developmental review, 1998, 18 (3) : 237-278.

[67] CORCORAN T B, MOSHER F A, ROGAT A.Learning progressions in science : an evidence-based approach to reform [J] .Consortium for policy research in education, 2009 : 86.

[68] CRABTREE B F, MILLER W L.Doing qualitative research in primary care : multiple strategies [M] . 2nd ed.Thousand Oaks, CA : Sage Publications, 1999.

[69] DAGHER Z, COSSMAN G.Verbal explanations given by science teachers : their nature and implications [J] .Journal of research in science teaching, 1992, 29 (4) : 361-374.

[70] DAVIS E A, KRAJCIK J S.Designing educative curriculum materials to promote teacher learning [J] .Educational researcher, 2005, 34 (3) : 3-14.

[71] DICK W, CAREY L, CAREY J O.The systematic design of instruction [M] . 7th ed.Upper Saddle River, NJ : Pearson Education, 2009.

[72] DONALDSON T S.Robustness of the *F*-test to errors of both kinds and the correlation between the numerator and denominator of the *F*-ratio [J] . Journal of the American statistical association, 1968, 63 (322) : 660-676.

[73] DRIVER R, LEACH J, MILLAR R, et al.Young people's images of science [M] .Buckingham : Open University Press, 1996.

[74] DRIVER R, LEACH J, SCOTT P, et al.Young people's understanding of science concepts : implications of cross-age studies for curriculum planning [J] .Studies in science education, 1994, 24 (1) : 75-100.

[75] DRIVER R, NEWTON P, OSBORNE J.Establishing the norms of scientific argumentation in classrooms [J] .Science education, 2000, 84 (3) : 287-312.

[76] DRIVER R, WARRINGTON L.Students' use of the principle of energy conservation in problem situations [J] .Physics education, 1985, 20 (4): 171–176.

[77] DUNCAN R G, GOTWALS A W.A tale of two progressions : on the benefits of careful comparisons [J] .Science education, 2015, 99 (3) : 410–416.

[78] DUSCHL R, MAENG S, SEZEN A.Learning progressions and teaching sequences : a review and analysis [J] .Studies in science education, 2011, 47 (2) : 123–182.

[79] EDELSON D C.Learning–for–use : a framework for the design of technology–supported inquiry activities [J] .Journal of research in science Teaching, 2001, 38 (3) : 355–385.

[80] ERDURAN S, JIMÉNEZ–ALEIXANDRE M P.Argumentation in science education : perspectives from classroom–based research [M] .New York : Springer, 2007.

[81] FIELD A.Discovering statistics using SPSS [M] .3rd ed.London : Sage publications, 2009.

[82] FISCHER H E, LABUDDE P, NEUMANN K, et al.Quality of instruction in physics : comparing Finland, Germany and Switzerland [M] . Münster : Waxmann, 2014.

[83] FISCHER H E, NEUMANN K.Video analysis as a tool for understanding science instruction [M] // JORDE D, DILLON J.Science education research and practice in Europe.Rotterdam : Sense Publishers, 2012 : 115–139.

[84] FISHER R A.The Design of experiments [M] . 2nd ed.London : Oliver and Boyd, Ltd., 1937.

[85] FORTUS D.Designing curriculum materials in the time of NGSS : using examples from IQWST [R] .Beijing : Beijing Normal University, 2015.

[86] FRIEDMAN M.Explanation and scientific understanding [J] .The journal of philosophy, 1974, 71 (1) : 5–19.

[87] GARET M S, PORTER A C, DESIMONE L, et al.What makes professional development effective? Results from a national sample of teachers [J].American educational research journal, 2001, 38 (4): 915-945.

[88] GELLER C, NEUMANN K, FISCHER H E.A deeper look inside teaching scripts: learning process orientations in Finland, Germany and Switzerland [M] // FISCHER H E, LABUDDE P, Neumann K, et al.Quality of instruction in physics: comparing Finland, Switzerland and Germany. Münster: Waxmann, 2014: 73-84.

[89] GLASS G V, PECKHAM P D, SANDERS J R.Consequences of failure to meet assumptions underlying the fixed effects analyses of variance and covariance [J].Review of educational research, 1972, 42 (3): 237-288.

[90] GOTWALS A W, SONGER N B.Validity evidence for learning progression-based assessment items that fuse core disciplinary ideas and science practices [J].Journal of research in science teaching, 2013, 50 (5): 597-626.

[91] GOTWALS A W, SONGER N B, BULLARD L.Assessing students' progressing abilities to construct scientific explanations [M] // ALONZO A C, GOTWALS A W.Learning progressions in science.Rotterdam: Sense Publishers, 2012: 183-210.

[92] GROTZER T A, BASCA B B.How does grasping the underlying causal structures of ecosystems impact students' understanding? [J].Journal of biological education, 2003, 38 (1): 16-29.

[93] HATCH J A.Doing qualitative research in education settings [M]. New York: SUNY Press, 2002.

[94] HELAAKOSKI J, VIIRI J.Content and content structure of physics lessons and students' learning gains: comparing Finland, Germany and Switzerland [M] // FISCHER H E, LABUDDE P, NEUMANN K, et al.Quality of instruction in physics: comparing Finland, Germany and Switzerland. Münster: Waxmann, 2014: 93-110.

[95] HEMPEL C G.Deductive-nomological vs. statistical explanation

[M] // FEIGL H.Minnesota studies in the philosophy of science.Minneapolis : University of Minnesota Press, 1962 : 98–169.

[96] HEMPEL C G.Aspects of scientific explanation and other essays in the philosophy of science [M] .New York : The Free Press, 1965.

[97] HEMPEL C G.Philosophy of natural science [M] .Upper Saddle River, NJ : Prentice–Hall, 1966.

[98] HEMPEL C G, OPPENHEIM P.Studies in the logic of explanation[J] . Philosophy of science, 1948, 15 (2) : 135–175.

[99] HIEBERT J.Teaching mathematics in seven countries : results from the TIMSS 1999 video study [M] .Washington, D.C. : U.S. Department of Education, 2003.

[100] HOLYOAK K J, MORRISON R G.The Oxford handbook of thinking and reasoning [M] .Oxford : Oxford University Press, 2012.

[101] HORWOOD R H.Explanation and description in science teaching [J] . Science education, 1988, 72 (1) : 41–49.

[102] JEFFREY R C.Statistical explanation vs.statistical inference [M] // RESCHER N.Essays in honor of Carl G.Hempel.Heidelberg : Springer, 1969 : 104–113.

[103] JONASSEN D.Designing constructivist learning environments [M] // REIGELUTH C M.Instructional design theories and models : a new paradigm of instructional theory.New York : Routledge, 2009 : 215–239.

[104] KAUERTZ A, FISCHER H E.Assessing students' level of knowledge and analysing the reasons for learning difficulties in physics by Rasch analysis [M] // Liu X F, Boone W J.Applications of Rasch measurement in science education.Minneapolis, MN : JAM Press, 2006, 212–246.

[105] KHINE M S.Perspectives on scientific argumentation [M] . Heidelberg : Springer, 2012.

[106] KITCHER P.Explanatory unification [J] .Philosophy of science, 1981, 48 (4) : 507.

[107] KITCHER P, SALMON W C.Scientific explanation [M] .

Minneapolis : University of Minnesota Press, 1989.

[108] KLAHR D, DUNBAR K.Dual space search during scientific reasoning [J].Cognitive science, 1988, 12 (1) : 1–48.

[109] KOLEN M J, BRENNAN R L.Test equating, scaling, and linking : methods and practices [M].New York : Springer, 2014.

[110] KOSLOWSKI B.Theory and evidence : the development of scientific reasoning [M] .Cambridge : Massachasetts Znstitute of Technology Press, 1996.

[111] KRAJCIK J, MCNEILL K L, REISER B J.Learning–goals–driven design model : developing curriculum materials that align with national standards and incorporate project–based pedagogy [J] .Science education, 2008, 92 (1) : 1–32.

[112] KUHN D.Children and adults as intuitive scientists [J] . Psychological review, 1989, 96 (4) : 674–689.

[113] KUHN D, IORDANOU K, PEASE M, et al.Beyond control of variables : what needs to develop to achieve skilled scientific thinking? [J] . Cognitive development, 2008, 23 (4) : 435–451.

[114] KWON Y J, LAWSON A E.Linking brain growth with the development of scientific reasoning ability and conceptual change during adolescence [J] .Journal of research in science teaching, 2000, 37 (1) : 44–62.

[115] LAWSON A E.The development and validation of a classroom test of formal reasoning [J] .Journal of research in science teaching, 1978, 15 (1) : 11–24.

[116] LAWSON A E.A review of research on formal reasoning and science teaching [J] .Journal of research in science teaching, 1985, 22 (7) : 569–617.

[117] LAWSON A E.Basic inferences of scientific reasoning, argumentation, and discovery [J] .Science education, 2010, 94 (2) : 336–364.

[118] LAWSON A E, CLARK B, CRAMER-MELDRUM E, et al.Development of scientific reasoning in college biology : do two levels of general hypothesis-testing skills exist? [J] .Journal of research in science teaching, 2000, 37 (1) : 81-101.

[119] LEE H-S.Scaffolding elementary students' authentic inquiry through a written science curriculum [D] .Ann Arbor : University of Michigan, 2003.

[120] LEE H-S, LIU O L, LINN M C.Validating measurement of knowledge integration in science using multiple-choice and explanation items [J] .Applied measurement in education, 2011, 24 (2) : 115-136.

[121] LEE H-S, LIU O L.Assessing learning progression of energy concepts across middle school grades : the knowledge integration perspective [J] .Science education, 2010, 94 (4) : 665-688.

[122] LEHRER R, SCHAUBLE L.Seeding evolutionary thinking by engaging children in modeling its foundations [J] .Science education, 2012, 96 (4) : 701-724.

[123] LEHRER R, SCHAUBLE L.Learning progressions : the whole world is NOT a stage [J] .Science education, 2015, 99 (3) : 432-437.

[124] LINDEN W J, HAMBLETON R K.Handbook of modern item response theory [M] .New York : Springer, 1997.

[125] LINN M C.The knowledge integration perspective on learning and instruction [M] // SAWYER R K.The Cambridge handbook of the learning sciences. New York : Cambridge University Press, 2006 : 243-264.

[126] LIU O L, LEE H-S, HOFSTETTER C, et al.Assessing knowledge integration in science : construct, measures, and evidence [J] .Educational assessment, 2008, 13 (1) : 33-55.

[127] LIU X F.Using and developing measurement instruments in science education : a Rasch modeling approach [M] .Charlotte, NC : Information Age Publishing, 2010.

[128] LIU X F, BOONE W J.Applications of Rasch measurement in

science education [M].Minneapolis, MN : JAM Press, 2006.

[129] LIU X F, MCKEOUGH A.Developmental growth in students' concept of energy : analysis of selected items from the TIMSS database [J]. Journal of research in science teaching, 2005, 42 (5) : 493–517.

[130] LUNNEY G H.Using analysis of variance with a dichotomous dependent variable : an empirical study [J] .Journal of educational measurement, 1970, 7 (4) : 263–269.

[131] MAYER R E.Designing instruction for constructivist learning [M] // REIGELUTH C M.Instructional design theories and models : a new paradigm of instructional theory.New York : Routledge, 2009 : 215–239.

[132] MCCUBBIN W L.The role of logic in students' assessment of scientific explanations [J] .Inlernational journal of science education, 1984, 6 (1) : 67–77.

[133] MCDERMOTT L C.Students' conceptions and problem solving in mechanics [M] // TIBERGHIEN A, JOSSEM E L, BAROJAS J.Connecting research in physics education with teacher education.Paris : The International Commission on Physics Education, 1997.

[134] MCNEILL K L.Teachers' use of curriculum to support students in writing scientific arguments to explain phenomena [J] .Science education, 2009, 93 (2) : 233–268.

[135] MCNEILL K L.Elementary students' views of explanation, argumentation, and evidence, and their abilities to construct arguments over the school year [J] .Journal of research in science teaching, 2011, 48 (7) : 793–823.

[136] MCNEILL K L, KNIGHT A M.Teachers' pedagogical content knowledge of scientific argumentation : the impact of professional development on K–12 teachers [J] .Science education, 2013, 97 (6) : 936–972.

[137] MCNEILL K L, KRAJCIK J.Scientific explanations : characterizing and evaluating the effects of teachers' instructional practices on student learning [J] .Journal of research in science teaching, 2008, 45 (1) : 53–78.

generation science standards [M] .Washington, D.C. : National Academies Press, 2014.

[149] NEUMANN K, VIERING T, BOONE W J, et al.Towards a learning progression of energy [J] .Journal of research in science teaching, 2013, 50 (2) : 162-188.

[150] NEWTON-SMITH W H.A companion to the philosophy of science [M].Malden : Wiley-Blackwell, 2000.

[151] NGSS Lead States.The next generation science standards (Volume 1 : The standards) [M] .Washington, D.C. : National Academies Press, 2013.

[152] NGSS Lead States.The next generation science standards (Volume 2 : Appendixes) [M] .Washington, D.C. : National Academies Press, 2013.

[153] NGSS Lead States.The next generation science standards : For states, by states [M] .Washington, D.C. : National Academies Press, 2013.

[154] NIAZ M.The relationship between M-demand, algorithms, and problem solving : a neo-Piagetian analysis [J] .Journal of chemical education, 1989, 66 (5) : 422.

[155] NORDINE J, KRAJCIK J, FORTUS D.Transforming energy instruction in middle school to support integrated understanding and future learning [J].Science education, 2011, 95 (4) : 670-699.

[156] OECD.Assessing scientific, reading and mathematical literacy : a framework for PISA 2013 [M] .Paris : OECD Publications, 2015.

[157] OSBORNE J.The 21st century challenge for science education : Assessing scientific reasoning [J] .Thinking skills and creativity, 2013, 10 : 265-279.

[158] OSBORNE J, PATTERSON A.Scientific argument and explanation : a necessary distinction ? [J] .Science education, 2011, 95 (4) : 627-638.

[159] OSBORNE J, PATTERSON A.Authors' response to "For whom is argument and explanation a necessary distinction ? A response to Osborne and

[138] MCNEILL K L, KRAJCIK J.Synergy between teacher practices and curricular scaffolds to support students in using domain-specific and domain-general knowledge in writing arguments to explain phenomena [J].Journal of the learning sciences, 2009, 18 (3): 416-460.

[139] MCNEILL K L, LIZOTTE D J, KRAJCIK J, et al.Supporting students' construction of scientific explanations by fading scaffolds in instructional materials [J].Journal of the learning sciences, 2006, 15 (2): 153-191.

[140] MCNEILL K L, González-Howard M, MARÍA G H, et al. Pedagogical content knowledge of argumentation: using classroom contexts to assess high-quality PCK rather than pseudoargumentation [J].Journal of research in science teaching, 2016, 53 (2): 261-290.

[141] MERRITT D S.Tracking students' understanding of the particle nature of matter [D].Ann Arbor: University of Michigan, 2010.

[142] Michigan Department of Education.Big ideas and considerations of NGSS [R].East Lansing: Michigan Department of Education, 2013.

[143] MILES M B, HUBERMAN A M.Qualitative data analysis: an expanded sourcebook [M].Thousand Oaks, CA: Sage, 1994.

[144] MORRISON G R,ROSS S M,KEMP J E. 设计有效教学[M]. 严玉萍,译. 北京：中国轻工业出版社，2007.

[145] National Research Council.Knowing what students know: the science and design of educational assessment [M].Washington, D.C.: National Academies Press, 2001.

[146] National Research Council.Taking science to school: learning and teaching science in grades K-8 [M].Washington, D.C.: National Academies Press, 2007.

[147] National Research Council.A framework for K-12 science education: practices, crosscutting concepts, and core ideas [M].Washington, D.C.: National Academies Press, 2012.

[148] National Research Council.Developing assessments for the next

Patterson" by Berland and McNeill [J] .Science education, 2012, 96 (5): 814–817.

[160] PELLEGRINO J, KRAJCIK J, STEVENS S, et al.Using construct-centered design to align curriculum, instruction, and assessment development in emerging science [R] // International Society of the Learning Sciences.International Conference on International Conference for the Learning Sciences.Utrecht : The Netherlands, 2008.

[161] PERKINS D N, GROTZER T A.Dimensions of causal understanding : the role of complex causal models in students' understanding of science [J] .Studies in science education, 2005, 41 (1): 117–165.

[162] PERKINS D N, UNGER C.Teaching and learning for understanding [M] // REIGELUTH C M.Instructional-design theories and models: a new paradigm of instructional theory.New York : Routledge, 2009 : 91–114.

[163] PIAGET J.The language and thought of the child [M] .London : Routledge & Kegan Paul, 1926.

[164] PIAGET J.Judgment and reasoning in the child [M] .London : Routledge & Kegan Paul, 1928.

[165] PLUMMER J D, KRAJCIK J.Building a learning progression for celestial motion : elementary levels from an earth-based perspective [J] . Journal of research in science teaching, 2010, 47 (7): 768–787.

[166] REIGELUTH C M.Instructional-design theories and models : an overview of their current status [M] .New York : Routledge, 2009.

[167] REISER B J, TABAK I, SANDOVAL W A, et al.BGuILE : strategic and conceptual scaffolds for scientific inquiry in biology classrooms [M] // CARVER S M, KLAHR D.Cognition and instruction : twenty-five years of progress.New York : Psychology Press, 2001 : 263–305.

[168] REISER R A.A history of instructional design and technology : part II : a history of instructional design [J] .Educational technology research and development, 2001, 49 (2): 57–67.

[169] REMILLARD J T.Examining key concepts in research on teachers'

use of mathematics curricula [J] .Review of educational research, 2005, 75 (2): 211–246.

[170] ROSEMAN J E, CALDWELL A, GOGOS A, et al.Mapping a coherent learning progression for the molecular basis of heredity [R] .San Francisco : National Association for Research in Science Teaching, 2006.

[171] ROTH K J, DRUKER S L, GARNIER H E, et al.Teaching science in five countries : results from the TIMSS 1999 video study statistical analysis report [R] .Washington, D.C. : U.S. Department of Education, Institute of Education Sciences, 2006.

[172] RUBEN D H.Arguments, laws, and explanation [M] // RUBEN D H.Explaining explanation.New York : Routledge, 1990 : 181–208.

[173] RUBEN D H.Explaining explanation [M] .New York : Routledge, 1990.

[174] SALINAS I.Learning progressions in science education : two approaches for development [R] .Iowa City, IA : Learning Progressions in Science Conference, 2009.

[175] SALMON W C.Statistical explanation and statistical relevance [M] . Pittsburgh : University of Pittsburgh Press, 1971.

[176] SALMON W C.Hempel's conception of inductive inference in inductive-statistical explanation [J] .Philosophy of science, 1977, 44 (2) : 179–185.

[177] SALMON W C.Scientific explanation and the causal structure of the world [M] .Princeton, NJ : Princeton University Press, 1984.

[178] SALMON W C.Four decades of scientific explanation [M] . Pittsburgh : University of Pittsburgh Press, 1989.

[179] SALMON W C.Causality and explanation [M] .Oxford : Oxford University Press, 1998.

[180] SANDOVAL W A.Conceptual and epistemic aspects of students' scientific explanations [J] .Journal of the learning sciences, 2003, 12(1): 5–51.

[181] SANDOVAL W A, MILLWOOD K A.The quality of students' use

of evidence in written scientific explanations [J] .Cognition and instruction, 2005, 23 (1) : 23-55.

[182] SANDOVAL W A, REISER B J.Explanation-driven inquiry : integrating conceptual and epistemic scaffolds for scientific inquiry [J] . Science education, 2004, 88 (3) : 345-372.

[183] SCHWARTZ D L, LIN X, BROPHY S, et al.Toward the development of flexibly adaptive instructional designs [M] // REIGELUTH C M. Instructional-design theories and models : a new paradigm of instructional theory.New York : Routledge , 2009 : 183-213.

[184] SCHWARZ C V, REISER B J, DAVIS E A, et al.Developing a learning progression for scientific modeling : making scientific modeling accessible and meaningful for learners [J] .Journal of research in science teaching, 2009, 46 (6) : 632-654.

[185] SEIDEL T.Coding manual-surface structures : organization of classroom activities [M] // SEIDEL T, PRENZEL M, KOBARG M.How to run a video study.Münster : Waxmann, 2005.

[186] SEIDEL T, PRENZEL M, KOBARG M.How to run a video study [M] . Münster : Waxmann, 2005.

[187] SHIN N, STEVENS S Y, KRAJCIK J.Tracking student learning over time using Construct-Centered Design [M] // ROUTLEDGE S.Using analytical frameworks for classroom research : collecting data and analysing narrative. London : Taylor & Francis, 2010 : 38-58.

[188] SIEGLER R S.Microgenetic studies of self-explanation [M] // GRANOTT N, PARZIALE J.Microdevelopment : transition processes in development and learning.New York : Cambridge University Press, 2002 : 31-58.

[189] SMITH C, WISER M, ANDERSON C, et al.Implications of research on children's learning for assessment : matter and atomic molecular theory [R] .Washing, D.C. : Committee on Test Design for K-12 Science Achievement, Center for Education, National Research Council, 2004.

[190] SOLOMON J.Children's explanations [J] .Oxford review of

education, 1986, 12 (1): 41–51.

[191] SONGER N B.BioKIDS: An animated conversation on the development of curricular activity structures for inquiry science [M] // SAWYER R K.The Cambridge Handbook of the Learning Sciences.Cambridge: Cambridge University Press, 2006: 355–370.

[192] SONGER N B.An intimate intertwining of content and practices: a learning progression for climate change biology [R].Orlando: National Association for Research on Science Teaching, 2011.

[193] SONGER N B, GOTWALS A W.Guiding explanation construction by children at the entry points of learning progressions [J].Journal of research in science teaching, 2012, 49 (2): 141–165.

[194] SONGER N B, KELCEY B, GOTWALS A W.How and when does complex reasoning occur? Empirically driven development of a learning progression focused on complex reasoning about biodiversity [J].Journal of research in science teaching, 2009, 46 (6): 610–631.

[195] STEEDLE J T, SHAVELSON R J.Supporting valid interpretations of learning progression level diagnoses [J].Journal of research in science teaching, 2009, 46 (6): 699–715.

[196] STEVENS S Y, SHIN N, KRAJCIK J S.Towards a model for the development of an empirically tested learning progression [R].Iowa City, IA: Learning Progressions in Science Conference, 2009.

[197] TABER K S.Shifting sands: a case study of conceptual development as competition between alternative conceptions [J].International journal of science education, 2001, 23 (7): 731–753.

[198] TABER K S.Progressing science education [M].Dordrecht: Springer, 2009.

[199] TATSUOKA K K.Cognitive assessment: an introduction to the rule space method [M].New York: Routledge, 2009.

[200] THAGARD P.Conceptual revolutions [M].Princeton: Princeton University Press, 1992.

[201] TOULMIN S E.The uses of argument [M].Cambridge: Cambridge University Press, 2003.

[202] TREAGUST D F, HARRISON A G.The genesis of effective scientific explanations for the classroom [M] // LOUGHRAN J.Researching teaching: methodologies and practices for understanding pedagogy.London: Routledge Falmer Press, 1999: 28-43.

[203] TREAGUST D F, HARRISON A G.In search of explanatory frameworks: an analysis of Richard Feynman's lecture "Atoms in motion" [J]. International journal of science education, 2000, 22 (11): 1157-1170.

[204] TROUT J D.Scientific explanation and the sense of understanding [J].Philosophy of science, 2002, 69 (2): 212-233.

[205] VAN FRAASSEN B C.The scientific image [M].Oxford: Oxford University Press, 1980.

[206] VON WRIGHT G H.Explanation and understanding [M].London: Kegan Paul International, 1971.

[207] VOSNIADOU S.International handbook of research on conceptual change [M].2nd ed.New York: Routledge, 2013.

[208] WAYNE A J, YOON K S, ZHU P, et al.Experimenting with teacher professional development: motives and methods [J].Educational researcher, 2008, 37 (8): 469-479.

[209] WILSON M.Measuring progressions: assessment structures underlying a learning progression [J].Journal of research in science teaching, 2009, 46 (6): 716-730.

[210] WILSON M.Constructing measures: an item response modeling approach [M].New York: Routledge, 2004.

[211] WITTWER J, RENKL A.Why instructional explanations often do not work: a framework for understanding the effectiveness of instructional explanations [J].Educational psychologist, 2008, 43 (1): 49-64.

[212] WOODWARD J.The causal mechanical model of explanation [M] // KITCHER P, SALMON W C.Scientific Explanation.Minneapolis: University of

Minnesota Press，1989.

［213］WOODWARD J.Making things happen：a theory of causal explanation［M］.Oxford：Oxford University Press，2003.

［214］WOODWARD J.Scientific explanation［EB/OL］//［2014-03-05］. http：// plato.stanford.edu/archives/win2011/entries/scientific explanation.

［215］YAO J X，GUO Y Y.Inquiry on Students' Understanding of Energy Concept［R］.Seoul：EASE，2014.

［216］YAO J X，GUO Y Y，NEUMANN K.Integrated learning progressions advancing synergetic development of energy understanding and scientific explanation［R］.Washington，D.C.：AERA，2016.

［217］ZIMMERMAN C.The development of scientific thinking skills in elementary and middle school［J］.Developmental review，2007，27（2）：172-223.

［218］ZOHAR A，NEMET F.Fostering students' knowledge and argumentation skills through dilemmas in human genetics［J］.Journal of research in science teaching，2002，39（1）：35-62.

附 录

附录1 科学解释进阶测试

附录1.1 测试题库

SEPA01 鸳鸯火锅

题库编码	001	主题内容	能量
要素编码	P/-T2-D1-R1	难度值	见附表

鸳鸯火锅是用金属片将锅的内部空间隔成相等的两部分，一边放清汤，一边放红汤，清汤和红汤的质量、主要成分及初温几乎相同，但清汤一侧液面没有油层，红汤一侧液面有一层麻辣风味的油层，吃饭时，人们根据自己的喜好把食物放入不同的汤料中。但小新注意到每次使用鸳鸯火锅煮食物时，总是红汤一侧先沸腾。最初，小新认为这是由于红汤一侧的火更大些，但观察发现，两边的火焰相同。请解释为什么总是红汤一侧先沸腾。

SEPA02 山中小车

如图 a 所示，两辆完全相同的汽车分别行驶在山间的两条道路上。我们把这个情境简化成图 b 所示，甲车行驶在道路 A，乙车行驶在道路 B。在路段 1（即 YZ 之间的路段），道路 A 和道路 B 都平行于水平面，道路 A 高于道路 B。在路段 2（即 XY 之间的路段），道路 A 向下倾斜，最终和

道路 B 交汇。根据以上情境依次回答下列问题，在分析问题时视道路 B 所在的平面为零势能平面。

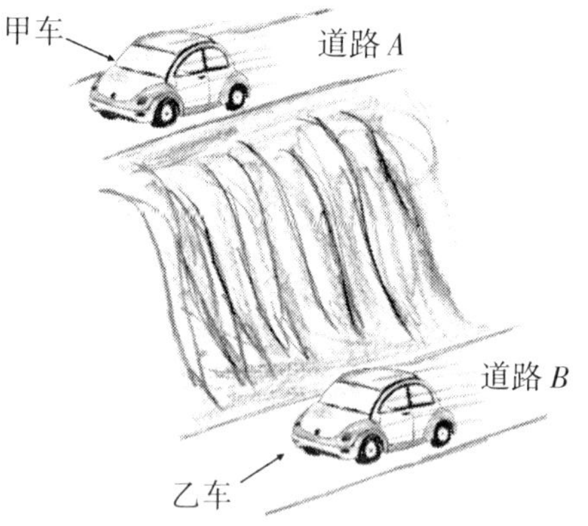

图 a

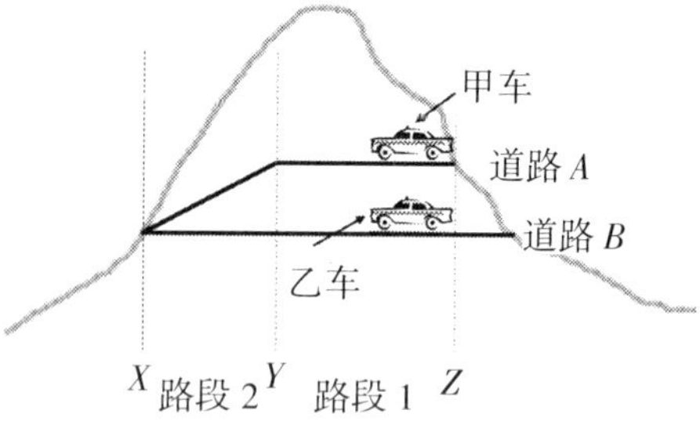

图 b

SEPA02a **水平路段**

题库编码	002a	主题内容	能量
要素编码	P1-T1-D1-R1	难度值	见附表

若在路段 1，两辆汽车保持相同的速度向前行驶，请比较两辆汽车的机械能的大小，并解释选择的原因。

答：我认为（　　）。【在 A、B、C 中选择一个，并简单叙述选择的原因】

A. 甲车机械能大　　B. 乙车机械能大　　C. 两车机械能一样大

SEPA02b **下坡路段**

题库编码	002b	主题内容	能量
要素编码	P1-T1-D1-R1	难度值	见附表

若在路段 2，甲车仍保持匀速行驶，甲车的机械能（　　）。【在 A、B、C 中选择一个，并简单叙述选择的原因】

A. 不变　　B. 变大　　C. 变小

SEPA03 太空巨石

题库编码	003	主题内容	运动与相互作用
要素编码	P2-T2-D2-R2	难度值	见附表

设想你处在遥远的太空，面前有一个与你相对静止的巨石，你轻轻地推它一下。请详细描述在推石时与推石后你和这块巨石的运动情况，并解释其原因。

SEPA04 再沸腾

题库编码	004	主题内容	物质
要素编码	P/-T1-D1-R1	难度值	见附表

一般情况下，冰只能使水冷却，不能使水沸腾，但在特殊条件下，冰能使水沸腾。在烧瓶内灌半瓶水，放在火上加热，等水沸腾后将烧瓶从火上取下并用塞子将瓶口塞住，这时沸腾停止了；把烧瓶倒过来在瓶底放上一些碎冰时，会看到瓶底出现一些小水珠，而且水又重新沸腾起来。试解释出现此现象的原因。

SEPA05a 爆米花

题库编码	005a	主题内容	物质
要素编码	P/-T1-D1-R2	难度值	见附表

爆米花是一种备受大众喜爱的常见零食，其制作方法是通过加热玉米粒使之发生爆裂。这些玉米粒的外皮坚硬且不可渗透水汽，内部则含有一定量的水分和高密度的淀粉。

根据你的理解，解释玉米粒是如何被制成爆米花的。

SEPA05b 爆米花

题库编码	005b	主题内容	物质
要素编码	P/-T2-D2-R2	难度值	/

爆米花是一种备受大众喜爱的常见零食，其制作方法是通过加热玉米粒使之发生爆裂。这些玉米粒的外皮坚硬且不可渗透水汽，内部则含有一定量的水分和高密度的淀粉。

玉米粒中的水分对爆裂的发生起着至关重要的作用，水分太多或太少都会大大减少爆裂的概率。试解释其中的原因。

SEPA06 **海水降温**

题库编码	006	主题内容	能量
要素编码	P1–T2–D/–R2	难度值	见附表

有人说“如果能将地球上所有海水的温度降低0.1℃，那么放出的大量内能可以有效地缓解能源危机”，请问这一说法可行吗？请解释原因。

SEPA07 **气球上升**

题库编码	007	主题内容	物质&运动与相互作用
要素编码	P1–T1–D1–R2	难度值	见附表

预测节日时向天空释放的彩色氢气球最后的结局，并给出相应的解释。

SEPA08 **墨水扩散**

题库编码	008	主题内容	物质
要素编码	P/–T1–D1–R2	难度值	见附表

将墨水滴入水中，墨迹会逐渐扩散到水中的各个地方。请解释为什么其在温度高的水中扩散更快。

SEPA09 **轮胎打气**

题库编码	009	主题内容	能量
要素编码	P/–T1–D1–R1	难度值	见附表

用打气筒给自行车打气时打气筒会变热，试解释主要原因。

SEPA10 磁铁下落

题库编码	010	主题内容	能量
要素编码	P1-T1-D2-R2	难度值	见附表

如图所示，一条形磁铁 N 极朝下，S 极朝上。从距离线圈不远的高处沿着线圈轴线方向下落，在磁铁接近线圈的过程中电流表的指针发生偏转。在此过程中线圈会对磁铁产生什么作用？试从能量守恒的角度说明理由。

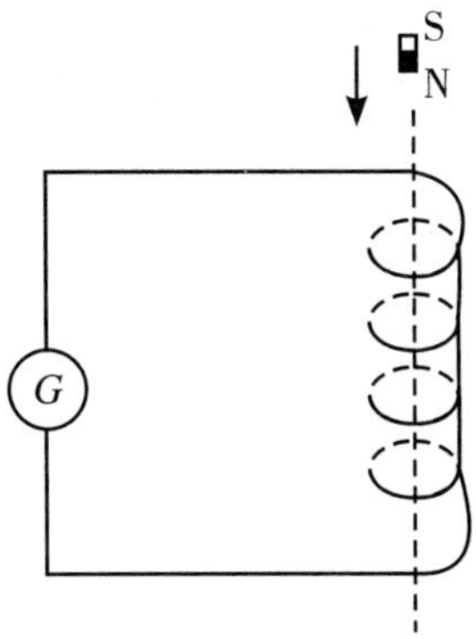

附录1.2 组卷编排

一	八年级	九年级	十年级	十一年级	十二年级
SE-01鸳鸯火锅	8H	9B			
SE-02a水平路段	8H；8F	9A			
SE-02b下坡路段	8H；8F	9A			
SE 03太空巨石	8F	9A；9B	10A；10B		12A；12B
SE-04再沸腾	8H	9A；9B	10A	11A	
SE-05a爆米花			10A	11B	
SE-05b爆米花			10A	11B	
SE-06海水降温			10A	11A；11B	12A
SE-07气球上升			10B	11A	
SE-08墨水扩散			10B	11A	12B
SE-09轮胎打气			10B	11B	12A
SE-10磁铁下落				11B	12A；12B

附录1.3 统计指标

附录1.3.1 整体统计数据

SUMMARY OF 4336 MEASURED (NON-EXTREME) PERSON

	TOTAL SCORE	COUNT	MEASURE	MODEL ERROR	INFIT MNSQ	INFIT ZSTD	OUTFIT MNSQ	OUTFIT ZSTD
MEAN	17.4	19.8	-1.18	.43	1.04	.0	.97	-.1
S.D.	8.5	4.9	1.26	.12	.71	1.4	.72	1.3
MAX.	50.0	27.0	4.22	1.24	6.59	6.6	9.90	6.1
MIN.	1.0	4.0	-6.13	.30	.07	-3.7	.02	-3.0

REAL RMSE .50 TRUE SD 1.16 SEPARATION 2.33 PERSON RELIABILITY .84
MODEL RMSE .45 TRUE SD 1.18 SEPARATION 2.65 PERSON RELIABILITY .88
S.E. OF PERSON MEAN = .02

MAXIMUM EXTREME SCORE: 6 PERSON
MINIMUM EXTREME SCORE: 212 PERSON
VALID RESPONSES: 30.0% (APPROXIMATE)

SUMMARY OF 66 MEASURED (NON-EXTREME) ITEM

	TOTAL SCORE	COUNT	MEASURE	MODEL ERROR	INFIT MNSQ	INFIT ZSTD	OUTFIT MNSQ	OUTFIT ZSTD
MEAN	1146.9	1350.2	.00	.06	.99	-.3	.96	-.6
S.D.	1281.3	535.0	1.42	.02	.14	3.3	.24	3.5
MAX.	6693.0	2858.0	2.20	.11	1.57	9.9	2.04	9.9
MIN.	102.0	777.0	-3.35	.02	.79	-6.0	.56	-6.5

REAL RMSE .06 TRUE SD 1.42 SEPARATION 21.92 ITEM RELIABILITY 1.00
MODEL RMSE .06 TRUE SD 1.42 SEPARATION 22.21 ITEM RELIABILITY 1.00
S.E. OF ITEM MEAN = .18

UMEAN=.0000 USCALE=1.0000
ITEM RAW SCORE-TO-MEASURE CORRELATION = -.59 (approximate due to missing data)
85834 DATA POINTS. LOG-LIKELIHOOD CHI-SQUARE: 115845.26 with 81352 d.f. p=.0000
Global Root-Mean-Square Residual (excluding extreme scores): .5790

附录1.3.2 维度分析

```
    Table of STANDARDIZED RESIDUAL variance (in Eigenvalue units)
                                                  -- Empirical --    Modeled
Total raw variance in observations     =         168.7 100.0%         100.0%
  Raw variance explained by measures   =         102.7  60.9%          63.5%
    Raw variance explained by persons  =          40.5  24.0%          25.0%
    Raw Variance explained by items    =          62.2  36.9%          38.4%
  Raw unexplained variance (total)     =          66.0  39.1% 100.0%   36.5%
    Unexplned variance in 1st contrast =           4.4   2.6%   6.6%
    Unexplned variance in 2nd contrast =           3.7   2.2%   5.7%

      STANDARDIZED RESIDUAL VARIANCE SCREE PLOT

       VARIANCE COMPONENT SCREE PLOT
       +--+--+--+--+--+--+--+--+
   100%+  T                    +
       |                       |
V  63%+                        +
A      |     M                 |
R  40%+                        +
I      |           I  U        |
A  25%+                        +
N      |        P              |
C  16%+                        +
E      |                       |
   10%+                        +
L      |                       |
O   6%+                        +
G      |                       |
|   4%+                        +
S      |                       |
C   3%+                  1     +
A      |                    2  |
L   2%+                        +
E      |                       |
D   1%+                        +
       |                       |
  0.5%+                        +
       +--+--+--+--+--+--+--+--+
          TV MV PV IV UV U1 U2
         VARIANCE COMPONENTS
```

附录1.3.3 项目参数表

ENTRY	NAME	MEASURE	COUNT	SCORE	ERROR	IN.MSQ	IN.ZSTD	PTME	OBSMATCH	EXPMATCH	DISCRIM
1	01F	0.86	777	221	0.08	0.93	–1.14	0.46	75.1	74.4	1.1
2	01D2	0.34	777	401	0.08	1	0.06	0.5	68.2	65.8	0.99
3	01T2	1.12	777	176	0.09	1.01	0.15	0.41	79	79.1	1.03
4	01R1	0.44	777	364	0.08	0.85	–3.72	0.56	74.8	65.9	1.25
5	02aF	0.98	1318	332	0.07	0.85	–3.08	0.45	80.9	78.1	1.13
6	02aP1	–0.65	1318	420	0.07	1.09	3.2	0.31	73	73.3	0.71
7	02aD1	0.42	1318	592	0.06	1.11	3.12	0.4	59.1	67.3	0.85
8	02aT1	0.83	1318	160	0.09	0.79	–3.77	0.41	90.1	88.2	1.18
9	02aR1	–0.37	1318	814	0.05	0.87	–3.76	0.56	65	62.7	1.2
10	02bF	1.25	1318	248	0.07	0.86	–2.42	0.41	84.8	83.2	1.1
11	02bP1	–0.99	1318	501	0.06	1.07	2.8	0.37	68.5	70.6	0.78
12	02bD1	0.01	1318	668	0.05	1.21	5.42	0.38	55.9	64.7	0.72
13	02bT1	0.84	1318	159	0.09	0.83	–2.91	0.39	89.7	88.2	1.14
14	02bR1	0.1	1318	268	0.08	0.92	–1.92	0.39	82.9	81.2	1.1
15	03F	2.2	2852	1288	0.04	0.87	–4.73	0.58	71.6	67.3	1.17
16	03P2	0.62	2852	2397	0.03	1.04	1.57	0.6	57.5	57.2	0.95
17	03D2	1.56	1218	715	0.06	0.95	–1.65	0.52	70.2	68	1.08
18	03T2	1.43	2851	1570	0.03	0.91	–3.39	0.6	67.5	63	1.13
19	03R2	1.95	1719	1273	0.04	0.86	–4.63	0.62	66.1	61.9	1.19
20	04F	0.55	2246	989	0.04	0.83	–6.01	0.58	74.8	67.4	1.25

续表

ENTRY	NAME	MEASURE	COUNT	SCORE	ERROR	IN.MSQ	IN.ZSTD	PTME	OBSMATCH	EXPMATCH	DISCRIM
21	04D1	−0.18	2245	1438	0.04	1.02	0.7	0.55	64.5	61.1	1.01
22	04T1	0.5	2245	994	0.04	0.85	−5.28	0.57	74.3	67.2	1.22
23	04R1	−0.32	2246	1376	0.03	0.87	−4.61	0.6	64.5	60	1.17
24	05aF	0.46	1037	424	0.06	0.82	−3.98	0.54	72.7	66.5	1.24
25	05aD1	−0.09	1038	603	0.05	0.94	−1.49	0.53	65.2	59.8	1.13
26	05aT2	0.53	1037	337	0.06	0.91	−1.64	0.47	74.5	71.9	1.1
27	05aR2	0.37	1038	471	0.06	0.83	−4.03	0.55	71.6	64.3	1.25
28	05bF	2.12	1038	254	0.08	1.03	0.78	0.35	76.2	76.7	0.97
29	05bP1	−0.49	1038	365	0.07	1.17	5.72	0.29	62.3	70.2	0.56
30	05bD1	1.65	1038	261	0.08	0.97	−0.61	0.39	76.9	76.4	1.05
31	05bT1	2.12	1038	195	0.08	0.96	−0.71	0.37	81.3	81.6	1.07
32	05bR1	1.08	1037	491	0.07	0.86	−4.21	0.54	73.5	66.8	1.25
33	06F	2.09	1921	401	0.06	1.05	1.21	0.35	79.2	80.7	0.96
34	06P1	−3.18	1921	1583	0.07	1.01	0.19	0.48	86.8	86.1	0.98
35	06T2	1.98	1259	102	0.11	0.92	−0.94	0.33	92.2	91.9	1.07
36	06R2	1.59	1917	886	0.05	1.01	0.46	0.46	67	68.3	0.99
37	07F	1.27	981	465	0.07	0.87	−3.43	0.56	75.3	69.3	1.19
38	07P1	−2.65	981	750	0.09	1.05	1.08	0.45	79.8	80.7	0.94
39	07D1	−0.63	981	409	0.07	0.9	−3.23	0.52	76	71.3	1.22
40	07T2	1.02	981	161	0.1	0.97	−0.45	0.38	84.2	84.4	1.04

续表

ENTRY	NAME	MEASURE	COUNT	SCORE	ERROR	IN.MSQ	IN.ZSTD	PTME	OBSMATCH	EXPMATCH	DISCRIM
41	07R2	0.7	981	587	0.07	0.9	−2.45	0.56	72.2	68.5	1.13
42	08F	0.52	1172	956	0.08	0.83	−3.56	0.59	85.9	81.5	1.12
43	08D1	−3.35	1172	992	0.1	0.79	−3.69	0.57	89.1	87.4	1.19
44	08T2	0.17	1172	946	0.07	0.93	−1.53	0.55	81.5	77.2	1.03
45	08R2	0.78	1172	889	0.07	0.92	−1.89	0.53	82.3	77.6	1.04
46	09F	0.24	1382	985	0.06	1.06	1.59	0.48	70.5	72	0.94
47	09D1	−0.6	1382	527	0.06	1.07	2.6	0.39	68.6	70.7	0.82
48	09T1	0.06	1382	919	0.05	1.16	4.45	0.43	60.2	65.8	0.78
49	09R1	0.16	1382	887	0.05	1.01	0.35	0.51	66.1	65.8	0.99
50	10F	0.62	888	455	0.05	0.95	−0.78	0.55	66.4	63.3	1.06
51	10P1	−1.9	889	556	0.08	0.91	−2.72	0.53	75.6	72.2	1.2
52	10D1	1.07	889	290	0.07	1.06	1.09	0.43	72.5	72.7	0.96
53	10T2	0.78	889	285	0.07	0.94	−1.08	0.48	74.1	73.4	1.05
54	10R1	0.65	889	361	0.07	0.89	−2.32	0.53	70.9	68.2	1.15
55	01N	−2.18	778	1991	0.04	1.03	0.47	0.74	48.7	47.6	1
56	02aN	−2.63	1319	3372	0.04	1.16	3.5	0.67	57.8	61.9	0.9
57	02bN	−2.1	1319	2698	0.04	1.01	0.29	0.68	60.2	55.6	0.99
58	03N	−1.63	2858	6693	0.02	1.57	9.9	0.64	36.7	44.6	0.43
59	04N	−1.66	2028	5031	0.02	1.16	4.15	0.71	48.7	47.9	0.91
60	05aN	−1.51	1038	2512	0.03	1.13	2.51	0.7	45.2	45.7	0.93

续表

ENTRY	NAME	MEASURE	COUNT	SCORE	ERROR	IN.MSQ	IN.ZSTD	PTME	OBSMATCH	EXPMATCH	DISCRIM
61	05bN	−1.31	1038	2146	0.03	1.08	1.84	0.69	40.3	38.4	0.88
62	06N	−1.55	1612	4049	0.03	1.41	8.04	0.63	55.4	58.7	0.74
63	07N	−1.62	981	2401	0.04	1.21	4.21	0.67	45.4	48.5	0.8
64	08N	−3.1	1185	4227	0.05	1.02	0.27	0.64	80.4	79.5	1
65	09N	−2.42	1382	3907	0.04	1.29	6.62	0.64	43.9	49.7	0.63
66	10N	−0.91	889	1510	0.04	1.07	1.41	0.68	42.4	41.2	0.97

附录2　教学实验研究中的前、后测试题

九年级物理第十章摸底测试（前测）

姓名：　　　　　　　　班级：　　　　　　　　学号：

一、卷Ⅰ（选择题）

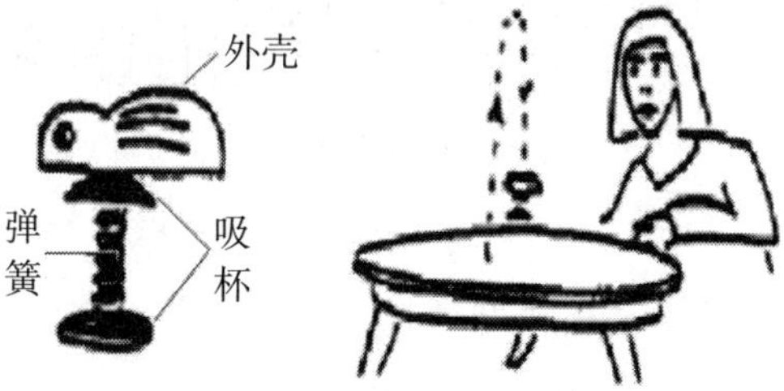

有一个弹簧青蛙玩具（如右图），它由弹簧、吸杯、外壳组成。压弹簧时吸杯会贴在一起，再把弹簧青蛙放到桌子上，等很短的时间，吸杯分开，弹簧弹开，弹簧青蛙"跳"到空中，然后又落回桌面。请你根据对弹簧青蛙玩具原理的理解，回答1～4题。

1. 当弹簧青蛙的弹簧被压缩，"蓄势待发"之时（此时弹簧青蛙并没有运动），弹簧青蛙（　　）。

A. 有能量　　　B. 没有能量　　　C. 不知道有没有能量

2. 弹簧青蛙被弹起，在向上运动的过程中，弹簧青蛙（　　）。

A. 有能量　　　B. 没有能量　　　C. 不知道有没有能量

3. 当弹簧青蛙"跳"到了最高点，即在它既不向上也不向下运动的一瞬间，弹簧青蛙（　　）。

A. 有能量　　　B. 没有能量　　　C. 不知道有没有能量

4. 弹簧青蛙从最高点往下落的过程中，弹簧青蛙（　　）。

A. 有能量　　　B. 没有能量　　　C. 不知道有没有能量

5. 请看下面一幅图，小球在一个没有摩擦的轨道上从 A 点由静止自由释放，小球始终没有离开轨道，你认为小球最远可以滑到哪一点？（　　）。

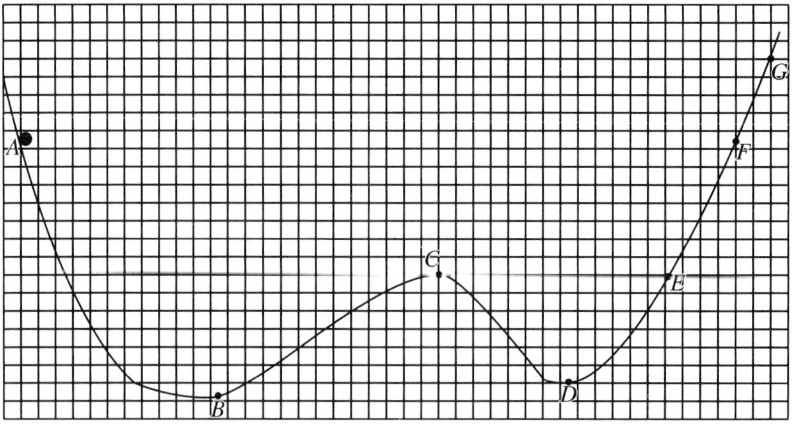

A. 到 C 点，因为小球到了 C 点就过不去了，会返回去

B. 到 E 点，因为 E 点和 C 点一样高，小球从 C 点滑过去，能量守恒，还能到达 E 点的高度

C. 到 F 点，因为 F 点与 A 点一样高，能量守恒，能到达 F 点的高度

D. 到 G 点或者更远，因为轨道没有摩擦，由于惯性，小球可以一直滑过去，到达 G 点并继续往前滑

6. 把一个书包从地上捡起来，拿到与书桌一样高的位置。从以下因素中选择影响书包所受重力对书包做功大小的因素。(　　)

因素（1）：是竖直捡起书包还是在捡起书包的过程中经过了一段倾斜的较长路径。

因素（2）：是快速地捡起书包还是慢慢地捡起书包。

因素（3）：书桌相对地面的高度。

因素（4）：书包的质量。

A. 因素（1）和因素（4）　　B. 因素（2）、因素（3）和因素（4）

C. 因素（3）和因素（4）　　D. 因素（1）、因素（3）和因素（4）

7. 如下图所示，两个物块 A、B 最初静止在光滑的水平面上，物块 A 的质量 m_A 小于物块 B 的质量 m_B。分别用相同的恒力 F 拉这两个物块，使它们均沿直线移动相同的距离 d（恒力 F 作用于整个过程中）。关于物块 A、B 均移动距离 d 后所具有的动能情况，下列说法正确的是（　　）。

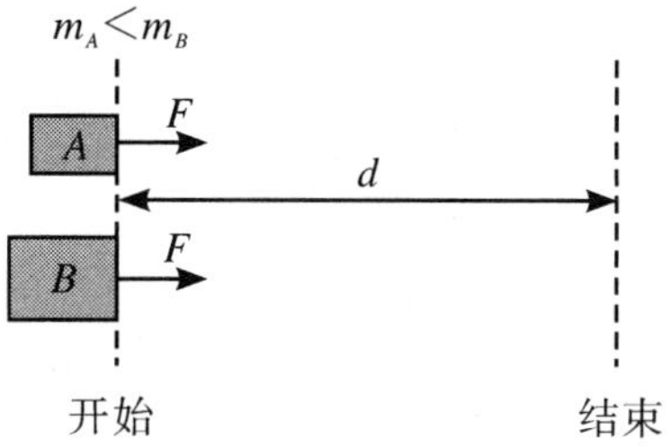

A. 物块 A、B 的动能相同

B. 质量小的物块动能大，因为它达到了更大的速度

C. 质量大的物块动能大，因为它的质量大

D. 所给条件不够，无法判断，因为需要已知物块的真实质量才能比较动能大小

如下图所示，三个质量相同的小球从同一水平面上以速度 v_0 发射。小球 a 竖直向上发射，小球 b 速度与水平面成 60°，小球 c 速度与水平面成 45°。若三个小球射出后均能到达上方虚线所标水平线，请按从大到小的顺序排列三个小球到达虚线时的速度大小。请根据此情境回答第 8、第 9 题。

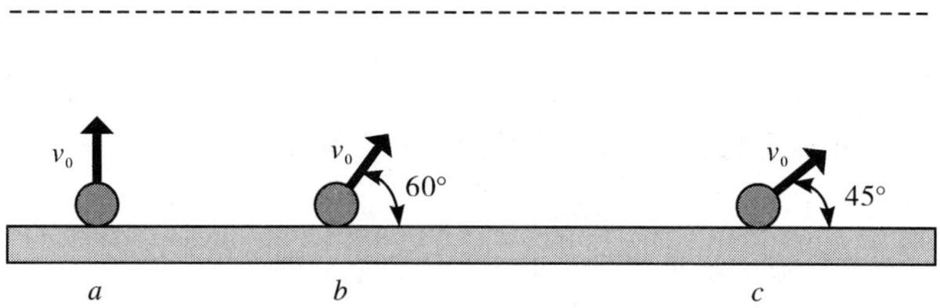

8. 如果小球在运动过程中忽略空气阻力，正确的选项是（　　）。

A. abc　　B. acb

C. cba　　D. 三个小球在虚线处的速度大小相同

9. 如果空气阻力不可忽略，正确的选项是（　　）。

A. abc　　B. acb

C. cba　　D. 三个小球在虚线处的速度大小相同

二、卷II（简答题）

1. 如图所示，两辆完全相同的汽车分别行驶在山间的两条道路上，甲车行驶在道路 A，乙车行驶在道路 B，两车都保持匀速行驶。在路段1（即 YZ 之间的路段），道路 A 和道路 B 都平行于水平面，道路 A 高于道路 B。在路段2（即 XY 之间的路段），道路 A 向下倾斜，最终和道路 B 交汇。根据以上情境依次回答下列问题，并对自己的判断做出合理解释。

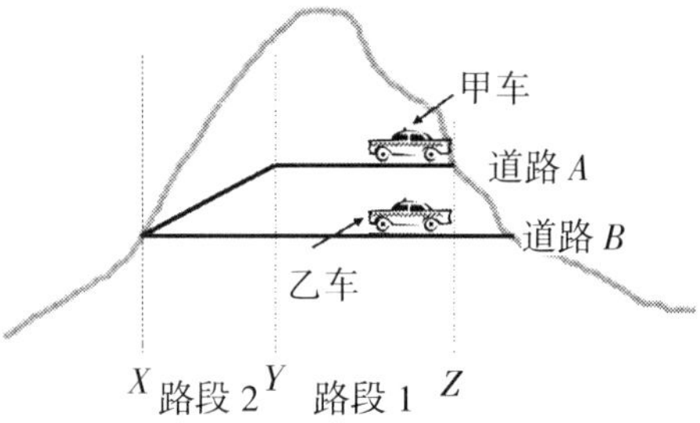

（1）在路段1，两辆汽车保持相同的速度向前行驶，请比较两辆汽车的能量的大小，并解释原因。

答：我认为（　　）。

A. 甲车能量大　　B. 乙车能量大　　C. 两车能量一样大

原因：____。

（2）在路段2，甲车仍保持匀速行驶，甲车的机械能（　　）。

A. 不变　　B. 变大　　C. 变小

原因：____。

（3）对于以上情境，小吴同学认为"甲车和乙车的能量始终是守恒的，因为两车都在做匀速运动，动能不变"。你认为小吴同学的看法________（选填"正确"或"不正确"），请简要解释你的理由。

原因：____。

2. 在冬天用空调或电暖器取暖，哪个更省电？请做出判断并简要解释你的理由。

判断及原因：____

____。

3. 鸳鸯火锅是用金属片将锅的内部空间隔成相等的两部分，一边放清汤，一边放红汤，清汤和红汤的质量以及初温相同。但小鑫同学注意到每次使用鸳鸯火锅煮食物时，总是红汤一侧先沸腾。请尝试提出出现该现象的一个可能原因，并进行简要说明。

小鑫和父母对此问题开展了进一步的探究，通过查阅资料发现，“清汤和红汤主要成分相同，而清汤一侧液面没有油层，红汤一侧液面有一层麻辣风味的油层”。根据补充的资料，请再次解释为什么总是红汤一侧先沸腾。

九年级物理第十章诊断测试（后测）

姓名：　　　　　　班级：　　　　　　学号：

一、卷Ⅰ（选择题）

1. 右图是“嫦娥一号”变轨撞月过程的示意图，“嫦娥一号”在减速下落的过程中，机械能（　　）。

A. 增大　　B. 减小　　C. 不变

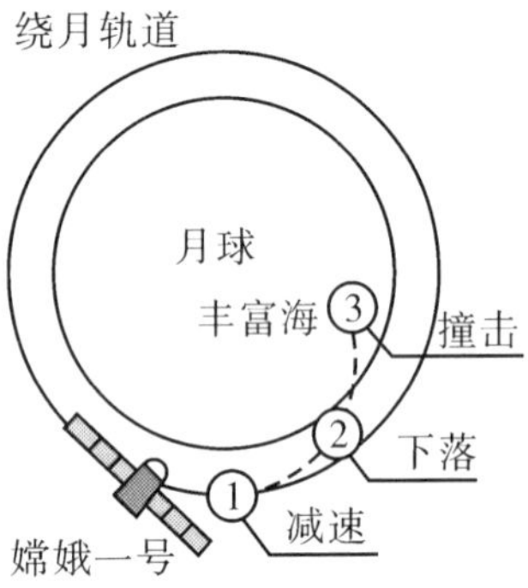

2. 下图中，小球在一个光滑没有摩擦的轨道上从 A 点由静止自由释放，小球始终没有离开轨道，你认为小球最远可以滑到哪一点？（　　）

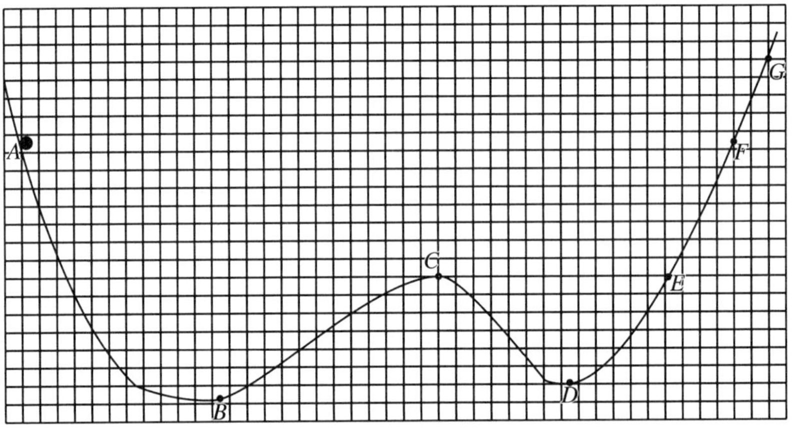

A. 到 C 点，因为小球到了 C 点就过不去了，会返回去

B. 到 E 点，因为 E 点和 C 点一样高，小球从 C 点滑过去，能量守恒，还能到达 E 点的高度

C. 到 F 点，因为 F 点与 A 点一样高，能量守恒，小球还能到达 F 点的高度

D. 到 G 点或者更远，因为轨道没有摩擦，由于惯性，小球可以一直滑过去，到达 G 点并继续往前滑

3. 把一个书包从地上捡起来，拿到与书桌一样高的位置。请选择影响重力对书包做功大小的因素。(　　)

因素(1)：是竖直捡起书包还是在捡起书包的过程中经过了一段倾斜的较长路径。

因素(2)：是快速地捡起书包还是慢慢地捡起书包。

因素(3)：书桌相对地面的高度。

因素(4)：书包的质量。

A. 因素(1)和因素(4)　　B. 因素(2)、因素(3)和因素(4)

C. 因素(3)和因素(4)　　D. 因素(1)、因素(3)和因素(4)

4. 用酒精灯给盘子里的冰块加热，使其从0℃的冰变为0℃的水。在此过程中，酒精灯的化学能转化为水的(　　)。

A. 重力势能　　B. 化学能　　C. 分子势能　　D. 分子动能

5. 掉在水平地面上的弹性小球会弹起，而且弹起的高度会越来越低。右图是小球弹起的频闪照片，小球在1、2位置的高度一样。下面说法正确的是(　　)。

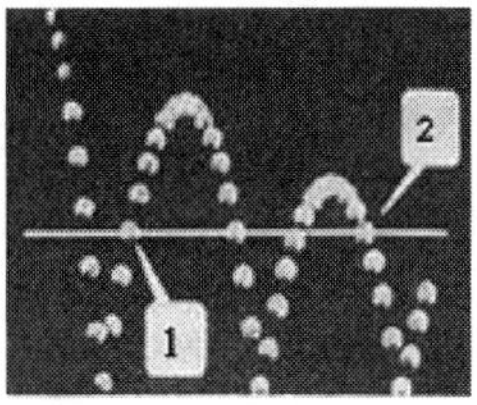

A. 1、2位置的动能相同，2位置的机械能较小

B. 1、2位置的机械能相同，2位置的动能较小

C. 1、2位置的动能相同，机械能也相同

D. 2位置的动能较小，机械能也较小

6. 两个物块 A、B 最初静止在光滑的水平面上，物块 A 的质量 m_A 小于物块 B 的质量 m_B。分别用相同的恒力 F 拉这两个物块，使它们均沿直线移动相同的距离 d(恒力 F 作用于整个过程中)。关于物块 A、B 均移动距离 d 后所具有的动能，下列说法正确的是(　　)。

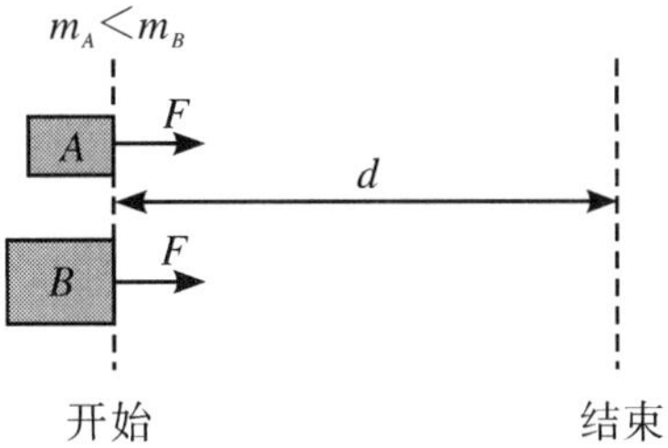

A. 物块 A、B 的动能相同

B. 物块 A 的动能大，因为它达到了更大的速度

C. 物块 B 的动能大，因为它的质量更大

D. 所给条件不够，无法判断，因为需要已知物块的真实质量才能比较动能大小

如下图所示，三个质量相同的小球从同一水平面上以速度 v_0 发射。小球 a 竖直向上发射，小球 b 速度与水平面成60°，小球 c 速度与水平面成45°。若三个小球射出后均能到达上方虚线所标水平线，请根据第7、第8题描述的情境，按从大到小的顺序排列三个小球到达虚线时的速度大小。

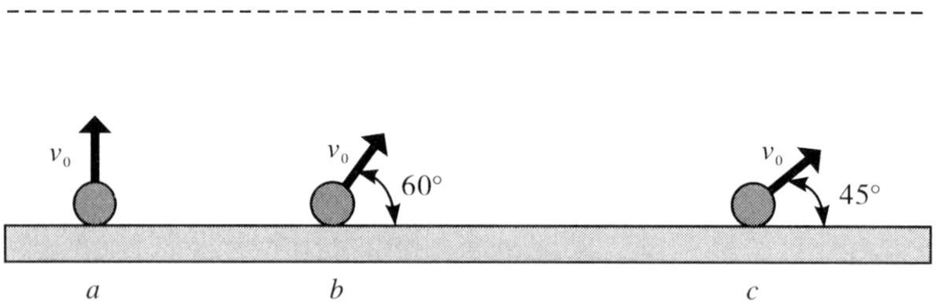

7. 如果忽略小球在运动过程中受到的空气阻力，正确的选项是(　　)。

A. abc　　B. acb

C. cba　　D. 三个小球在虚线处的速度大小相同

8. 如果空气阻力不可忽略，正确的选项是(　　)。

A. abc　　B. acb

C. cba　　D. 三个小球在虚线处的速度大小相同

二、卷II（简答题）

1. 相同质量、同为0℃的冰和水，它们的内能不同。请比较它们的内能的大小，并依据所学的内能相关知识来解释你的论断。

2. 学习完能量单元后，你肯定对“能量”这个概念有了更深刻的认识。请用几句话写出你所认为的“能量”是什么。

3. 能量守恒定律告诉我们能量是守恒的，不可能消灭。可是，为什么我们还要节约能源呢？

4. 如图所示，两辆完全相同的汽车分别行驶在山间的两条道路上，甲车行驶在道路 A，乙车行驶在道路 B，两车都保持匀速行驶。在路段 1（即 YZ 之间的路段），道路 A 和道路 B 都平行于水平面，道路 A 高于道路 B。在路段 2（即 XY 之间的路段），道路 A 向下倾斜，最终和道路 B 交汇。根据以上情境依次回答下列问题，并对自己的判断做出合理解释。

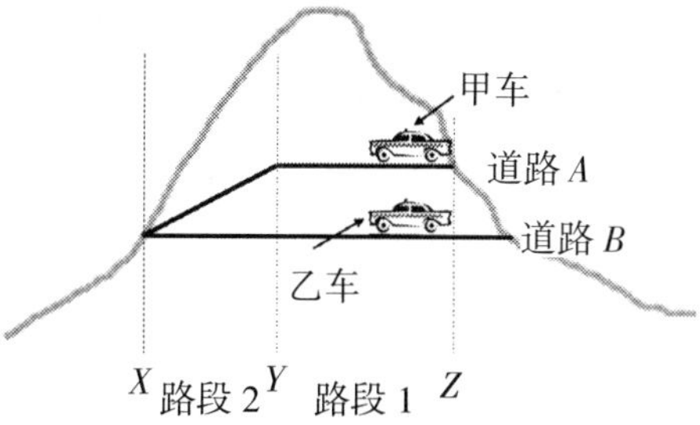

（1）在路段 1，两辆汽车保持相同的速度向前行驶，请比较两辆汽车的能量的大小，并解释原因。

答：我认为（　　）。

A. 甲车能量大　　B. 乙车能量大　　C. 两车能量一样大

原因：____。

（2）在路段 2，甲车仍保持匀速行驶，甲车的机械能（　　）。

A. 不变　　B. 变大　　C. 变小

原因：____。

（3）对于以上情境，小吴同学认为“甲车和乙车的能量始终是守恒的，因为两车都在做匀速运动，动能不变”。你认为小吴同学的看法________（选填“正确”或“不正确”），请简要解释你的理由。

原因：____。

5. 鸳鸯火锅是用金属片将锅的内部空间隔成相等的两部分，一边放清汤，一边放红汤，清汤和红汤的质量以及初温相同。但小鑫同学注意到每次使用鸳鸯火锅煮食物时，总是红汤一侧先沸腾。请尝试提出出现该现象的一个可能原因，并进行简要说明。

小鑫和父母对此问题开展了进一步的探究，通过查阅资料发现，“清汤和红汤主要成分相同，而清汤一侧液面没有油层，红汤一侧液面上有一层麻辣风味的油层”。根据补充的资料，请再次解释为什么总是红汤一侧先沸腾。

6. 夏天，小明想通过打开冰箱门来使室内的平均温度降低，你认为这可行吗？请尝试将冰箱所在的屋子看作一个整体，从屋子与外界能量交换的角度解释你的论断。

7. 在检验中心的一次碰撞试验中，一辆汽车撞上厚墙并停止，碰撞后的墙体发生了微小移动，最后墙和汽车均静止，墙面和汽车均在碰撞中产生了凹痕。

（1）请列举在整个过程中涉及的能量形式：______________________。

（2）请描述在碰撞过程中发生的能量转化：______________________。

（3）请评述下面两名同学的观点及解释。

观点1：在此情境中能量守恒定律不成立。因为碰撞后，汽车和墙最终都处于静止状态，动能为零，可见总能量减少了，能量守恒定律不成立。

观点1______（填“正确”或“错误”），因为______________________

____。

观点2：在碰撞时，汽车的动能全部转化为墙的动能。因为整个碰撞过程中，虽然墙比汽车质量大得多，墙只发生了微小移动，但因为能量守恒，汽车和墙的总能量保持不变，所以碰撞时汽车的动能全部转化为墙的动能。

观点2______（填“正确”或“错误”），因为______________________

____。

附录3 教学观察部分原始数据

附录3.1 表层分析编码

附表3-1 教师S第一课（编码者1）

—	时间跨度	时长	课堂环节	课堂互动组织
1	0′ 06″ –3′ 54″	3′ 48″	1 复习	1 教师讲解
2	3′ 54″ –8′ 22″	4′ 28″	2 引入	1 教师讲解
3	8′ 22″ –10′ 14″	1′ 52″	3 新内容教学	1 教师讲解
4	10′ 14″ –11′ 38″	1′ 24″	3 新内容教学	2 教师演示
5	11′ 38″ –12′ 49″	1′ 11″	3 新内容教学	1 教师讲解
6	12′ 49″ –24′ 48″	11′ 59″	3 新内容教学	2 教师演示
7	24′ 48″ –26′ 16″	1′ 28″	3 新内容教学	1 教师讲解
8	26′ 16″ –32′ 07″	5′ 51″	3 新内容教学	2 教师演示
9	32′ 07″ –34′ 31″	2′ 24″	3 新内容教学	1 教师讲解
10	34′ 31″ –35′ 26″	0′ 55″	3 新内容教学	2 教师演示
11	35′ 26″ –38′ 01″	2′ 35″	5 小结	1 教师讲解
12	38′ 01″ –38′ 51″	0′ 50″	3 新内容教学	2 教师演示

附表3-2 教师P第一课（编码者1）

—	时间跨度	时长	课堂环节	课堂互动组织
1	1′ 55″ –5′ 06″	3′ 11″	1 引入	5 个体工作
2	5′ 06″ –7′ 50″	2′ 44″	2 引入	1 教师讲解
3	7′ 50″ –11′ 50″	4′ 00″	2 引入	3 教师中心的讨论
4	11′ 50″ –18′ 30″	6′ 40″	3 新内容教学	1 教师讲解
5	18′ 30″ –19′ 20″	0′ 50″	3 新内容教学	2 教师演示
6	19′ 20″ –23′ 00″	3′ 40″	3 新内容教学	1 教师讲解
7	23′ 00″ –27′ 40″	4′ 40″	3 新内容教学	2 教师演示
8	27′ 40″ –41′ 30″	13′ 50″	3 新内容教学	1 教师讲解
9	41′ 30″ –43′ 30″	2′ 00″	5 小结	1 教师讲解

附表3-3 教师Y第一课（编码者1）

—	时间跨度	时长	课堂环节	课堂互动组织
1	0′ 00″ –8′ 20″	8′ 20″	2 引入	3 教师中心的讨论
2	8′ 20″ –18′ 58″	10′ 38″	3 新内容教学	1 教师讲解
3	18′ 58″ –23′ 40″	4′ 42″	3 新内容教学	3 教师中心的讨论
4	23′ 40″ –28′ 05″	4′ 25″	3 新内容教学	2 教师演示
5	28′ 05″ –29′ 30″	1′ 25″	3 新内容教学	1 教师讲解
6	29′ 30″ –35′ 02″	5′ 32″	3 新内容教学	2 教师演示
7	35′ 02″ –37′ 18″	2′ 16″	3 新内容教学	3 教师中心的讨论
8	37′ 18″ –38′ 30″	1′ 12″	3 新内容教学	1 教师讲解

附表3-4 教师S第二课（编码者1）

—	时间跨度	时长	课堂环节	课堂互动组织
1	1′ 06″ –7′ 06″	6′ 00″	1 复习	1 教师讲解
2	7′ 06″ – 9′ 46″	2′ 40″	2 引入	1 教师讲解
3	9′ 46″ –13′ 05″	3′ 19″	2 引入	2 教师演示
4	13′ 05″ –15′ 13″	2′ 08″	3 新内容教学	2 教师演示
5	15′ 13″ –18′ 00″	2′ 47″	3 新内容教学	1 教师讲解
6	18′ 00″ –22′ 31″	4′ 31″	3 新内容教学	1 教师讲解
7	22′ 31″ –24′ 35″	2′ 04″	3 新内容教学	2 教师演示
8	24′ 35″ –26′ 25″	1′ 50″	3 新内容教学	1 教师讲解
9	26′ 25″ –29′ 10	2′ 45″	3 新内容教学	2 教师演示
10	29′ 10″ –30′ 40″	1′ 30″	3 新内容教学	1 教师讲解
11	30′ 40″ –40′ 45″	10′ 05″	8 作业讲解	3 教师中心的讨论

附表3-5　教师S第二课（编码者2）

—	时间跨度	时长	课堂环节	课堂互动组织
1	1′14″–2′57″	1′43″	1 复习	1 教师讲解
2	2′57″–13′05″	10′08″	2 引入	1 教师讲解
3	13′05″–14′14″	1′09″	3 新内容教学	2 教师演示
4	14′14″–15′13″	0′59″	3 新内容教学	2 教师演示
5	15′13″–18′00″	2′47″	3 新内容教学	1 教师讲解
6	18′00″–22′31″	4′31″	3 新内容教学	1 教师演示
7	22′31″–24′35″	2′04″	3 新内容教学	2 教师演示
8	24′35″–26′25″	1′50″	3 新内容教学	1 教师讲解
9	26′25″–29′10″	2′45″	3 新内容教学	2 教师演示
10	29′10″–30′40″	1′30″	3 新内容教学	1 教师讲解
11	30′40″–40′45″	10′05″	8 作业讲解	3 教师中心的讨论

附表3-6　教师P第二课（编码者1）

—	时间跨度	时长	课堂环节	课堂互动组织
1	2′00″–8′36″	6′36″	1 复习	3 教师中心的讨论
2	8′36″–11′36″	3′00″	1 复习	5 个体工作
3	11′36″–15′00″	3′24″	1 复习	1 教师讲解
4	11′50″–18′50″	7′00″	8 作业讲解	3 教师中心的讨论
5	18′50″–25′30″	6′40″	2 引入	1 教师讲解
6	25′30″–29′20″	3′50″	3 新内容教学	1 教师讲解
7	29′20″–33′48″	4′28″	3 新内容教学	2 教师演示
8	33′48″–38′40″	4′52″	3 新内容教学	1 教师讲解
9	38′40″–39′47″	1′07″	3 新内容教学	2 教师演示
10	39′47″–42′00″	2′13″	3 新内容教学	1 教师讲解

附表3-7 教师Y第二课（编码者1）

—	时间跨度	时长	课堂环节	课堂互动组织
1	0′ 08″ –10′ 28″	10′ 20″	1 复习	3 教师中心的讨论
2	10′ 28″ –12′ 40″	2′ 12″	2 引入	1 教师讲解
3	12′ 40″ –13′ 10″	0′ 30″	2 引入	2 教师演示
4	13′ 10″ –13′ 50″	0′ 40″	2 引入	1 教师讲解
5	13′ 50″ –15′ 45″	1′ 55″	3 新内容教学	1 教师讲解
6	15′ 45″ –16′ 56″	1′ 11″	3 新内容教学	2 教师演示
7	16′ 56″ –21′ 12″	4′ 16″	3 新内容教学	1 教师讲解
8	21′ 12″ –26′ 27″	5′ 15″	3 新内容教学	2 教师演示
9	26′ 27″ –31′ 17″	4′ 50″	3 新内容教学	1 教师讲解
10	31′ 17″ –32′ 15″	1′ 58″	3 新内容教学	2 教师演示
11	32′ 15″ –36′ 25″	4′ 10″	3 新内容教学	1 教师讲解

附表3-8 教师P第三课（编码者3）

—	时间跨度	时长	课堂环节	课堂互动组织
1	0′ 00″ –0′ 49″	0′ 49″	2 引入	1 教师讲解
2	0′ 49″ –4′ 11″	3′ 22″	3 新内容教学	1 教师讲解
3	4′ 11″ –4′ 36″	0′ 25″	3 新内容教学	3 教师为中心的讨论
4	4′ 36″ –8′ 40″	4′ 04″	3 新内容教学	1 教师讲解
5	8′ 40″ –10′ 21″	1′ 41″	3 新内容教学	2 教师演示
6	10′ 21″ –13′ 40″	3′ 19″	3 新内容教学	3 教师为中心的讨论
7	13′ 40″ –15′ 13″	1′ 33″	3 新内容教学	1 教师讲解
8	15′ 13″ –17′ 32″	2′ 19″	3 新内容教学	2 教师演示
9	17′ 32″ –19′ 24″	1′ 52	3 新内容教学	3 教师为中心的讨论
10	19′ 24″ –19′ 57″	0′ 33″	3 新内容教学	2 教师演示
11	19′ 57″ –22′ 00″	2′ 03″	3 新内容教学	1 教师讲解
12	22′ 00″ –24′ 21″	2′ 21″	3 新内容教学	3 教师为中心的讨论
13	24′ 21″ –25′ 35″	1′ 14″	3 新内容教学	2 教师演示
14	25′ 35″ –26′ 40″	1′ 05″	3 新内容教学	3 教师为中心的讨论
15	26′ 40″ –27′ 37″	0′ 57″	3 新内容教学	1 教师讲解
16	27′ 37″ –31′ 07″	3′ 30″	3 新内容教学	2 教师演示
17	31′ 07″ –32′ 56″	1′ 49″	3 新内容教学	1 教师讲解
18	32′ 56″ –34′ 35″	1′ 39″	3 新内容教学	2 教师演示
19	34′ 35″ –36′ 30″	1′ 55″	3 新内容教学	3 教师为中心的讨论
20	36′ 30″ –36′ 57″	0′ 27″	3 新内容教学	1 教师讲解
21	36′ 57″ –38′ 10″	1′ 13″	3 新内容教学	2 教师演示
22	38′ 10″ –40′ 13″	2′ 03″	3 新内容教学	1 教师讲解
23	40′ 13″ –41′ 34″	1′ 21″	5 小结	1 教师讲解

附表3-9 教师P第三课（编码者4）

—	时间跨度	时长	课堂环节	课堂互动组织
1	0′ 00″ –0′ 13″	0′ 13″	2 引入	3 教师为中心的讨论
2	0′ 13″ –02′ 17″	2′ 04″	3 新内容教学	1 教师讲解
3	02′ 17″ –02′ 54″	0′ 37″	3 新内容教学	2 教师演示
4	02′ 54″ –08′ 34″	5′ 40″	3 新内容教学	1 教师讲解
5	08′ 34″ –09′ 58″	1′ 24″	3 新内容教学	2 教师演示
6	09′ 58″ –11′ 33″	1′ 35″	3 新内容教学	3 教师为中心的讨论
7	11′ 33″ –15′ 08″	3′ 35″	3 新内容教学	1 教师讲解
8	15′ 08″ –17′ 22″	2′ 14″	3 新内容教学	2 教师演示
9	17′ 22″ –19′ 14″	1′ 52″	3 新内容教学	3 教师为中心的讨论
10	19′ 14″ –19′ 49″	0′ 35″	3 新内容教学	2 教师演示
11	19′ 49″ –23′ 36″	3′ 47″	3 新内容教学	1 教师讲解
12	23′ 36″ –25′ 31″	1′ 55″	3 新内容教学	2 教师演示
13	25′ 31″ –26′ 28″	0′ 57″	3 新内容教学	3 教师为中心的讨论
14	26′ 28″ –27′ 47″	1′ 19″	3 新内容教学	1 教师讲解
15	27′ 47″ –30′ 30″	2′ 43″	3 新内容教学	2 教师演示
16	30′ 30″ –32′ 50″	2′ 20″	3 新内容教学	1 教师讲解
17	32′ 50″ –34′ 55″	2′ 05″	3 新内容教学	2 教师演示
18	34′ 55″ –36′ 18″	1′ 23″	3 新内容教学	3 教师为中心的讨论
19	36′ 18″ –36′ 50″	0′ 32″	3 新内容教学	1 教师讲解
20	36′ 50″ –38′ 09″	1′ 19″	3 新内容教学	2 教师演示
21	38′ 09″ –40′ 11″	2′ 02″	3 新内容教学	1 教师讲解
22	40′ 11″ –41′ 36″	1′ 25″	5 小结	1 教师讲解

附表3-10 教师S第三课（编码者3）

—	时间跨度	时长	课堂环节	课堂互动组织
1	0′ 00″ –3′ 19″	3′ 19″	1 复习	3 教师为中心的讨论
2	3′ 19″ –5′ 43″	2′ 24″	1 复习	1 教师讲解
3	5′ 43″ –5′ 58″	0′ 15″	2 引入	1 教师讲解
4	5′ 58″ –17′ 43″	11′ 45″	3 新内容教学	1 教师讲解
5	17′ 43″ –19′ 22″	1′ 39″	3 新内容教学	2 教师演示
6	19′ 22″ –21′ 02″	1′ 40″	3 新内容教学	1 教师讲解
7	21′ 02″ –21′ 57″	0′ 55″	3 新内容教学	2 教师演示
8	21′ 57″ –22′ 11″	0′ 14″	3 新内容教学	1 教师讲解
9	22′ 11″ –24′ 45″	2′ 34″	3 新内容教学	2 教师演示
10	24′ 45″ –27′ 02″	2′ 17″	3 新内容教学	1 教师讲解
11	27′ 02″ –28′ 10″	1′ 08″	3 新内容教学	5 静默/个体工作
12	28′ 10″ –32′ 58″	4′ 48″	3 新内容教学	1 教师讲解
13	32′ 58″ –33′ 33″	0′ 35″	3 新内容教学	2 教师演示
14	33′ 33″ –36′ 40″	3′ 07″	3 新内容教学	1 教师讲解

附表3-11 教师Y第三课（编码者3）

—	时间跨度	时长	课堂环节	课堂互动组织
1	0′ 00″ –1′ 58″	1′ 58″	2 引入	1 教师讲解
2	1′ 58″ –9′ 06″	7′ 08″	3 新内容教学	1 教师讲解
3	9′ 06″ –12′ 06″	3′ 00″	3 新内容教学	2 教师演示
4	12′ 06″ –13′ 11″	1′ 05″	3 新内容教学	3 教师为中心的讨论
5	13′ 11″ –14′ 42″	1′ 31″	3 新内容教学	1 教师讲解
6	14′ 42″ –15′ 13″	0′ 31″	3 新内容教学	2 教师演示
7	15′ 13″ –16′ 23″	1′ 10″	3 新内容教学	1 教师讲解
8	16′ 23″ –17′ 05″	0′ 42″	3 新内容教学	2 教师演示
9	17′ 05″ –20′ 48″	3′ 43″	3 新内容教学	1 教师讲解
10	20′ 48″ –22′ 54″	2′ 06″	3 新内容教学	3 教师为中心的讨论
11	22′ 54″ –24′ 56″	2′ 02″	3 新内容教学	2 教师演示
12	24′ 56″ –27′ 49″	2′ 53″	3 新内容教学	1 教师讲解
13	27′ 49″ –31′ 40″	3′ 51″	3 新内容教学	3 教师为中心的讨论
14	31′ 40″ –36′ 46″	5′ 06″	3 新内容教学	1 教师讲解
15	36′ 46″ –37′ 42″	0′ 56″	3 新内容教学	2 教师演示
16	37′ 42″ –38′ 32″	0′ 50″	3 新内容教学	1 教师讲解

附表3-12 教师S第三课（编码者4）

—	时间跨度	时长	课堂环节	课堂互动组织
1	0′ 00″ –5′ 38″	5′ 38″	1 复习	3 教师为中心的讨论
2	5′ 38″ –11′ 48″	6′ 10″	3 新内容教学	1 教师讲解
3	11′ 48″ –13′ 28″	1′ 40″	3 新内容教学	2 教师演示
4	13′ 28″ –17′ 27″	3′ 59″	3 新内容教学	1 教师讲解
5	17′ 27″ –19′ 09″	1′ 42″	3 新内容教学	2 教师演示
6	19′ 09″ –20′ 42″	1′ 33″	3 新内容教学	1 教师讲解
7	20′ 42″ –21′ 30″	0′ 48″	3 新内容教学	2 教师演示
8	21′ 30″ –21′ 57″	0′ 27″	3 新内容教学	1 教师讲解
9	21′ 57″ –24′ 40″	2′ 43″	3 新内容教学	2 教师演示
10	24′ 40″ –25′ 46″	1′ 06″	3 新内容教学	1 教师讲解
11	25′ 46″ –29′ 28″	3′ 42″	3 新内容教学	2 教师演示
12	29′ 28″ –31′ 54″	2′ 26″	3 新内容教学	1 教师讲解
13	31′ 54″ –33′ 56″	2′ 02″	3 新内容教学	2 教师演示
14	33′ 56″ –35′ 10″	1′ 14″	3 新内容教学	1 教师讲解
15	35′ 10″ –36′ 43″	1′ 33″	5 小结	1 教师讲解

附录3.2 教学片段转录（维度一示例）

本节对视频资料中的教学片段进行了转录，作为深层分析的编码示例。转录的两个片段都是第一节课中与“维度一：基于原有认识”相关的典型教学片段。其中教师S（片段1）被归为1档（考虑了学生原有认识，但主要限于对已学课程中相关内容的复习），教师P（片段2）被归为3档（全面考虑了学生原有认识，并对学生的相关经验进行了唤起和关联）。

附表3-13 教学片段转录1

时间	课堂活动
0′11″－7′09″	【新章引入】 师S：现在我们来正式学习第十章。那么在学习之前，我们先把之前的知识复习一下。上一学期，最后一阶段，我们学了一个让大家觉得很痛苦的物理量，对吧？一个新的物理量，叫什么来着？功，对吧？ 师S：功的符号是什么来着？谁还记得？功的符号是什么？ 学生（众）：W。 师S：它的物理意义是什么？或者说，怎么定义这个物理量？ （点了一位同学） 学生甲：……（未作答） 师S：我们说，什么情况下物体做了功来着？比如说，这个粉笔盒，我推它经过了一段距离。有力，有位移，对吧？ 师S：那什么是功来着？有一个外力作用在物体上，并且这个物体在这个外力的方向上移动了一段距离，所以说就有了功。 师S：功的计算公式，W等于什么？还记得吗？公式等于什么？ 师S：F乘以S对吧？功等于力乘以物体在这个方向上运动的距离。 （板书，$W=F\cdot S$） 师S：那么它的单位是什么来着？焦耳是吧？ 师S：这个叫作定义式。学习了定义式以后发现，功还和什么有关系？还有一个公式是什么，W等于什么来着？$W=P\cdot t$。这叫什么？这里的P是什么？压强吗？压强我们强调过是小写的p。这里边的P是什么？功率是吧？功还等于功率乘以时间，对吧？ 师S：对于功来说，我们学习了这两个主要的公式。有同学说老师不对，功还有有用功、总功、额外功是吧？那涉及什么来着？简单机械是吧？

续表

时间	课堂活动
0′ 11″ – 7′ 09″	师S：咱们学习了这么多有关功的知识以后，下课以后有人找着我，“老师，这功有什么用啊？”你说我要比较一个物体运动的快慢，比较功有用吗？你能说你做的功多，你运动快吗？看不出来吧。或者说我跑得比你远，所以我做的功比你做的多，对吗？也不对。那你看咱们普通生活中的描述，功什么也参与不了，那它到底有什么用啊？没用，净给我们添乱。弄个有用功总是弄不明白。这一节课呢，就来给大家好好地说一下，功这个物理量到底有什么用。 师S：有的同学说，我已经知道了。提“功”就不得不提一个重要的物理量——能，或者叫能量。一提能量两个字，有的同学说我知道，我以前看动画片净看什么什么东西有能量，这个东西能量大，这个东西能量小。比如说机器人没能量了，吃点东西吧。大家生活中对能量已经有了一定的概念了。那么能量到底是什么？我们知道吗？谁能给一个准确定义？比如说，咱们说功的准确定义有了，速度的准确定义有了。那么能量谁能给出准确定义呢？ 师S：把能量和功配合起来给一个定义——物体所具有的做功的能力。 （教师板书，能量：物体所具有的做功的能力） 师S：我们把这句话记住，什么叫能量。意思是什么呢？比如说××1（学生名）坐在这，他有1000。比如说××2（另一学生名）也坐在这，他有800。那么谁大谁小呢？什么意思呢？是说，他能做1000的功。这个能量是指他做功的能力，而不是他做了多少。比如说××1做了800的功，那么他还剩多少？这个时候和××2再比呢？那就是××2多啦。他付出了多少就是已经做了多少，就不管了。我们只管他现在及将来再做的功。懂么？ 师S：既然这么说，能量指的是物体具有的做功的能力，那么它的单位是什么？或者说功的单位是什么呢？ 学生（众）：焦耳。 师S：好，单位是焦耳。那么也就是说，我们可以用J来表示能量。 师S：那么我们重新对功做一个定义。功就是能量交换……的量度。功是能量的桥梁。或者说，功是能量的量度，都行。它起到一个桥梁媒介的作用。咱们这里讲得有点深，以后遇到的时候咱们再说。
7′ 10″ – 9′ 01″	【新课引入】 师S：我们给大家重新把功和能量捋了一遍，现在我们知道，功有没有用啊？有用，对吧？那么我们这节课就来学一学有关能量的事。 师S：能量有很多种，咱们这节课只学一种——机械能。 （教师板书：机械能） 师S：机械能是能量中的一种，能量的单位是J，所以机械能的单位也是J。咱们先学机械能中的一种——动能。

附表3-14　教学片段转录2

时间	课堂活动
1′ 55″ – 5′ 10″	【新章引入】 师P：从今天开始，我们就开始新一章的学习。这一章，我们学习能量。能量这个词我们在生活中是很常见的，而且也是大家接触比较多的。现在我们先请同学们在纸上用几十个字简单地写写“你所认识的能量”。可以写你觉得能量是什么，或者是有哪些形式的能量，或者是能量有什么特点。这就是你现在对能量的认识。 （学生书写，教师巡视） 师P：有的同学写了“士力架”三个字（学生笑），有的写能量是一种动力，有的同学是空着的，还有的把能量分了一些形式，像动能、势能……，以及“能量越多越强大”，“能让物体运动起来”……我们发现，大家写的都不太一样，说明大家对能量的认识不太一样。相当多的同学是空着的，不知道如何下手。
5′ 11″ – 11′ 50″	【新课引入】 师P：能量这个词，虽然我们很常用，但让你用简短的话去说能量是什么，好像有困难。虽然我们现在没有给能量一个准确的定义，但是并不妨碍我们在学习、生活中用到它。比如“时间”，问“时间是什么”，我们也没有一个特别科学的定义，但我们也一直可以运用时间的概念。所以这里，我们也先不急于给“能量”下一个定义，先从我们熟悉的，比如能量的形式、能量是如何转化的等角度来认识能量…… （教师板书：10.1 能量） 师P：能量的单位是什么？例如我们要合理膳食，关注每天要摄取多少的能量，那个单位是什么？ 学生（众）：焦耳、卡路里…… 师P：那国际单位是什么？ 学生：焦耳…… 师P：焦耳还能用来表示哪个物理量的大小？ 学生（众）：功、功率（另外的学生笑）、功（另外的学生强调纠正）…… 师P：我们上学期学的功是不是也是用焦耳来当作单位的？所以我们看到能量和功之间应该是有着某种联系的吧？还记得我们学习功的时候说了一句话，“功是能量转化的量度”，不知道大家有没有理解。书上有这样一句话，我们就提了一嘴，但没有深入地分析它。总之，它们两个是有联系的，具体什么联系我们通过后面的学习会有所理解。 师P：能量用英文单词怎么说？ 学生（众）：Energy。

续表

时间	课堂活动
5′ 11″ – 11′ 50″	师P：对，所以我们用大写的E来表示能量。 师P：下面我来找几个同学说一说，生活中你所认识的有哪些形式的能量，然后举个例子给大家听。来，×××（学生甲的名字），你来给大家说一下。 学生甲：动能、势能…… （学生边说教师边板书，动能） 师P：你举一个例子，什么样的物体具有动能呢？生活中你看到的或者能感受到的。 学生甲：能做功的。 师P：什么叫能做功的，谁在做功啊？你都没有主语…… （学生笑） 师P：咱们这个教室里面有没有什么是有动能的？你找一下…… 学生甲：风扇！ 师P：风扇在干吗？ 学生甲：转动。 师P：风扇在转动，风扇在运动。所以它具有能量，它具有动能，对吧？ 学生甲：嗯！ 师P：×××（学生乙的名字），你再举一个，还有没有别的形式的能量？ 学生乙：不知道。 师P：那你看看这个日光灯，它有没有能量？ 学生乙：光能。 （教师板书，光能） 师P：光能是吧，那日光灯怎么能发光呢？首先你得把开关打开吧，是给它干吗？ 学生（众）：供电！ 师P：所以我们生活中还有一种…… 学生（齐）：电能！ （教师板书，电能） 师P：还有没有其他形式的能呢？ 学生（众）：热能！ （教师板书，热能） 师P：好的，热能，我们喝的热水，我们可以感觉到它烫。 学生丙：势能！ 师P：谁说的势能？来，×××（学生丙的名字），你说一下势能是什么。 学生丙：物体……先说重力势能吧。物体由于受到重力而产生的能。

续表

时间	课堂活动
5′ 11″ – 11′ 50″	师P：受重力就能产生能吗？我现在站在这里有没有你说的重力势能呀？ 学生丙：还得有一定的高度。然后，还有弹性势能，是物体由于弹性形变而产生的能量。 师P：不错，看来假期还是认真预习了一下的。还有什么能？ 某学生：太阳能！ 师P：还有吗？ 某学生：潮汐能！ 某学生：地热能！ 师P：地热能算不算热能的一种啊？ 学生（众）：算。 师P：还有吗？ 某学生：化学能！ 某学生：水能！ 某学生：风能！ 某学生：核能！ 师P：很多很多对不对？你看，只要给你一个“能”字，你就能造出这么多的“能”来。 师P：对于有些能，我们的认识还是比较到位的，比如说动能；但是有些能，我们对它的了解还不是很深入，比如说势能，不是每个同学都了解它。刚才还有人说机械能，那什么是机械能呢？ 师P：实际上我们说的这么多能量里面，有些属于一种包含关系，比如地热能属于热能的一种。机械能包括了我们这里所说的动能和势能。所以，能量的形式划分是多种多样的。我们不可能将所有能量都学一遍，我们这一章就挑其中的一部分来学习。 师P：我们先从大家最熟悉的、生活中一定会接触到的动能，来开始这一章的学习。

附录3.3 教学片段转录（维度四示例）

本节对视频中的教学片段进行了转录，作为深层分析的编码示例。转录的片段是第一节课中与“维度四：定义科学解释”相关的典型教学片段。该片段（教师 P）被归为 2 档（有意识地讨论科学解释，提到了解释的一些要素但论述不确切）。在此次研究获得的录像中，该维度未能被归为 3 档（有意识地讨论科学解释，提到了解释的全部要素并给予科学解释确切定义）。其他两位教师在此维度上并未有意识地进行显化教学，故不再转录。

附表3-15 教学片段转录3

时间	课堂活动
32′ 33″ – 40′ 00″	师P：我们今天还要学习一个新的东西。我们现在学物理也一年多了，我们为什么要学物理呢？我们现在还学了化学，那么为什么我们要学物理、化学、生物这些自然科学呢？实际上，我们学习这些自然科学，是为了解释我们看到的自然现象。大家同意吧？ 师P：所以，科学最根本的目的就是为了解释自然现象，能够理解吧？ 师P：生活中我们也经常用解释这个词，生活中的解释，跟我们现在说的科学的解释是有区别的。比如生活中你做错了一件事情，你要向别人解释一下你为什么这样做，让他明白，让他理解就可以了。但跟生活中的不一样，这里叫科学解释，这是书上没有的内容。 （板书，科学解释） 师P：科学解释是什么呢？是我们看到了一个自然现象，运用我们学习过的相关的知识，来解释这个现象。我们之所以学习能量，是因为从能量这个角度来解释我们所看到的这些现象是非常重要的一种手段，所以我们要学习能量这个概念。 师P：关于科学解释，我们再举个例子。我们之所以要解释一个事情，是因为我们想让这个事情更明确地被表达出来。科学解释也是一种能力，我们需要培养这种能力。比如说，你以后工作了，找工作的时候领导面试你，你得用非常简短、干练的语言表述出你哪些方面做得特别好。领导给你分配了一项工作，也要说，为什么要给你分配这项工作，要用非常简单的、准确的语言来解释这件事情。那科学的解释，其实特别简单，大家翻一下这个学案。我们用一个例子来看一下，什么是科学解释。

续表

时间	课堂活动
32′ 33″ – 40′ 00″	师P：看学案的右边，有一个例子。比如说我们现在想要解释一下，我们手中的笔下落。为什么会有下落这个现象？请大家用科学解释的方法把它解释出来。这里如果你想把这个事情说清楚，首先看是什么现象。想解释清楚的前提肯定是把你看到的现象非常准确地描述出来。你如果现象都说不清楚，你怎么去描述这件事情呢？对这件事情来说，现象就是，我一撒开手，笔就落到了地面上，这就是一种现象。 师P：科学解释为什么会有这种现象就要用一些自然的定律。这里的定律不像牛顿第一定律，光的折射定律那么狭隘。这里包括我们学过的知识，比如说，速度相同的物体，质量越大，动能越大，这就叫作一种自然定律。你学习过的相关的科学知识，就可以把它称为自然定律。我们如果连现象都说不清楚的话，自然就不能很准确地选择出它涉及的自然定律。所以一是现象要描述出来，二是涉及的自然定律要说清楚。笔为什么往下掉呢？要是以前的话，我们就说两个字“重力”。为什么重力就能让笔往下掉？这里的自然定律要说清楚——地面附近的物体，由于地球的吸引受到重力。那有重力就一定会往下掉吗？还有一个用到的定律就是，力可以使物体改变运动状态。这里可以看到，用到的自然定律可能只有一条，也可能会有两条，三条。 师P：还有一个就是逻辑关联。就是把前面看到的现象，跟我们找到的、对应的自然定律联系起来。这件事情的（边板书边讲）现象就是手松开笔掉落，自然定律是受重力、力改变运动状态。所以关联就应该是，笔受到了重力，重力使笔的运动状态发生改变，使它从静止，变为沿重力方向的运动。这就是它的一个逻辑关联。

后记

在朝阳的子夜里，我匆匆地敲下了最后一个字符。恰逢我的青年，匆匆地画下了一个句号。二十八年的岁月，感激的是父母恩情，感恩的是老师教导，感慨的是人生际遇……

父母对书中言语或许感到陌生，但每一字、每一词都是你们从小教给我的。父母从小支持、鼓励我学习，培养了我静心看书、专注思考的习惯，为我的终身发展打下了基础。感谢父母给我的教诲。

感谢我的恩师郭玉英老师提供的这次梳理、总结研究成果的机会。郭老师指引了我的学术、人生的方向，给予了我五年快乐的成长时光。在我不得不离开她身边时，郭老师还继续关心我的生活和发展。

感谢我的第二导师 Knut Neumann，以及我在莱布尼茨科学与数学教育研究所（IPN）期间的导师组成员 David Fortus 和 Jeffrey Nordine。论文里的许多重要章节都离不开你们无私向我分享的研究成果和经验体会。与你们一起，我直接接触了国际科学教育，体会了世界之大和世界之小。

感谢北师大科学教育团队的导师们：李春密老师、刘恩山老师、刘克文老师、罗莹老师、王磊老师、王民老师、张萍老师。各位导师在开题及平时交流中给予我悉心指导。而且，各位导师打通院系设置，联手为我们打造了一个更高、更好的科学教育研究平台，让我有机会参与跨学院的课题研究，聆听多方面的专家报告，与各专业的老师同学一起讨论、交流。特别还要感谢北师大物理系赵峥先生，您的精彩课程、您的大师风范、您的平易近人和您的关心劝慰都使我受益匪浅。

感谢我的师兄、师姐和师弟、师妹们。感谢卢老师，我从入学开始，到毕业也没能调整过来对您的称呼。您亦师亦友，不断地给我指导、鼓励和支持。感谢和我长期相处、给予我很多学业和生活上指导的师兄、师姐们：彭征师兄、张玉峰师兄、范佳午师兄和魏昕师兄，张静师姐、陈佩莹师姐和刘艳芳师姐。也感谢同级的路真真同学，以及我的师弟、师妹们：谢丽璇、朱宁宁、陈颖、项宇轩、翟小铭、弭乐、玛丽娜、阳熠和杨杰。还有在我初入师门时毕业了的谭晓师姐和紧张准备毕业的仲扣庄师兄、王文清师兄、李玮锋师兄、蒋炜波师兄和田洁师姐。

特别感谢陈佩莹师姐，这本书稿的实证工作得以完成有赖于陈师姐不辞辛劳、组织协调。还要感谢曾晨虹、刘晓辉和布兰等同学在数据分析时的协助。

感谢 Lulu Hoffmeister 女士，感谢我在莱布尼茨科学与数学教育研究所的同学：Martin, David, Hanno, Nicole, Peter, Simon 和 Stefan，很荣幸能与你们一起讨论、学习！

感谢所有在我学术道路上支持我的老师、同学和朋友们！

二十八年的岁月，最确幸的是挚爱追寻。感谢我的爱人方圆圆陪我同赴漫漫征途，与我共度漫漫人生……

图书在版编目（CIP）数据

中学物理课程中科学解释学习进阶及其教学应用 / 姚建欣著. —南宁：广西教育出版社，2020.2（2023.1 重印）
（中国物理教育研究丛书 / 郭玉英主编）
ISBN 978-7-5435-8729-8

Ⅰ.①中…　Ⅱ.①姚…　Ⅲ.①中学物理课—教学研究
Ⅳ.①G633.72

中国版本图书馆 CIP 数据核字(2019)第 268203 号

策　　划：黄力平　　　　封面设计：刘相文
责任编辑：陈亚菲　张振华　　　　责任技编：蒋　媛
责任校对：杨红斌　何　云　卢佳慧　　　　封面题字：李　雁

出 版 人：石立民
出版发行：广西教育出版社
地　　址：广西南宁市鲤湾路 8 号　　邮政编码：530022
电　　话：0771-5865797
本社网址：http://www.gxeph.com
电子信箱：gxeph@vip.163.com
印　　刷：广西壮族自治区地质印刷厂
开　　本：787mm×1092mm　1/16
印　　张：18.75
字　　数：307 千字
版　　次：2020 年 2 月第 1 版
印　　次：2023 年 1 月第 3 次印刷
书　　号：ISBN 978-7-5435-8729-8
定　　价：45.00 元